ରାଇନେର ମାରିଆ ରିଲ୍‌କେ

ରାଇନେର ମାରିଆ ରିଲ୍‌କେ

ଜଣେ ତରୁଣ କବିଙ୍କୁ ଚିଠି

ଇଂରେଜୀ- କେ. ଡବ୍ଲ୍ୟୁ. ମଉରେର

କବିତା

ଇଂରେଜୀ- ଜେସି ଲେମଣ୍ଟ

ଓଡ଼ିଆ ଅନୁବାଦ

ମନୋରଂଜନ ପଟ୍ଟନାୟକ

ବ୍ଲାକ୍ ଇଗଲ୍ ବୁକ୍ସ

ଭୁବନେଶ୍ୱର, ଓଡ଼ିଶା

BLACK EAGLE BOOKS

Dublin, USA

ଜଣେ ତରୁଣ କବିଙ୍କୁ ଚିଠି / ରାଇନେର ମାରିଆ ରିଲ୍‌କେ

ବ୍ଲାକ୍ ଈଗଲ୍ ବୁକ୍ସ: ଭୁବନେଶ୍ୱର, ଓଡ଼ିଶା • ଡବଲିନ୍, ଯୁକ୍ତରାଷ୍ଟ୍ର ଆମେରିକା

BLACK EAGLE BOOKS

USA address:
7464 Wisdom Lane
Dublin, OH 43016

India address:
E/312, Trident Galaxy, Kalinga Nagar,
Bhubaneswar-751003, Odisha, India

E-mail: info@blackeaglebooks.org
Website: www.blackeaglebooks.org

First International Edition Published by
BLACK EAGLE BOOKS, 2025

JANE TARUNA KABINKU CHITHI
(LETTERS TO A YOUNG POET)
BY RAINER MARIA RILKE

Translated by **Manoranjan Pattnaik**

Translation Copyright © **Manoranjan Pattnaik**

All rights reserved. No part of this publication may be reproduced, stored in a retrieval system, or transmitted, in any form or by any means, electronic, mechanical, photocopying, recording or otherwise without the prior permission of the publisher.

Cover & Interior Design: Ezy's Publication

ISBN- 978-1-64560-655-0 (Paperback)

Printed in the United States of America

ଉତ୍ସର୍ଗ

ବାପା, ବୋଉଙ୍କ ସ୍ମୃତିରେ ଉତ୍ସର୍ଗୀକୃତ

ବାବୁନି

ଭୂମିକା

"LETTERS TO A YOUNG POET " ଏମିତି ଗୋଟିଏ ବହି ଯାହା ଆମ ସମୟର କବି ହେବାକୁ ଅଭିଳାଷ ରଖିଥିବା ତରୁଣମାନଙ୍କ ପାଇଁ ଶ୍ରୀମଦ୍ ଭଗବଦ୍ ଗୀତା। ରିଲ୍‌କେ ନିଜ ଚିଠିଗୁଡ଼ିକରେ ମନୁଷ୍ୟର ମନ ଓ ହୃଦୟର ଗଭୀରତାଯାଏଁ ଖୋଜ୍ କରିଛନ୍ତି ଆଉ ଜ୍ଞାନର ରତ୍ନ ଆହରଣ କରିଛନ୍ତି ଯାହା କେବଳ ଅନୁଭବ ଓ ନିଜ କଳା ପ୍ରତି ପ୍ରେମରୁ ଆସିଥାଏ। ଯଦି ଆପଣ ଆକାଶ ଆଡ଼େ ଚାହାନ୍ତି ଆଉ ଆଶ୍ଚର୍ଯ୍ୟ ହୁଅନ୍ତି ଯେ କିଏ ଅଧିକ ବିସ୍ତୃତ ଓ ଅନନ୍ତ- ଆକାଶ ନା ହୃଦୟ, ଆଉ ପ୍ରତ୍ୟେକ ଥର ଆପଣଙ୍କର ହୃଦୟ ଜିତିଯାଏ ଆକାଶକୁ- ତାହେଲେ ବନ୍ଧୁ, ଏହି ପୁସ୍ତକଟି ବିନା ପାଠାଗାର ଶୂନ୍ୟ।

ମୂଳ ରୂପରେ ଜର୍ମାନ ଭାଷାରେ ଜଣେ ତରୁଣ କବିଙ୍କ ପାଖକୁ ଜଣେ ପ୍ରତିଷ୍ଠିତ କବିଙ୍କ ଦ୍ୱାରା ଲେଖାଯାଇଥିବା ୧୦ଟି ଚିଠିର ସଂକଳନ। ତରୁଣ କବି ଫ୍ରାଞ୍ଜ ଜେଭର କାପୁସ ମାର୍ଗଦର୍ଶନ ଚାହିଁଥିଲେ ଜର୍ମାନ ଭାଷାର ପ୍ରସିଦ୍ଧ କବି ରାଇନେର ମାରିଆ ରିଲ୍‌କେଙ୍କଠାରୁ। ଏହି କ୍ଷୁଦ୍ର ପୁସ୍ତକଟି ଫ୍ରାଞ୍ଜ ଜେଭର କାପୁସ ଆଉ ରାଇନେମାରିଆ ରିଲ୍‌କେଙ୍କ ଭିତରେ ହୋଇଥିବା ପତ୍ରାଚାରର ଇଂରେଜୀ ଅନୁବାଦ। ଏହି ଦଶଗୋଟି ସୁନ୍ଦର ଚିଠିର ସଂକଳନକୁ ପ୍ରତ୍ୟେକ ବ୍ୟକ୍ତି ନିଶ୍ଚିତ ଭାବରେ ପଢ଼ିବା ଆବଶ୍ୟକ ଯାହା ପ୍ରେମ, ଏକାନ୍ତ, କବିତା, ଜୀବନ ଓ ସ୍ୱୟଂର ଅର୍ଥ ବୁଝାଇବାକୁ ଚାହୁଁଛି।

ଏହି ପୁସ୍ତକ ଏମିତି ନୁହେଁ ଯାହାକୁ ପଢ଼ିସାରି ର୍‍ୟାକ୍ ଉପରେ ଜଙ୍ଗ ଲାଗିବା ପାଇଁ ରଖିଦିଆ ଯାଏ। ଏହି ପୁସ୍ତକର ଉପଯୋଗ ଆପଣଙ୍କୁ ଭୋଜନରେ ଲବଣ ପରି କରିବା ଉଚିତ। ଏହାକୁ ପ୍ରତିଦିନ ଚାଖିବା ଦରକାର, ଆଉ ଆପଣ ଯାହା କିଛି ବି ପଢ଼ିବେ, ଲେଖିବେ ବା କରିବେ ସେଥିରୁ ଆପଣଙ୍କୁ ଅଧିକ ଆନନ୍ଦ ମିଳିବ। ପୁସ୍ତକଟି ପ୍ରତିଦିନ ଗୋଟିଏ ଅଲଗା ରୂପରେ ଆନନ୍ଦ ମିଳିବ। ପୁସ୍ତକଟି

ପ୍ରତିଦିନ ଗୋଟିଏ ଅଲଗା ରୂପରେ ଆପଣଙ୍କ ଆଗକୁ ଆସିବ ଆଉ ଆପଣ ଆଶ୍ଚର୍ଯ୍ୟଚକିତ ହୋଇ ରହିଯିବେ ଯେ କେମିତି ଆପଣ ଚିଠିଗୁଡ଼ିକର କିଛି ପଂକ୍ତିଗୁଡ଼ିକର ବିଷୟରେ ଭାବି କରି ସକାଳୁ ସଂଜଯାଏ ବିତାଇବେ। ଏହାକୁ ପ୍ରତ୍ୟେକ ପୁସ୍ତକ ପ୍ରେମୀଙ୍କୁ ଅବଶ୍ୟ ରଖିବା ଆବଶ୍ୟକ। ଚିଠିଗୁଡ଼ିକ ଧ୍ୟାନମଗ୍ନ ମନୋଦଶାର ରଚନା। ଆନନ୍ଦପୂର୍ବକ ଚିନ୍ତନ!

ଫ୍ରାଞ୍ଜ ନିଜ ପରିଚୟରେ କହିଛନ୍ତି, "ଏହା ଏତେ ମହତ୍ତ୍ୱପୂର୍ଣ୍ଣ ନୁହେଁ। କେବଳ ସେହି ଦଶଖଣ୍ଡ ଚିଠି ଗୁରୁତ୍ୱପୂର୍ଣ୍ଣ ଯେଉଁଥିରେ ଦୁନିଆକୁ ବୁଝିବା ପାଇଁ ରାଇନେର ମାରିଆ ରିଲ୍‌କେ ଥିଲେ ଆଉ ସୃଷ୍ଟି କରିଥିଲେ ଏବଂ ଆଜିର ଆଉ ଭବିଷ୍ୟଥର ବ୍ୟକ୍ତିମାନଙ୍କ ପାଇଁ ଯେଉଁମାନେ ବିକଶିତ ହେଉଛନ୍ତି ଆଉ ଆଗକୁ ବି ହେବେ। ଯେତେବେଳେ ଜଣେ ମହାନ ଓ ବିଶିଷ୍ଟ ବ୍ୟକ୍ତି କହନ୍ତି, ସେତେବେଳେ ସାଧାରଣ ଲୋକମାନଙ୍କୁ ଚୁପ୍ ହୋଇ ରହିବା ଉଚିତ୍।"

ନିଜ ଚିଠିଗୁଡ଼ିକର ମାଧ୍ୟମରେ ରିଲ୍‌କେ ତରୁଣ ଫ୍ରାଞ୍ଜଙ୍କୁ ସନ୍ଦେହର ଗୋଲକଧନ୍ଦାରୁ ବାହାରକୁ ଆଣିଛନ୍ତି। ଜୀବନ, ପ୍ରେମ, ଏକାକୀତ୍ୱ ଏବଂ କୌଦମାର୍ଯ୍ୟର ସହିତ ଭଗବାନଙ୍କ ବିଷୟରେ ତାଙ୍କ ପ୍ରଶ୍ନର ଉତ୍ତର ଦେଇଛନ୍ତି। ଏହା ଗୋଟିଏ ଅଦ୍ଭୁତ ପୁସ୍ତକ ଯେଉଁଥିରେ ମହତ୍ତ୍ୱାକାଂକ୍ଷୀ କଳାକାର, ତରୁଣ ଆଉ ଏମିତି କୌଣସି ବ୍ୟକ୍ତିଙ୍କୁ ପଢ଼ିବା ଆବଶ୍ୟକ ଯିଏ ଏକାକୀତ୍ୱକୁ ଡରୁଛି।

ଟିକିଏ ପଛକୁ ନଜର ପକାଇଲେ ଆମେ ପାଇବା ଯେ ଏହାର ସ୍ରୋତ ଅର୍ଥାତ୍ ଏହି ଚିଠିଗୁଡ଼ିକ ଘଟଣା ସମୂହର ଏକ ଅଦ୍ଭୁତ ସଂଯୋଗର ଉପଜ ଯାହା ଗୋଟିଏ ଯାଦୁକୀୟ ଚୁମ୍ବକତତ୍ତ୍ୱରେ ବିଚାର ଓ ସଂବେଦନାକୁ ଏକ ଅପୂର୍ବ ମିଶ୍ରଣ କରି ଦେଖାଇଛି ଏବଂ ଏହା ହିଁ ଚିଠିଗୁଡ଼ିକୁ ଚିରସ୍ଥାୟୀ ମହତ୍ତ୍ୱ ପ୍ରଦାନ କରୁଛି।

ରଚନାତ୍ମକତା ଉପରେ ରିଲ୍‌କେଙ୍କର ପରାମର୍ଶ ଆଉ ମାର୍ଗଦର୍ଶନ ଆଜିର ଯୁଗରେ ବି ଯେକୌଣସି ସାହିତ୍ୟକାରଙ୍କ ପାଇଁ ସେତିକି ପ୍ରାସଙ୍ଗିକ। ଏହି ଚିଠିଗୁଡ଼ିକ ଜଣେ ସାହିତ୍ୟକାରର ଜୀବନର ଦୁଃଖ-ସୁଖ ଆଉ ସ୍ପର୍ଦ୍ଧାର ବିସ୍ତାରର ବୟାନ କରୁଛି। ଜଣେ ମହାନ ସାହିତ୍ୟକାର ସତ୍ୟ ଆଉ ମହତ୍ତ୍ୱପୂର୍ଣ୍ଣ ଅନୁଭବର ମୋତି ଲୋଟାଇଛନ୍ତି ଏହି ପୁସ୍ତକରେ।

ଏହି ଚିଠିଗୁଡ଼ିକରେ ରିଲ୍‌କେ କାପୁସଙ୍କୁ କବି ହେବାକୁ, ପରମ୍ପରାଗୁଡ଼ିକର ବାହାରକୁ ବାହାରି ଆସିବାକୁ ଏବଂ ଏକାକୀପଣର ଅପାର ଧନ-ଭଣ୍ଡାରର ପ୍ରେରଣା ଦାୟକ କଥା ଲେଖିଛନ୍ତି। ମୃତ୍ୟୁ, ଭାଗ୍ୟ, ସମୟ, ପ୍ରେମ, ଯୌନ-ସମ୍ବନ୍ଧ, ଈଶ୍ୱରୀୟତତ୍ତ୍ୱ

ଆଦି କିଛି କିଛି ଗୂଢ଼ ବିଷୟ ଉପରେ ଏହି ଚିଠିଗୁଡ଼ିକରେ ଚର୍ଚ୍ଚା କରାଯାଇଛି ଯେମିତି କି ବ୍ୟକ୍ତି ନିଜ ଜୀବନର ଅନୁଭବକୁ ଚିପୁଡ଼ି ରଖିଦେଇଛି, ଯଦିଓ ଏହି ଚିଠିଗୁଡ଼ିକ ଲେଖାଯିବା ସମୟରେ ରିଲ୍‌କେ ସ୍ୱୟଂ ତରୁଣାବସ୍ଥାରେ ଥିଲେ।

ଯେଉଁମାନେ ରିଲ୍‌କେଙ୍କର ରଚନାଗୁଡ଼ିକ ସହିତ ପରିଚିତ ସେମାନେ ଜାଣିଥିବେ ଯେ ରିଲ୍କେ ନାସ୍ତିକ ଥିଲେ। ଏହା ସତ୍ତ୍ୱେ ଫ୍ରାଞ୍ଜଙ୍କୁ ଲେଖିଥିବା ଚିଠିରେ ଈଶ୍ୱରଙ୍କର ସତ୍ତା ବିଷୟରେ ଗହନ ବିଚାର ପରିପୂର୍ଣ୍ଣ ହୋଇ ରହିଛି। ଅର୍ଥାତ୍ ଜୀବନରେ ଈଶ୍ୱରଙ୍କର ଅସ୍ତିତ୍ୱର ଉପସ୍ଥିତିର ତତ୍ତ୍ୱ ରିଲ୍କେଙ୍କ ଦ୍ୱାରା ଲିଖିତ ଚିଠିଗୁଡ଼ିକରେ ସ୍ପଷ୍ଟଭାବେ ଦେଖିବାକୁ ମିଳେ।

ରିଲ୍କେ ଜୀବନ ଓ ପ୍ରକୃତିର ବିରାଟ ସନ୍ଦର୍ଭରେ ସାହିତ୍ୟ ଏବଂ କବିତାକୁ ସରଳ ଢଙ୍ଗରେ ଏହି ଚିଠିଗିଡ଼ିକରେ ବ୍ୟାଖ୍ୟା କରିଛନ୍ତି। ସୃଜନର ସେହି ସ୍ତରଗୁଡ଼ିକୁ ବହୁତ ସୂକ୍ଷ୍ମ, ଗମ୍ଭୀର କିନ୍ତୁ ସରଳ ରୂପରେ ସିଏ ସେହି ତରୁଣ କବିଙ୍କ ସମ୍ମୁଖରେ ଉଦ୍‌ଘାଟିତ କରିଛନ୍ତି ଯେ ସେଗୁଡ଼ିକ ନା କେବଳ ପୂରା ପ୍ରଜନ୍ମ ପାଇଁ ମାର୍ଗଦର୍ଶନର ପାଲଟିଗଲା, ଅଧିକନ୍ତୁ କଳା ଆଉ କାବ୍ୟର ମର୍ମର ଏକ ଅନନ୍ୟ ଭାଷ୍ୟ ତା ସହିତ ଗୁନ୍ଥା ହୋଇଗଲା।

ରିଲ୍କେଙ୍କର ଚିଠିଗୁଡ଼ିକ ଜୀବନ-ଦୀକ୍ଷାର ଦାତା। ସେଗୁଡ଼ିକର ସରଳତା, ସୁବୋଧତା ଏବଂ ସଂପ୍ରେଷଣୀୟତାର ଆଧାର ସେଗୁଡ଼ିକର ତତ୍ତ୍ୱଗତ ଗଭୀରତା, ଯାହା ଜୀବନର ବେଦନାର ସହଜ ସ୍ୱୀକାରରୁ ଆଉ ଅସୀମ ଧୈର୍ଯ୍ୟରୁ ଉପୁଜିଛି। ସେଥିପାଇଁ ସେହିଚିଠିଗୁଡ଼ିକ ନିଜ ପ୍ରଭାବରେ ଆଜି ବି ସେତିକି ପ୍ରାସଙ୍ଗିକ, ଯେତେ ଅନ୍ୟ କୌଣସି ଦେଶକାଳରେ ରହିଥିବ।

ଅଧ୍ୟୟନ, ମନନ, ଅନ୍ୱେଶେ, ଧ୍ୟାନ ଏବଂ ନିଜ ଅନୁଭବଗୁଡ଼ିକ ପ୍ରତି ସଂବେଦନଶୀଳ ହେବା ହିଁ କବି ହେବାର ସେହି ବାଟ, ଯାହାକୁ ରିଲ୍କେ ରେଖାଙ୍କିତ କରିଛନ୍ତି। ବସ୍ତୁତ ସିଏ ମନୁଷ୍ୟ ହେବା ଆଉ ମନୁଷ୍ୟ ହେବାର ଗରିମାର ସହଜ ପଥକୁ ହିଁ ଜଣେ ଲେଖକଙ୍କର ପ୍ରକୃତ ସାଧନା ରୂପରେ ନିଜର ଏହି ଚିଠିଗୁଡ଼ିକରେ ପ୍ରକଟ କରିଛନ୍ତି।

ପ୍ରଥମ ଚିଠି ୧୭ ଫେବୃୟାରୀ, ୧୯୦୩ରେ ଲେଖାଯାଇଥିଲା ଏବଂ ଦଶମ ଚିଠିଟି ୧୯୦୮ ମସିହାରେ କ୍ରିସମାସ୍‌ର ପୂର୍ବଦିନ ଲିଖିତ। ଏତେ ଗମ୍ଭୀର-ଗମ୍ଭୀର କଥା, ନିଜ ଜୀବନର ଅନୁଭବ ଏବଂ ସମସ୍ତ ମନନ-ଚିନ୍ତନର ସାର ଏହି ତରୁଣ କବିଙ୍କ ପର୍ଯ୍ୟନ୍ତ ପହଞ୍ଚାଇବା ପାଇଁ ରିଲ୍କେ ନିଜ ଭିତରର ସଂସାରର ମନ୍ଥନ ରୂପକ ଗୋଟିଏ ମୂଲ୍ୟବାନ ମାର୍ଗଦର୍ଶନ କାପୁସଙ୍କୁ ଦେଇଛନ୍ତି।

ମୁଁ ସେହି ତରୁଣ କବି ଫ୍ରାଞ୍ଜ ଜାଭେର କାପୁସଙ୍କ ଶବ୍ଦରେ ହିଁ ଏହି ଭୂମିକାର ସମାପନ କରୁବାକୁ ଚାହିଁବି, "ଯେତେବେଳେ ଜଣେ ମହାନ ଓ ବିଶିଷ୍ଟ ବ୍ୟକ୍ତି କହନ୍ତି, ସେତେବେଳେ ସାଧାରଣ ଲୋକମାନଙ୍କୁ ଚୁପ୍ ହୋଇ ରହିବା ଉଚିତ।"

ରିଲ୍କେଙ୍କର ଏହି "LETTERS TO A YOUNG POET" କୁ ମୁଁ ଓଡ଼ିଆରେ ଅନୁବାଦ କରିଛି ଆଉ ଏହି ବହିଟିକୁ ନାମ ଦେଇଛି "ଜଣେ ତରୁଣ କବିଙ୍କୁ ଚିଠି"। ଏହି ଅନୂଦିତ ପୁସ୍ତକଟି ଓଡ଼ିଶାର ସୁଧୀ ପାଠକ-ପାଠିକାମାନଙ୍କୁ ପସନ୍ଦ ଆସିବ ବୋଲି ଆଶାକରେ।

ଅନୁବାଦକ

ଜଣେ ତରୁଣ କବିଙ୍କୁ ଚିଠି

ଇଂରେଜୀ- କେ. ଡବ୍ଲ୍ୟୁ. ମଉରେର

ଓଡ଼ିଆ ଅନୁବାଦ

ମନୋରଂଜନ ପଟ୍ଟନାୟକ

ପ୍ରାକ୍ କଥନ

୧୯୦୨ ମସିହାର ଶରଦ ଋତୁ ଢଳୁଥିଲା- ମୁଁ ଭିଏନାର ମିଲିଟାରୀ ଏକାଡେମୀ ପାର୍କରେ ବୟସୀ ବାଦାମ ଗଛର ଛାୟାରେ ଖଣ୍ଡେ ବହିଧରି ପାଠରେ ନିମଗ୍ନ ଥିଲି। ମୁଁ ପଢ଼ାରେ ଏତେ ବୁଡ଼ିଯାଇଥିଲି ଯେ କେତେବେଳେ ଏକାଡେମୀର ବିଦ୍ୱାନ ଓ ଲୋକପ୍ରିୟ ପାଦ୍ରୀ, ଅଧ୍ୟାପକ ହୋରାଚେକ ଯିଏ କି କର୍ମଚାରୀମାନଙ୍କ ଭିତରେ ଏକମାତ୍ର ପ୍ରସନ୍ନଚିତ୍ତ ଅଧିକାରୀ ଥିଲେ, ମୋ ପାଖରେ କେବେଠୁ ଆସି ବସିଗଲେଣି ତାହା ମୁଁ ଜାଣି ପାରିଲିନି। ମୋ ହାତରୁ ସିଏ ବହିଟିକୁ ନେଇଗଲେ, ତା'ର ଆବରଣ ଦେଖିଲେ ଏବଂ ନିଜ ମୁଣ୍ଡ ହଲେଇଲେ "ରାଇନେ ମାରିଆ ରିଲ୍କେଙ୍କର କବିତାଗୁଡ଼ିକ?" ସିଏ କହିଲେ ଭାବିଚିନ୍ତି କରି। ତାପରେ ସିଏ ଏଠୁ ସେଠୁ ପୃଷ୍ଠାଗୁଡ଼ିକ ଓଲଟାଇଲେ, ଧ୍ୟାନର ସହିତ କିଛି କବିତା ପଢ଼ିଲେ, କିଛି ଭାବିଲା ପରି ଦୂରକୁ ଲକ୍ଷ୍ୟ କରି ଦେଖିଲେ ଏବଂ ନିଜ ମୁଣ୍ଡ ହଲେଇ କରି କହିଲେ "ତାହାଲେ ରେନେ ରିଲ୍କେ ଜଣେ କବି ହୋଇଗଲେଣି।"

ମୁଁ ସେହି ଦୁର୍ବଳ ଶରୀର ବାଳକଟି ବିଷୟରେ ସେତେବେଳେ ଜାଣିଲି ଯେବେ ତା'ର ମାତା-ପିତା ପନ୍ଦର ବର୍ଷ ପୂର୍ବରୁ ମିଲିଟାରୀ ଏକାଡେମୀକୁ କମିଶନ-ପ୍ରାପ୍ତ ଅଧିକାରୀ ହେବାପାଇଁ ପଠାଇଥିଲେ। ସେହି ସମୟରେ ହୋରାଚେକ ସେହି ଅନୁଷ୍ଠାନର ଜଣେ ପାଦ୍ରୀ ଥିଲେ। ଏବେ ବି ସେହିସମୟର ପିଲାଟିକୁ ସିଏ ଭଲ ଭାବରେ ମନେ ରଖିଛନ୍ତି। ତାକୁ ସିଏ ଜଣେ ଶାନ୍ତ, ଗମ୍ଭୀର ଓ ଗୁଣୀ ତରୁଣ ବୋଲି ଚିତ୍ରଣ କରିଥିଲେ, ଯିଏ ଏକାନ୍ତରେ ରହିବାକୁ ପସନ୍ଦ କରୁଥିଲା, ଛାତ୍ରାବାସର ଅନୁଶାସନକୁ ଧୈର୍ଯ୍ୟର ସହିତ ପାଳନ କରି। ସିଏ ଚାରିବର୍ଷ ପରେ ଅନ୍ୟ ଛାତ୍ରମାନଙ୍କ ସହିତ ମିଶିକରି ମହୀଚ ବେଇସ୍କିଚେନ ସ୍ଥିତ ମିଲିଟାରୀ କଲେଜକୁ ଚାଲିଗଲା। ହୁଏତ ସେଠାରେ ସିଏ ପୀଡ଼ା-ଗ୍ରସ୍ତ ନିୟମ ସହନ କରି ପାରିନଥିଲା, ସେଥିପାଇଁ ତା'ର ମାତା-ପିତା ସେଠାରୁ ତାକୁ କାଢ଼ି ନେଇ ପ୍ରାଗରେ କୌଣସି ବିଦ୍ୟାଳୟରେ ପଢ଼ାଶୁଣା ଜାରି ରଖିବାକୁ ପଠାଇ ଦେଲେ। ତା' ଜୀବନର ପରବର୍ତ୍ତୀ ଘଟଣାକ୍ରମ ହୋରାଚେକ କହି ପାରି ନଥିଲେ।

ଏହାପରେ, ମୁଁ ଭାବୁଛି ଏହା ବୁଝିବାକୁ ସହଜ ହେବ ଯେ ସେହି ମୁହୂର୍ତ୍ତରେ ମୁଁ କାହିଁକି ସ୍ଥିର କଲି ରାଇନେର ମାରିଆ ରିଲ୍କେଙ୍କ ପାଖକୁ ମୋ କାବ୍ୟକୃତି ପଠାଇବି ତାଙ୍କ ମତାମତ ନେବା ପାଇଁ। ସେତେବେଳେ ମୁଁ କୋଡ଼ିଏବର୍ଷର ବି ହୋଇନି ଆଉ ମୁଁ ମୋ ପେଶାର ଏରୁଣ୍ଡିବନ୍ଧ ଉପରେ ମାତ୍ର ପହଞ୍ଚିଛି, ମୋ ଅନୁରାଗର ବିରୁଦ୍ଧରେ। "ମୋ ନିଜର ଉଦ୍‌ଯାପନ" (IN CELEBRATION OF MYSELF) ପୁସ୍ତକର ଲେଖକଙ୍କ ପାଖରୁ ସମ୍ପୂର୍ଣ୍ଣ ରୂପରେ ସହାନୁଭୂତିପୂର୍ଣ୍ଣ ବୁଝାମଣା ମୁଁ ଚାହୁଁଥିଲି, ଅନ୍ୟ କାହା ପାଖରୁ ନୁହେଁ। ଯଦିଓ ତାହା ମୋର ଉଦ୍ଦେଶ୍ୟ ନଥିଲା, ମୁଁ ଗୋଟିଏ ଚିଠି ଲେଖିଲି ଯାହା ସହିତ ଥିଲା ମୋର କବିତାଗୁଡ଼ିକ, ଯେଉଁଥିରେ ବାକ୍ୟସଂଯମ ବିନା ମୁଁ ମୋର ହୃଦୟ ଖୋଲି ଦେଇଥିଲି, ଯାହା ମୁଁ କେବେ ପୂର୍ବରୁ କରିନଥିଲି ଅନ୍ୟ ଜଣେ ବ୍ୟକ୍ତିର ସମ୍ମୁଖରେ।

ଅନେକ ସପ୍ତାହ ବିତିଯିବା ପରେ ଗୋଟିଏ ଚିଠି ଆସିଲା। ନୀଳ ରଂଗର ଡାକ ମୋହର ଏହାର ପ୍ୟାରିସରୁ ଆସିଥିବାର ସୂଚନା ଦେଉଥିଲା। ଏହି ଚିଠିଟି ମୋ ହାତକୁ ଓଜନିଆ ଲାଗିଥିଲା ଆଉ ଲଫାଫା ଉପରେ ସେହି ସୁନ୍ଦର, ସଫାସୁତୁରା ଏବଂ ବିଶ୍ୱାସପୂର୍ଣ୍ଣ ହସ୍ତଲିପିରେ ପ୍ରଥମ ଧାଡ଼ିରୁ ଶେଷ ଧାଡ଼ିଯାଏଁ ଲେଖା ଯାଇଥିଲା। ରାଇନେର ମାରିଆ ରିଲ୍କେ ଓ ମୋ ଭିତରେ ଚିଠିର ଆଦାନପ୍ରଦାନର ଏହା ଆରମ୍ଭ, ଯାହା ଚାଲିଲା ୧୯୦୮ ମସିହା ପର୍ଯ୍ୟନ୍ତ। ପୁଣି ଧୀରେ ଧୀରେ କମ୍ ହୋଇ ବନ୍ଦ ହୋଇଗଲା, କାହିଁକି ନା ଜୀବନ ମୋତେ ସେହି ରାସ୍ତାକୁ ଠେଲିଦେଲା ଯେଉଁ ରାସ୍ତାରେ କବିଙ୍କର ଉଷ୍ମ, ସ୍ନେହପୂର୍ଣ୍ଣ ଏବଂ ପ୍ରେମମୟ ଉଦ୍‌ବେଗ ମୋତେ ବଞ୍ଚାଇ ରଖିବାକୁ ଆଶା କରିଥିଲା।

କିନ୍ତୁ ଏହା ଏତେ ମହତ୍ତ୍ୱପୂର୍ଣ୍ଣ ନୁହେଁ। କେବଳ ସେହି ଦଶଖଣ୍ଡ ଚିଠି ଗୁରୁତ୍ୱପୂର୍ଣ୍ଣ ଯେଉଁଥିରେ ଦୁନିଆକୁ ବୁଝିବାପାଇଁ ରାଇନେର ମାରିଆ ରିଲ୍କେ ଥିଲେ ଆଉ ସୃଷ୍ଟି କରିଥିଲେ ଏବଂ ଆଜିର ଆଉ ଭବିଷ୍ୟତର ବ୍ୟକ୍ତିମାନଙ୍କ ପାଇଁ ଯେଉଁମାନେ ବିକଶିତ ହେଉଛନ୍ତି ଆଉ ଆଗକୁ ବି ହେବେ। ଯେତେବେଳେ ଜଣେ ମହାନ ଓ ବିଶିଷ୍ଟ ବ୍ୟକ୍ତି କହନ୍ତି, ସେତେବେଳେ ସାଧାରଣଲୋକମାନଙ୍କୁ ଚୁପ୍ ହୋଇ ରହିବା ଉଚିତ୍।

ଫ୍ରାଞ୍ଜ ଜାଭେର କାପୁସ,
ବର୍ଲିନ, ଜୁନ୍ ୧୯୨୯

ଚିଠି

ପ୍ରଥମ ଚିଠି

ପ୍ୟାରିସ,
୧୭ ଫେବୃୟାରୀ, ୧୯୦୩

ପ୍ରିୟ ମହାଶୟ,

କିଛି ଦିନ ଆଗରୁ ଆପଣଙ୍କର ଚିଠି ପାଇଲି। ମୋ ପ୍ରତି ଅପାର ପ୍ରେମ ଓ ଅଗାଧ ବିଶ୍ୱାସ ଦର୍ଶାଇଥିବାରୁ ଧନ୍ୟବାଦ। ମୁଁ ତ କିଛି ଅଧିକ କରିପାରିବିନି, ଏମିତିକି ଆପଣଙ୍କ କବିତା ଲେଖାର ଶୈଳୀ ଉପରେ ବ୍ୟାଖ୍ୟା କରିବା ମୋ ପକ୍ଷରେ ସମ୍ଭବ ନୁହେଁ। କାରଣ କାବ୍ୟ ସମାଲୋଚନା କରିବା ମୋ ସ୍ୱଭାବର ବହିର୍ଭୂତ। ମୋତେ ଏମିତି ଲାଗୁଚି ଯେ ଆଲୋଚନାତ୍ମକ ଶବ୍ଦଠାରୁ ଆଉ କିଛି ଅଧିକ ଏମିତି ନାହିଁ ଯାହା କଳାର ପ୍ରଭାବକୁ ନିୟନ୍ତ୍ରିତ କରିବ: ତେବେ ଭୁଲ ବୁଝାମଣାର ସୃଷ୍ଟି ହୁଏ। ମଣିଷର ଧାରଣା- ଜୀବନର ସବୁକିଛି ସ୍ପଷ୍ଟ ଓ ପ୍ରକାଶଯୋଗ୍ୟ। କିନ୍ତୁ ଅସଲରେ ତାହା ନୁହେଁ। ଜୀବନର ଅଧିକାଂଶ ଅଭିଜ୍ଞତା ହିଁ ଅନୁଭବ କରିବାର ବିଷୟ, ବର୍ଣ୍ଣନା ଯୋଗ୍ୟ ନୁହେଁ। ସେମାନଙ୍କର ଜନ୍ମ ଏମିତି ଏକ ସ୍ଥାନରେ ଯେଉଁଠି ଶବ୍ଦର ପ୍ରବେଶାଧିକାର ନାହିଁ। କଳାକୃତି ସବୁଠାରୁ ଦୁର୍ବୋଧ ଓ ଅବର୍ଣ୍ଣନୀୟ। ଏହା ହେଉଛି ସେହି ରହସ୍ୟମୟୀ ସତ୍ତା ଯାହାର ତୁଳନା ଆମର କ୍ଷଣଭଙ୍ଗୁର ଜୀବନ ସହିତ କରାଯାଏ, ଆଉ ଆମକୁ ଏହାସବୁ ସହନ କରିବାକୁ ପଡ଼େ।

ଭୂମିକା ରଖି ଏବେ ମୂଳ ପ୍ରସଙ୍ଗକୁ ଆସେ। ଆପଣଙ୍କ କବିତାର ଏବେ ନିଜସ୍ୱତା ତିଆରି ହୋଇନି। ଏଥିରେ କୌଣସି ବ୍ୟକ୍ତିଗତ ବିଷୟକୁ ପ୍ରକଟ କରିବାର ଶାନ୍ତ ଏବଂ ଲୁକ୍କାୟିତ ଅଭିଳାଷ ରହିଛି। ଏହି କଥାର ଆଭାସ ଶେଷ କବିତା "ମୋ ଆତ୍ମାରୁ" ମୋତେ ମିଳିଲା। ମୋତେ ଲାଗୁଛି ଆପଣଙ୍କର ଅନ୍ତରାତ୍ମା ଅଭିବ୍ୟକ୍ତିର ଅନ୍ୱେଷଣ କରୁଛି। ପୁଣି ସେହି ସୁନ୍ଦର କବିତା "ଲିୟୋପାର୍ଦୀ ପ୍ରତି"ରେ ସତେ ଯେମିତି ମହାନ ଅଭିବ୍ୟକ୍ତି, ବିଶିଷ୍ଟତାରେ ଭରପୂର ପୂର୍ଣ୍ଣତା ପାଇଁ ବ୍ୟାକୁଳ ହେଉଛି। ଏତେ ହେଲା ପରେ ମଧ୍ୟ ଏହି କବିତାଗୁଡ଼ିକୁ ଭଲ ବୋଲି କୁହାଯାଇ ପାରିବନି, ଲିୟୋପାର୍ଦୀ ବି ଏଯାଏଁ ଆତ୍ମନିର୍ଭର ନୁହେଁ। ନିଜର ସ୍ନେହଭରା ଚିଠିରେ ଆପଣ ଏହି କଥାକୁ

ସ୍ୱୀକାର କରିଛନ୍ତି ଏବଂ କିଛି ତ୍ରୁଟିର ବିଶ୍ଳେଷଣ ମଧ୍ୟ କରିଛନ୍ତି, ଯାହାର ଆଭାସ ମୋତେ ପଢ଼ିବା ପରେ ମିଳିଗଲା। କିନ୍ତୁ ତାକୁ ମୁଁ ଶବ୍ଦରେ ବ୍ୟକ୍ତ କରିପାରୁନି।

ଆପଣ ମୋଠୁ ଜାଣିବାକୁ ଚାହିଁଛନ୍ତି ଆପଣଙ୍କର କବିତାଗୁଡ଼ିକ ଭଲ ହୋଇଛି କି ନାହିଁ। ମୋତେ କହିବା ଆଗରୁ ଏହି ପ୍ରଶ୍ନ ହୁଏତ ଆପଣ ଅନ୍ୟ ଅନେକଙ୍କୁ ପଚାରିଛନ୍ତି। ବିଭିନ୍ନ ପତ୍ରପତ୍ରିକାଗୁଡ଼ିକୁ ଲେଖା ପଠାଇଛନ୍ତି। ଅନ୍ୟମାନଙ୍କର କବିତା ସହିତ ସେଗୁଡ଼ିକର ତୁଳନା କରିଛନ୍ତି ଏବଂ କେବେ କେବେ ଆପଣଙ୍କ ଲେଖା ଛପା ନହେବାରୁ ଦୁଃଖ ମଧ୍ୟ କରିଛନ୍ତି। ଏବେ ଆପଣ ମୋର ପରାମର୍ଶ ଚାହିଁଛନ୍ତି ବୋଲି କହୁଛି, ଦୟାକରି ଏସବୁ ଭୁଲିଯାଆନ୍ତୁ। ଆପଣ ନିଜର ଚିନ୍ତାଧାରାକୁ ବାହାର ଆଡ଼େ ବାଟକଢ଼ାଉଛନ୍ତି, ଯାହା ଆପଣ ବର୍ତ୍ତମାନ କରିବା ମୋଟେ ଉଚିତ୍ ନୁହେଁ। ଏହି ବିଷୟରେ କେହି ହେଲେ ଆପଣଙ୍କର ମାର୍ଗଦର୍ଶନ ଏବଂ ସାହାଯ୍ୟ କରିବେନି। କେହି ବି ନୁହେଁ। କେବଳ ଗୋଟିଏ ବାଟ ରହିଛି। ନିଜ ଭିତରକୁ ଦେଖନ୍ତୁ। ଖୋଜି କରି ବାହାର କରନ୍ତୁ କାହିଁକି ଆପଣ ଲେଖୁଛନ୍ତି। ଖୋଜିକରି ଦେଖନ୍ତୁ ଏହା ଆପଣଙ୍କ ହୃଦୟର ଗଭୀରତା ଭିତରେ ମୂଳ ବିସ୍ତାର କରିଛି କି ନାହିଁ। ନିଜ ପାଖରେ ସ୍ୱୀକାର କରନ୍ତୁ ଯଦି ଆପଣଙ୍କୁ ଲେଖିବା ପାଇଁ ରୋକାଯାଏ ତାହେଲେ କଅଣ ଆପଣ ମରିଯିବେ। ସର୍ବୋପରି, ଅଧିକ ରାତ୍ରିର ନିବିଡ଼ ଅନ୍ଧକାରର ଏକାନ୍ତରେ ନିଜକୁ ପ୍ରଶ୍ନ କରନ୍ତୁ, "ମୋର କଣ ଲେଖିବା ଆବଶ୍ୟକ ?" ନିଜ ମନର ଗଭୀରତା ଭିତରୁ ଏହାର ଉତ୍ତର ଖୋଜି କରି ବାହାର କରନ୍ତୁ। ଯଦି ଆପଣଙ୍କୁ, ବିଶ୍ୱାସର ସହିତ ଏହି ଗମ୍ଭୀର ପ୍ରଶ୍ନର ଉତ୍ତର "ହଁ"ରେ ଆସୁଛି, ତାହେଲେ ନିଜର ଜୀବନକୁ ଏହାର ଆବଶ୍ୟକତା ଅନୁସାରେ ଗଢ଼ନ୍ତୁ। ଆଉ ଏହାପରେ ଆପଣଙ୍କ ଜୀବନ, ଏମିତି କି ସବୁଠାରୁ ଅଧିକ ସାଂସାରିକ ଏବଂ ସବୁଠାରୁ ଅଳ୍ପ ମହତ୍ୱର କ୍ଷଣ ବି ଆପଣଙ୍କର ପ୍ରବୃତ୍ତିର ପ୍ରମାଣ ହେବା ଆବଶ୍ୟକ। ଏବେ ପ୍ରକୃତି ନିକଟକୁ ଯାଆନ୍ତୁ। କଳ୍ପନା କରନ୍ତୁ ଯେ ଆପଣ ହିଁ ବଞ୍ଚିରହିଥିବା ସେହି ପ୍ରଥମ ମଣିଷ। ଚେଷ୍ଟା କରନ୍ତୁ ପ୍ରକାଶ କରିବାକୁ ଯାହା ଦେଖୁଛନ୍ତି, ଯାହା ଅନୁଭବ କରୁଛନ୍ତି, ଯାହାକୁ ପ୍ରେମ କରୁଛନ୍ତି ଏବଂ ଯାହା ହରାଇ ଦେଇଛନ୍ତି। ପ୍ରେମ-ଗୀତ ଲେଖନ୍ତୁନି। ସେହି ଧରଣର ଲେଖା ପାଖରୁ ଦୂରେଇ ରହନ୍ତୁ ଯାହା ସବୁ ବହୁ ବ୍ୟବହୃତ ଓ ସାଧାରଣ ବଷୟ: କିଛି ବ୍ୟକ୍ତିଗତ ଏବଂ ବିଲକ୍ଷଣ ଲେଖାପାଇଁ ବହୁତ ପରିପକ୍ୱତା ଆବଶ୍ୟକ ହୋଇଥାଏ। ଖାସ୍ କରି ଯେତେବେଳେ ଅନେକ ମହାନ କୃତି ପ୍ରଥମରୁ ଉପଲବ୍ଧ। ନିଜର ଦୈନନ୍ଦିନ ଜୀବନର ଘଟଣାଗୁଡ଼ିକର ସାହାରା ନିଅନ୍ତୁ। ନିଜର ଦୁଃଖ, ନିଜର ଆଶା-ଆକାଂକ୍ଷା, ନିଜର ବିଚାର ଆଉ କୌଣସି ସୁନ୍ଦର ବସ୍ତୁ ଉପରେ ଥିବା ଆପଣଙ୍କର ଆସ୍ଥା, ଏହିସବୁ ବିଷୟରେ ଲେଖନ୍ତୁ।

ଉତ୍ସାହ, ବିନମ୍ରତା ଏବଂ ଗମ୍ଭୀରତାର ସହିତ ଏହାର ବର୍ଣ୍ଣନା କରନ୍ତୁ। ନିଜର ଅଭିବ୍ୟକ୍ତି ପାଇଁ ଆଖପାଖର ଜିନିଷ, ନିଜର ସ୍ୱପ୍ନଗୁଡ଼ିକର ଦୃଶ୍ୟ ଆଉ ନିଜର ସ୍ମୃତି ବିଷୟର ମଧ୍ୟ ସାହାରା ନିଅନ୍ତୁ। ଯେତେବେଳେ ଆପଣଙ୍କର ଦୈନନ୍ଦିନ ଜୀବନ ଖୁବ୍ ସାଧାରଣ, କ୍ଷୁଦ୍ର ଓ ତୁଚ୍ଛ ମନେହୁଏ, ସେଥିପାଇଁ ଜୀବନକୁ ଦୋଷାରୋପ କରନ୍ତୁନି। ନିଜକୁ ହିଁ ଦୋଷ ଦିଅନ୍ତୁ। ମନେ ରଖନ୍ତୁ ଯେ ଏହା ଆପଣଙ୍କର ନିଜର ସୀମାବଦ୍ଧତା ଯାହାଫଳରେ ଆପଣ କବି ହୋଇପାରୁନାହାନ୍ତି। ସୃଷ୍ଟିକର୍ତ୍ତାଙ୍କ ପାଖରେ ଦରିଦ୍ର ଓ ଦରିଦ୍ରତା ବୋଲି କିଛି ନାହିଁ। ତାଙ୍କ ପାଖରେ ସ୍ଥାନ, କାଳ, ପାତ୍ର କିଛି ବି ତୁଚ୍ଛ ନୁହେଁ। ଜୀବନରେ ସବୁକିଛିର ମୂଲ୍ୟ ରହିଛି।

ଏମିତିକି ଯଦି ଆପଣ କାରାଗାରରେ ଅଛନ୍ତି, ସେଠାରେ ଚାରୋଟି ପ୍ରାଚୀର ଭିତରେ ପୃଥିବୀର କୋଳାହଳ, ଶବ୍ଦ ନିର୍ବାକ ହୋଇଥାଏ। କିନ୍ତୁ ସେଠାରେ ଆପଣ ନିଃସଙ୍ଗ ନୁହଁନ୍ତି। ଆପଣଙ୍କ ସହିତ ଅଛି ଛାଡ଼ି ଆସିଥିବା ଶୈଶବ, ଅମୂଲ୍ୟ ସ୍ମୃତିର ସମୃଦ୍ଧ ଭଣ୍ଡାର। ଏସବୁ ପ୍ରତି ଦୃଷ୍ଟି ଫେରାନ୍ତୁ। ନିମଗ୍ନ ହୋଇ ବୁଡ଼ଖାଆନ୍ତୁ ସୁନେଲୀ ଅତୀତରେ। ଦେଖନ୍ତୁ, ଆପଣଙ୍କର ବ୍ୟକ୍ତିତ୍ୱ ଆହୁରି ବିକଶିତ ହେବ। ଆପଣଙ୍କର ଏକାକୀତ୍ୱ ପ୍ରସାରିତ ହେବା ପାଇଁ ସ୍ଥାନ ପାଇବ। ନିଜ ଭିତରେ ଆପଣ ଖୋଜି ପାଇବେ ଗୋଟିଏ ଆଶ୍ଚର୍ଯ୍ୟଜନକ ଗୋଧୂଳି, ଜାଗତିକ କୋଳାହଳ ଯେଉଁଠାରେ ଅନେକ ଦୂରର ବିଷୟ।

ନିଜ ଭିତରକୁ ମୋଡ଼ି ହୋଇ ଯିବାର ପରିଣାମ ସ୍ୱରୂପ ଏବଂ ନିଜ ଦୁନିଆରେ ବୁଡ଼ି ରହିବା ପରେ ହିଁ କବିତା ପ୍ରସ୍ଫୁଟିତ ହେବା ଆବଶ୍ୟକ। ତା'ପରେ ଆପଣ କାହାକୁ ହେଲେ ପ୍ରଶ୍ନ କରିବେନି ଯେ ଏହା ଭଲ କବିତା କି ମନ୍ଦ କବିତା। ଆପଣ କୌଣସି ପ୍ରକାଶକଙ୍କ ରୁଚିକୁ ଜାଣିବାର ଚେଷ୍ଟା କରିବେନି। ଆପଣ ସେହି କବିତାରେ ନିଜର ଆବାଜ ଶୁଣିବେ। ତା'ଭିତରେ ଆପଣଙ୍କ ଜୀବନର ଗୋଟିଏ ଅଂଶକୁ ପାଇବେ। ତାହା ଆପଣଙ୍କର ନିଜର ସଂପତ୍ତି। ଆବଶ୍ୟକତାରୁ ଜନ୍ମ ନେଇଥିବା କଳାକୃତି ଉତ୍କୃଷ୍ଟ ହୋଇଥାଏ। ଏହା ହିଁ ତାହାର ମାଧ୍ୟମ ଏବଂ ଏହା ତାହାର ମାନଦଣ୍ଡ।

ସେଥିପାଇଁ, ପ୍ରିୟ ମହାଶୟ, ନିଜ ଭିତରକୁ ଯାଆନ୍ତୁ ଏବଂ ନିଜର ଅସ୍ତିତ୍ୱକୁ ସେହିଠାରେ ଖୋଜନ୍ତୁ ଯେଉଁଠି ଅଛି ଆପଣଙ୍କ ଜୀବନର ସ୍ରୋତ। ମୋ ପାଖରେ ଆପଣଙ୍କୁ ଦେବାପାଇଁ ଏହାଠାରୁ ଆଉ କିଛି ଭଲ ଉପଦେଶ ନାହିଁ। ନିଜର ସ୍ରୋତରୁ ହିଁ ଆପଣଙ୍କୁ ଜବାବ ମିଳିଯିବ ଯେ ଆପଣ ଲେଖିବେ କି ନାହିଁ। ବିନା ବିଶ୍ଳେଷଣ କରି ଯାହା ବି ଜବାବ ଆସିବ ତାକୁ ସ୍ୱୀକାର କରନ୍ତୁ। ହୁଏତ ଆପଣଙ୍କୁ ନିଜେ ନିଜେ ଜଣା ପଡ଼ିଯିବ ଯେ ଆପଣଙ୍କୁ ଜଣେ ଲେଖକ ବୋଲି କହି ହେବ। ପୁରସ୍କାର ଚିନ୍ତା କରିବା ବିନା ବିଧିର ନିର୍ଣ୍ଣୟକୁ ସ୍ୱୀକାର କରନ୍ତୁ। ଏହାର ବୋଝ ଏବଂ ଏହାର ଭବ୍ୟତାକୁ ଆପଣାନ୍ତୁ

କାହିଁକି ନା ପୁରସ୍କାର ତ ସମ୍ଭବତ ଅନାୟାସରେ ମିଳିଯାଏ। ରଚନାତ୍ମକ କଳାକାରର ଦୁନିଆ ନିଜର ହିଁ ହେବା ଆବଶ୍ୟକ। ତାକୁ ସବୁକିଛି ନିଜ ଭିତରେ ପ୍ରାପ୍ତ ହେବା ଦରକାର, ଅର୍ଥାତ୍ ସେହି ପ୍ରକୃତିରେ ଯାହାକୁ ସିଏ ଜୀବନସାଥୀ କରିନେଇଛି।

କିନ୍ତୁ ଏହା ସମ୍ଭବ ଯେ ନିଜ ଭିତରର ଦୁନିଆ ଅର୍ଥାତ୍ ସେହି ରହସ୍ୟମୟ ଓ ଏକାନ୍ତ ସ୍ଥାନରେ ପହଞ୍ଚିକରି ଆପଣଙ୍କୁ କବି ହେବାର ଧାରଣାକୁ ପରିତ୍ୟାଗ କରିବାକୁ ହେବ। ମୁଁ ଯେମିତି କହିଛି ଏହା ଅନୁଭବ କଲା ପରେ ଜଣେ ବ୍ୟକ୍ତି ଲେଖିବା ବିନା ବଞ୍ଚିରହିପାରିବା ହିଁ ଯଥେଷ୍ଟ ହେବ ଏହି କଥାର ସୂଚକ ହେବା ପାଇଁ ଯେ ଆପଣଙ୍କୁ ଲେଖିବାର ଆଦୌ ଆବଶ୍ୟକତା ନାହିଁ। ଏହା ବ୍ୟତୀତ ଭିତର ଆଡ଼କୁ ଯାତ୍ରା କରିବାର ପ୍ରକ୍ରିୟା ଯେଉଁ ଆଡ଼େ ଆପଣଙ୍କୁ ଯାତ୍ରା କରିବାକୁ ମୁଁ କହୁଛି, ତାହା କେବେହେଲେ ବ୍ୟର୍ଥ ହେବନି। ନିଃସନ୍ଦେହ ଆପଣଙ୍କ ଜୀବନ ଆପଣା ରାସ୍ତାକୁ ନିଜେ ହିଁ ଖୋଜି ନେବ। ମୋର ଏହି ଶୁଭକାମନା ରହିବ ଯେ ଏହି ରାସ୍ତାଗୁଡ଼ିକ ଆପଣଙ୍କ ପାଇଁ ଶ୍ରେୟସ୍କର, ବହୁମୂଲ୍ୟ ଏବଂ ପ୍ରଶସ୍ତ ହେଉ।

ଏହା ଅତିରିକ୍ତ ମୁଁ ଆପଣଙ୍କୁ ଆଉ କ'ଣ କହିବି ? ସବୁ କଥା ତ କହିଦେଲି। ମୁଁ କେବଳ ଏତିକି କହିବାକୁ ଚାହୁଁଥିଲି ଯେ ଆପଣ ନିଜ ବିକାଶ ପଥରେ ଶାନ୍ତି ଓ ଗମ୍ଭୀରତା ସହିତ ବଢ଼ନ୍ତୁ। ବାହାରକୁ ଦେଖିଲେ ଏବଂ ସେଠାରୁ ଉତ୍ତର ଖୋଜିଲେ ଆପଣ ଏହି ପ୍ରକ୍ରିୟାରେ ପ୍ରତିବନ୍ଧ ସୃଷ୍ଟି କରି ପାରନ୍ତି- ଏହାର ଉତ୍ତର ହୁଏତ ଆପଣଙ୍କୁ ଭିତରର ଅନୁଭୂତି ଏବଂ ଶାନ୍ତିର ସେହି କ୍ଷଣଗୁଡ଼ିକରେ ମିଳି ପାରିବ।

ଆପଣ ନିଜ ଚିଠିରେ ଅଧ୍ୟାପକ ହୋରାଚେ଼କଙ୍କର ଉଲ୍ଲେଖ କରିଥିବା ଦେଖି ମୁଁ ବହୁତ ପ୍ରସନ୍ନ ହେଲି। ତାଙ୍କ ପରି ଜଣେ ହୃଦୟବାନ ଓ ବିଦ୍ୱାନ ବ୍ୟକ୍ତି ପାଖରେ ମୁଁ ସର୍ବଦା ଋଣୀ। ତାଙ୍କ ପାଇଁ ମୋ ମନରେ ରହିଛି ଅପାର ଶ୍ରଦ୍ଧା। ଆପଣ ଦୟାକରି ମୋର ଭାବୁକତା ଭରା ସ୍ନେହ ତାଙ୍କୁ ଦେବେ। ତାଙ୍କର ମୋ ବିଷୟରେ ଭାବିବା ମୋତେ ଭଲ ଲାଗିଲା।

ମୁଁ ପୁଣି ସେହି କବିତାଗୁଡ଼ିକ ଆଡ଼କୁ ଫେରୁଛି ଯାହା ଆପଣ ମୋ ପାଖକୁ ପଠାଇଛନ୍ତି। ଆପଣ ମୋ ଉପରେ ଯେମିତି କୌଣସି ସର୍ତ୍ତ ବିନା ପ୍ରଗାଢ଼ ବିଶ୍ୱାସ ଦର୍ଶାଇଛନ୍ତି, ସେଥିପାଇଁ ଆପଣଙ୍କ ପ୍ରତି ମୁଁ ଅନୁଗୃହୀତ ଓ ଅଭିଭୂତ। ନିଜ କ୍ଷମତା ଅନୁସାରେ ଆପଣଙ୍କ ନଜରରେ ନିଜକୁ ଯୋଗ୍ୟପାତ୍ର ସାବ୍ୟସ୍ତ କରିବା ପାଇଁ ମୁଁ ଚେଷ୍ଟା କରୁଛି, ଜଣେ ଅଜ୍ଞାତ ବ୍ୟକ୍ତି ହିସାବରେ, ବାସ୍ତବରେ ମୁଁ ତାହା ହିଁ।

ଯଥେଷ୍ଟ ସମ୍ମାନ ଓ ସହାନୁଭୂତି ସହିତ,

ରାଇନେର ମାରିଆ ରିଲ୍କେ

ଦ୍ୱିତୀୟ ଚିଠି

ଭିୟାରେଗିୟୋ, ପିସା ପାଖରେ ଇଟାଲୀ
୫ ଏପ୍ରିଲ, ୧୯୦୩

ଆପଣଙ୍କର ୨୪ ଫେବ୍ରୁୟାରୀ ଚିଠିର ଉତ୍ତର ଦେବାରେ ଡେରି ହୋଇଥିବାରୁ କ୍ଷମା ଚାହୁଁଛି। ଏତେ ଦିନ ଦେହ ଭଲ ନଥିଲା। ଠିକ୍ ପୂରାପୂରି ଅସୁସ୍ଥ ନୁହେଁ, କହିପାରେ ଇନ୍‌ଫ୍ଲୁଏଂଜାର କବଳରେ ପଡ଼ିଥିଲି। ପୂରା ସମୟ ମାଟି ହୋଇଗଲା। କିଛି ଲେଖି ପାରିନି। ଅବସ୍ଥାରେ ଉନ୍ନତି ନ ଦେଖି, ପରିଶେଷରେ ଏହି ପ୍ରୋତ୍ସାହନକାରୀ ଦକ୍ଷିଣର ସମୁଦ୍ର ତଟକୁ ଜଳବାୟୁ ପରିବର୍ତ୍ତନ ପାଇଁ ଆସିଛି, ଯେଉଁଠିକୁ ମୁଁ ଆଗରୁ ଥରେ ଅସୁସ୍ଥ ଶରୀର ନେଇ ଆସିଥିଲି ଏବଂ ସୁସ୍ଥ ହୋଇ ଫେରିଥିଲି। କିନ୍ତୁ ଏଥର ପୂରାପୂରି ସୁସ୍ଥତା ଅନୁଭବ କରୁନି। ଲେଖିବାରେ ବି କଷ୍ଟ ହେଉଛି। ତେଣୁ ଇଚ୍ଛା ଥିବା ସତ୍ତ୍ୱେ ଦୀର୍ଘ ଚିଠି ବଦଳରେ ଆପଣଙ୍କୁ ପଠାଉଛି ଏହି ସଂକ୍ଷିପ୍ତ ଚିଠି।

ଅବଶ୍ୟ ଆପଣଙ୍କର ଚିଠି ପାଇଲେ ମୋତେ ଭଲ ଲାଗେ। କିନ୍ତୁ ମୋର ସେହି ଉତ୍ତର ଉପରେ ଆପଣଙ୍କୁ ଟିକିଏ ଧୈର୍ଯ୍ୟ ରଖିବାକୁ ପଡ଼ିବ ଯାହା ଅଧିକାଂଶ ସମୟରେ ଆପଣଙ୍କୁ ଛାଡ଼ିଦିଏ ଖାଲି ହାତରେ। ଏମିତି ଅବସ୍ଥାରେ ଯାହା ଆମ ପାଇଁ ବହୁତ ବ୍ୟକ୍ତିଗତ ଓ ମହତ୍ତ୍ୱପୂର୍ଣ୍ଣ, ସେଥିରେ ଆମ୍ଭେମାନେ ଅବ୍ୟକ୍ତ ରୂପରେ ନିତାନ୍ତ ଏକେଲା ହୋଇ ରହି ଯାଉଛେ। କାହାକୁ ଉପଦେଶ ଦେବା ଅଥବା କାହାକୁ ସାହାଯ୍ୟ କରିବା ନିଃସନ୍ଦେହ ରୂପରେ ଶ୍ରେଷ୍ଠକାମ, ଯାହା କରିବା ଉଚିତ। ବିଭିନ୍ନ ତଥ୍ୟଗୁଡ଼ିକର ସୌହାର୍ଦ୍ଦତାର ସହିତ ଗୋଟିଏ ପ୍ରାସଙ୍ଗିକତା ମେଳ ଖାଇବା ଆବଶ୍ୟକ ଏବଂ ଥରେ କିଛି ଘଟିବା ପାଇଁ ତାହାର ଦିଶା ସ୍ଥିର କରାରିବା ଉଚିତ।

ମୁଁ ଆଜି ଆପଣଙ୍କୁ ଦୁଇଟି ବିଷୟରେ କହିବି। ପ୍ରଥମ:

ବିଡ଼ମ୍ବନା ଓ ପରିସ୍ଥିତିକୁ କେବେହେଲେ ଆପଣଙ୍କର ନିୟନ୍ତ୍ରକ ହେବାକୁ ଦିଅନ୍ତୁନି, ବିଶେଷ କରି ଯେତେବେଳେ ଆପଣ କୌଣସି ରଚନାତ୍ମକ କାମ କରୁନଥାନ୍ତି।

ରଚନାତ୍ମକ କାମ କରୁଥିବାବେଳେ ଜୀବନକୁ ଭଲଭାବରେ ବୁଝିବା ପାଇଁ ଆପଣ ତାହାର ସ୍ୱାଗତ କରିପାରନ୍ତି। ଯଦି ଆପଣ ତାକୁ ଶୁଦ୍ଧ ଭାବରେ ସ୍ୱୀକାର କରିବେ ତାହେଲେ ତାହା ଶୁଦ୍ଧ ହେବ। ଏଥିପାଇଁ ଆପଣଙ୍କୁ ଲଜ୍ଜାଶୀଳ ହେବାର ଆବଶ୍ୟକତା ନାହିଁ।

ଆଉ ଏହିକଥା ପାଇଁ ବି ସଚେତ ରହନ୍ତୁ, ଯଦି ଆପଣଙ୍କୁ ଏମିତି ଲାଗୁଛି ଯେ ଆପଣ ବିଡ଼ମ୍ବନାର ଜାଲରେ ଫସି ଯାଉଛନ୍ତି ତାହେଲେ ଆପଣ ତା ଉପରେ ଧ୍ୟାନ ଦେବା ଛାଡ଼ି ନିଜର ଧ୍ୟାନ ବଡ଼ ଓ ଗମ୍ଭୀର ବିଷୟବସ୍ତୁ ଉପରେ ଲଗାନ୍ତୁ। ଆପଣଙ୍କର ଧ୍ୟାନ ଗମ୍ଭୀର ବିଷୟବସ୍ତୁରେ ପ୍ରବୃତ୍ତ ହେବାଫଳରେ, ବିଡ଼ମ୍ବନା ନିଜେ ନିଜେ ନିସ୍ତେଜ ଓ ଅସାହାୟ ହୋଇଯିବ। ବିଷୟବସ୍ତୁର ଗଭୀରତାକୁ ଯାଆନ୍ତୁ, ସେଠି ବିଡ଼ମ୍ବନା କେବେହେଲେ ପହଞ୍ଚି ପାରିବନି। ଆଉ ଏମିତି କଳାପରେ ଯେବେ ମହାନତାର କୂଳରେ ପହଞ୍ଚିବେ ସେତେବେଳେ ସ୍ୱୟଂକୁ ପଚାରନ୍ତୁ ଏହି ପରିସ୍ଥିତି ବା ବିଡ଼ମ୍ବନା ଆପଣଙ୍କ ଅସ୍ତିତ୍ୱର ନିତାନ୍ତ ଆବଶ୍ୟକତାରୁ ଜନ୍ମିଛି କି ନାହିଁ। ଏହି ଗମ୍ଭୀର କଥାର ପ୍ରଭାବରର କାରଣରୁ କିମ୍ବା ତାହା ଆପଣଙ୍କଠାରୁ ଦୂରକୁ ଯାଇକରି ପଡ଼ିଯିବ ଆଉ ଯଦି ଏହା ପ୍ରାସଙ୍ଗିକ ବା ସ୍ୱାଭାବିକ ଭାବରେ ଆପଣଙ୍କର ସମ୍ବନ୍ଧିତ ହୋଇଥିବ ତାହେଲେ ଏହା ଆପଣଙ୍କର ଅସ୍ତ୍ରକୁ ଆହୁରି ଶକ୍ତି ପ୍ରଦାନ କରିବ ଏବଂ ସେହିସବୁ ଅସ୍ତ୍ର ସହିତ ସ୍ଥାନ ଗ୍ରହଣ କରିବା ଯାହା ସହିତ ଆପଣ ନିଜର କଳାର ନିର୍ମାଣ କରିବେ।

ଆଉ ଯେଉଁ ଦ୍ୱିତୀୟ ବିଷୟଟି ମୁଁ ଆଜି ଆପଣଙ୍କୁ କହିବାକୁ ଚାହେଁ, ତାହା ହେଲା:

ମୋର ସବୁ ବହିଗୁଡ଼ିକ ଭିତରୁ ଏମିତି ଅଳ୍ପ ବହି ଅଛି ଯେଉଁ ଗୁଡ଼ିକ ମୋ ପାଇଁ ଅପରିହାର୍ଯ୍ୟ ଏବଂ ସେଗୁଡ଼ିକ ଭିତରୁ ପ୍ରକୃତରେ ଦୁଇଟି ମୋର ସର୍ବକ୍ଷଣର ସଙ୍ଗୀ। ମୁଁ ଯେଉଁଠିକି ଯାଏନା କାହିଁକି ସେଗୁଡ଼ିକ ମୋ ପାଖରେ ଥାଏ। ଗୋଟିଏ ହେଲା ବାଇବେଲ୍ ଏବଂ ଅନ୍ୟଟି ମହାନ ଡେନିଶ୍ ଲେଖକ ଜେନ୍ସ ପୀଟର ଜ୍ୟାକୋବ୍‌ସେନ (JENS PETER JACOBSEN) ଙ୍କ ପୁସ୍ତକ। ମୁଁ ଜାଣିନି ଆପଣ ତାଙ୍କର କୃତିଗୁଡ଼ିକ ବିଷୟରେ ଜାଣିଛନ୍ତି କି ନାହିଁ। ତାଙ୍କ କୃତିଗୁଡ଼ିକ ଭିତରୁ କେତେକ ଅନୂଦିତ ହୋଇ ପ୍ରକାଶ ପାଇଛି ଏବଂ ଆପଣ ସହଜରେ ସେଗୁଡ଼ିକୁ ହସ୍ତଗତ କରିପାରିବେ। "ସାତଟି ଗଳ୍ପ" ଜେ.ପି. ଜ୍ୟାକବ୍‌ସେନଙ୍କ ଦ୍ୱାରା ଏବଂ ତାଙ୍କର ଉପନ୍ୟାସ "ନିଏଲ୍ସ ଲିହ୍ନେ" ନିଶ୍ଚୟ ପଢ଼ନ୍ତୁ। ଆପଣ ଏହାଙ୍କ ଗଳ୍ପ "ମୋଜେନ୍ସ" (MOGENS) ରୁ ଆରମ୍ଭ କରନ୍ତୁ। ଏହାର ଉଲ୍ଲାସ, ସଂପନ୍ନତା ଏବଂ ଅଦ୍ଭୁତ ସଂସାର ଆପଣଙ୍କୁ ଘେରିଯିବ। କିଛି ସମୟ ଏହି ବହିଗୁଡ଼ିକ ଭିତରେ ଜିଅଁନ୍ତୁ, ଏଗୁଡ଼ିକ ଭିତରେ ଯାହା ଶିଖିବା ଭଳି

ଅଛି ସେଗୁଡ଼ିକୁ ଶିଖନ୍ତୁ ଓ ପ୍ରେମ କରନ୍ତୁ। ଆପଣଙ୍କର ଏହି ପ୍ରେମର ବଦଳରେ ଆପଣଙ୍କ ଉପରେ ହଜାରେ ଥର ସ୍ନେହ ବର୍ଷିବ ଏବଂ ଆପଣଙ୍କ ଜୀବନରେ ଯାହା ବି ପରିବର୍ତ୍ତନ ଘଟିବ ସେଥିରେ କିଛି ଫରକ ପଡ଼ିବନି। ମୋର ପୂରା ବିଶ୍ୱାସ ଅଛି ଯେ ଏହି ସ୍ନେହ ଆପଣଙ୍କ ଜୀବନ-ବସ୍ତ୍ରକୁ ବୁଣିବାରେ ହେବ ସୁଖ-ଦୁଃଖ, ଆଶା-ନିରାଶା ଏବଂ ଅନୁଭବ ସମୂହର ମହତ୍ୱପୂର୍ଣ୍ଣ ସୂତ୍ରରାଶି।

ମୁଁ ଆପଣଙ୍କୁ ଏହା କହି କରି ଖୁସୀହେବି ଯେ ରଚନାତ୍ମକତାର ସାର, ତା'ର ଗଭୀରତା ଏବଂ ତା'ର ଚିରସ୍ଥାୟୀଗୁଣ କେଉଁଠୁ ଶିଖିଲି ତେବେ ଖାଲି ଦୁଇଜଣଙ୍କ ନାଆଁ ନେବି: ଜଣେ ମହାନ ଲେଖକ ଜ୍ୟାକବ୍‌ସେନ (Jucobsen) ଏବଂ ଦ୍ୱିତୀୟ ଜଣକ ଅଗଷ୍ଟେ ରୋଡିନ (Auguste Rodin) , ମୂର୍ତ୍ତିକାର, ଯାହାର ସମକକ୍ଷ ବର୍ତ୍ତମାନର ଶିଳ୍ପୀମାନଙ୍କ ଭିତରେ କେହି ନାହାନ୍ତି।

ପ୍ରତ୍ୟେକ କ୍ଷେତ୍ରରେ ଆପଣଙ୍କୁ ସଫଳତା ମିଳୁ।

ଆପଣଙ୍କର,

ରାଇନେର ମାରିଆ ରିଲ୍‌କେ

ତୃତୀୟ ଚିଠି

ଭିୟାରେଗିୟୋ,
ପିସା ପାଖରେ ଇଟାଲୀ, ୨୩ ଏପ୍ରିଲ, ୧୯୦୩

ଆପଣଙ୍କର ଇଷ୍ଟରର ଚିଠି, ମୋର ପ୍ରିୟ ମହାଶୟ, ମୋତେ ବହୁତ ଆନନ୍ଦ ପ୍ରଦାନ କରିଛି ଏବଂ ଯେଉଁ ଭାବରେ ଆପଣ ଜ୍ୟାକୋବସେନଙ୍କର ମହାନ ଓ ସୁନ୍ଦର କଳା ବିଷୟରେ ଲେଖିଛନ୍ତି, ମୋତେ ଲାଗୁଛି ଯେ ଆପରଙ୍କର ପ୍ରଶ୍ନଭରା ଜୀବନରେ ଏହି ପ୍ରଚୁର ଖଜଣା ଥିବା କୂପ ଆଡ଼କୁ ଆପଣଙ୍କୁ ନେଇ ଯାଇ ମୁଁ କିଛି ଭୁଲ କରିନି।

ଏବେ "ନେଲ୍ସ ଲୀହ୍ନେ"ଙ୍କର ଏହି ଐଶ୍ୱର୍ଯ୍ୟପୂର୍ଣ୍ଣ ଗମ୍ଭୀର ପୁସ୍ତକ ଯେମିତି ଯେମିତି ଆପଣ ପଢ଼ିବେ, ଏହା ନିଜେ ହିଁ ଆପଣଙ୍କ ପାଖରେ ଖୋଲି ଖୋଲି ଯିବ। ଏମିତି ଲାଗୁଛି ଏଥିରେ ଜୀବନର ସୁକୋମଳ ସୁବାସରୁ ନେଇ ସମ୍ପୂର୍ଣ୍ଣ ରୂପରେ ବିକଶିତ ପକ୍ୱ ଫଳର ସୁଗନ୍ଧ ଯାଏଁ ସବୁକିଛି ରହିଛି। ଏଥିରେ ଏମିତି କିଛି ମିଳିବନି ଯାହା ଆପଣ ବୁଝିବାକୁ ଅକ୍ଷମ ହେବେ ଅଥବା ଯାହା ଆପଣଙ୍କର ଅନୁଭବର ଅନୁକୂଳ ହେବନି। ଏହାକୁ ପଢ଼ିବା ବେଳେ ଯେମିତି ଉଠିବ ଆପଣଙ୍କର ସ୍ମୃତିର ଆନ୍ଦୋଳିତ ପ୍ରତିଧ୍ୱନି। ଜୀବନର ସବୁ ଅଭିଜ୍ଞତାର ଅଲଗା ମୂଲ୍ୟ ଅଛି। କୌଣସି ବି ଅନୁଭବ ତୁଚ୍ଛ ନୁହେଁ। ସାମାନ୍ୟ ଗୋଟିଏ ଘଟଣା ବି ଭାଗ୍ୟରେ ଉନ୍ମୋଚିତ ହୋଇ ଉଠେ। ଭାଗ୍ୟ ନିଜେ ହିଁ ଅଲଗା ଏକ ସୌନ୍ଦର୍ଯ୍ୟ, ଯେମିତି ଖଣ୍ଡିଏ ଲୁଗା। ଆଉ ଏହା କୋମଳ ଦକ୍ଷ ହାତରେ ବୁଣା ପ୍ରତିଟି ସୂତାର ବନ୍ଧନ। ପାରସ୍ପରିକ ଦକ୍ଷ ହାତରେ ବୁଣା ପ୍ରତିଟି ସୂତାର ବନ୍ଧନ। ପାରସ୍ପରିକ ନିର୍ଭରତାର ଏହା ଏକ ଅନିବାର୍ଯ୍ୟ ସହଯୋଗ।

ପ୍ରଥମ ଥର ଏହି ବହିଟିକୁ ପଢ଼ିକରି ଆପଣ ପ୍ରସନ୍ନତା ଅନୁଭବ କରିବେ। ଏହାପରେ ଆପଣଙ୍କ ପାଇଁ ଅପେକ୍ଷା କରିବ ଅଶେଷ ବିସ୍ମୟ, ଯେମିତି ହୋଇଥାଏ ଗୋଟିଏ ନୂତନ ସ୍ୱପ୍ନରେ। କିନ୍ତୁ ମୁଁ ଆପଣଙ୍କୁ କହିବି ଯେ ତାପରେ ମଧ୍ୟ ସେହି

ବିସ୍ମୟ ବିଦ୍ୟମାନ ରହିବ ସେହି ପୁସ୍ତକଗୁଡ଼ିକୁ ପଢ଼ିବା ସମୟରେ। ପ୍ରଥମ ପାଠରେ ଅନୁଭୂତ ବିସ୍ମୟକରଭାବ ହଜି ଯିବନି ଏବଂ ସେଥିରେ ଥିବା ସୌନ୍ଦର୍ଯ୍ୟବୋଧ ପରିତ୍ୟକ୍ତ ହେବନି।

ଏହା ପଢ଼ିକରି ବ୍ୟକ୍ତି ଅଧିକ ପ୍ରସନ୍ନତା ଓ କୃତଜ୍ଞତା ଅନୁଭବ କରିବ। ପାଠକ ପାଖରେ ସହଜ ହୋଇ ଉଠିବ ଜୀବନର ଜଟିଳ ଦର୍ଶନ। ତା' ଜୀବନରେ ଆସ୍ଥା ଦୃଢ଼ ହେବ ଏବଂ ସନ୍ତୁଷ୍ଟିର ଅନୁଭବ ସହିତ ଆତ୍ମସମ୍ମାନର ଭାବ ବଢ଼ିବାକୁ ଲାଗିବ।

ପରେ ଆପଣ ମାରୀ ଗ୍ରୁବେଙ୍କର ଭାଗ୍ୟ ଓ ଲାଳସା ଉପରେ ଲେଖା ପୁସ୍ତକ ଅବଶ୍ୟ ପଢ଼ିବା ଉଚିତ୍ ଏବଂ ତା ସହିତ ଜ୍ୟାକୋବ୍‌ସେନଙ୍କ କବିତା ଓ ଅନେକ ପତ୍ରପତ୍ରିକା ବି ପଢ଼ନ୍ତୁ। ଅବଶ୍ୟ ତାଙ୍କ କବିତାର ଅନୁବାଦ ବହୁତ ଅଳ୍ପ ହୋଇଛି, କିନ୍ତୁ ତାହା ବ୍ୟକ୍ତିର ମନ ଉପରେ ଗଭୀର ଛାପ ଛାଡ଼ିଯାଏ। ତା ସହିତ ମୁଁ ଆପଣଙ୍କୁ ଏହି ପରାମର୍ଶ ମଧ୍ୟ ଦେବି ଯେ ଯଦି ସୁବିଧା ହୁଏ ଜ୍ୟାକୋବ୍‌ସେନଙ୍କର ସଂଗୃହିତ ରଚନାର ପୁସ୍ତକଗୁଡ଼ିକୁ ଅବଶ୍ୟ କିଣିବେ। ତିନି ଖଣ୍ଡରେ ପ୍ରକାଶିତ ଏହି ସଂସ୍କରଣଟିର ପ୍ରକାଶକ ଉଇଜିନ ଡାଇଡେରିସ। ଅନୁବାଦ ଭଲ ହୋଇଛି। ପ୍ରତିଖଣ୍ଡର ମୂଲ୍ୟ ମାତ୍ର ପାଞ୍ଚ-ଛଅ ମାର୍କ ହେବ।

"ଗୋଲାପଗୁଡ଼ିକ ଏଠାରେ ରହିପାରିଥାନ୍ତା..."ର କୋମଳତା ଓ ଶୈଳୀ ଅତୁଳନୀୟ। ଆପଣଙ୍କର ଏହି ମନ୍ତବ୍ୟର ସହିତ ମୁଁ ଏକମତ। ଆପଣଙ୍କର ମୂଲ୍ୟାୟନ ଯଥାର୍ଥ। ଏହି ବିଷୟରେ ଆପଣଙ୍କର ହକ୍ ରହିଛି ଯେ ଆପଣ ଭୂମିକାର ଲେଖକଙ୍କ ବିଷୟରେ ନକାରାତ୍ମକ ବିଚାର ରଖିପାରନ୍ତି। ଆଉ ମୋର ଏଠି ଆପଣଙ୍କୁ ଅନୁରୋଧ: ଯେତେ ସମ୍ଭବ ଅତି ଅଳ୍ପ ସମାଲୋଚନାତ୍ମକ ଲେଖା ପଢ଼ିବେ-ସମାଲୋଚନାଗୁଡ଼ିକ ଭିତରେ ରହିଥାଏ ବିଭାଜିତ କଳାଭଳି ପକ୍ଷପାତପୂର୍ଣ୍ଣ ଦୃଷ୍ଟିକୋଣ, ଯାହା ଥାଏ ମୃତ ଅବସ୍ଥାରେ ପଥୁରିଆ ଏବଂ ଅର୍ଥହୀନ ଅଥବା ବାକ୍‌ଚାତୁରୀ ଖେଳ ଶବ୍ଦଗୁଡ଼ିକର। ଆଜି ଯେଉଁ ମତର ଜୟଜୟକାର, କାଲି ତାହାର ବିପରୀତ ହୋଇଯାଏ। କଳାତ୍ମକ ରଚନାଗୁଡ଼ିକ ଅନାଦିକାଳରୁ ରହିଛି ଏବଂ ଅର୍ଥହୀନ ସମାଲୋଚନା ତାକୁ କେବେହେଲେ ଛୁଇଁ ପାରିବନି। ତାହାକୁ କେବଳ ପ୍ରେମର ସହିତ ବୁଝିବା ଓ ଧାରଣ କରିବା ସମ୍ଭବ ହୋଇପାରେ, ଆଉ ତାହେଲେ ଯାଇ ଆମେ ସେଗୁଡ଼ିକ ସହିତ ନ୍ୟାୟ କରିପାରିବା। ନିଜ ପ୍ରତି ସବୁବେଳେ ବିଶ୍ୱାସ ରଖନ୍ତୁ ଏବଂ ସେଗୁଡ଼ିକର ବିଶ୍ଳେଷଣ, ପ୍ରସ୍ତୁତି ବା ଚର୍ଚ୍ଚା ସମୟରେ ସର୍ବଦା ନିଜ ଅନ୍ତରର ଆବାଜକୁ ଶୁଣନ୍ତୁ ଆଉ ଭାବନାଗୁଡ଼ିକ ଉପରେ ଧ୍ୟାନ ଦିଅନ୍ତୁ।

ଆପଣଙ୍କର ବିଚାରବୋଧକୁ ବଢ଼ି ଉଠିବାକୁ ଦିଅନ୍ତୁ ନୀରବରେ। କୌଣସି ବାଧା ଯେମିତି ସୃଷ୍ଟି ନ ହୁଏ। ପ୍ରକୃତ ପ୍ରଗତି, ବିଚାରବୋଧ ତିଆରି ହୁଏ ମନର ଗଭୀରତାରେ। ଏ ବିଷୟରେ କୌଣସି ଜୋରଜବରଦସ୍ତି ଚାଲେନି। ଏମିତିକି ଏହାକୁ ତ୍ୱରାନ୍ୱିତ କରି ହୁଏନି। ଯେକୌଣସି ସୃଷ୍ଟିର ଆଗରୁ ଦରକାର ଗର୍ଭକାଳୀନ ବାସ। ସମ୍ପୂର୍ଣ୍ଣ ଗର୍ଭବାସ ପରେ ଯେଉଁ ଜନ୍ମ ସେହି ଜନ୍ମ ହିଁ ସାର୍ଥକ। ଭ୍ରୁଣକୁ ଲାଳନ କରିବାକୁ ହୁଏ। ପ୍ରତ୍ୟେକ ବିଚାରକୁ ଜନ୍ମ ନେବାପାଇଁ ଆପଣଙ୍କୁ ତର୍କ ଓ ଶବ୍ଦର ଉପରକୁ ଉଠିକରି ନିଜ ମନର ଗଭୀରତାରେ ଧୈର୍ଯ୍ୟପୂର୍ବକ ଗୋଟିଏ ନୂତନ ସ୍ୱଷ୍ଟତାର ଆସିବାକୁ ଅପେକ୍ଷା କରିବାକୁ ହେବ ଏବଂ ଏହି ସ୍ୱଷ୍ଟତା, ବୁଝାମଣା ଓ ରଚନାତ୍ମକତା ହୋଇକରି କଳାରେ ବିଦ୍ୟାମାନ ରହେ।

ଏହିକ୍ଷେତ୍ରରେ ସମୟର କୌଣସି ସୀମାରେଖା; ଗୋଟିଏ ବର୍ଷ ଏମିତିକି ଗୋଟିଏ ଦଶକ କୌଣସି ବଡ଼ ସମୟ ନୁହେଁ। ଶିଳ୍ପୀ ହୋଇ ଉଠିବାର ମାନେ ହେଲା: ସଂଖ୍ୟା ବା ସମୟର ହିସାବରେ ନୁହେଁ, ବରଂ ବୃକ୍ଷ ପରି ନୀରବରେ ପରିଣତିର ଦିଗକୁ ଯିବା, ଯିଏ ନିଜ ମୂଳର ରସକୁ ନେଇ ଜବରଦସ୍ତି କରେନି ଏବଂ ଆତ୍ମବିଶ୍ୱାସର ସହ ମୁକାବିଲା କରେ ବସନ୍ତର ଝଡ଼ ସହିତ। ଆଗକୁ ଗ୍ରୀଷ୍ମକାଳ ଆସିବ କି ନାହିଁ ତାହା ଭାବି ଉଦ୍‌ବିଗ୍ନ ହୁଅନ୍ତିନି। ଗ୍ରୀଷ୍ମକାଳ ଠିକ୍ ଆସେ- ଖାଲି ସେମାନଙ୍କ ପାଇଁ, ଯେଉଁମାନେ ଧୈର୍ଯ୍ୟଶୀଳ, ଯେଉଁମାନେ ଯତ୍ନହୀନ ଓ ଶାନ୍ତ ଏବଂ ଅନ୍ତହୀନ ହୋଇ ବଞ୍ଚି ରହନ୍ତି, ଅମରତ୍ୱ ସେମାନଙ୍କ ପାଦତଳେ ଅପେକ୍ଷା କରିଛି ଜାଣି ବି ନିଶ୍ଚୁପ ରହନ୍ତି। ମୁଁ ଏସବୁ ପ୍ରତିଦିନ ଶିଖେ ଦୁଃଖପ୍ରାପ୍ତ ଜୀବନ ନିକଟରୁ। ଏହା ପାଖରେ ମୋର କୃତଜ୍ଞତାର ଶେଷ ନାହିଁ। ଏହା ସହିତ ଆଉ ଗୋଟିଏ କଥା ଜାଣିଛି- ଧୈର୍ଯ୍ୟ ହିଁ ସବୁକିଛି।

ରିଚାର୍ଡ଼ ଡେହମେଲ: ତାଙ୍କ ବହିଗୁଡ଼ିକ ଆଉ ମୁଁ ସେହି ବ୍ୟକ୍ତିଙ୍କ ବିଷୟରେ କିଛି କହିବି, ଯାହାଙ୍କ ସହିତ ମୋର ଅଳ୍ପ ଜଣାଶୁଣା ଅଛି। ଯେତେବେଳେ ମୁଁ ତାଙ୍କ ବହିର ଭଲ ପୃଷ୍ଠା ପଢୁଥାଏ ସେତେବେଳେ ଡରିଯାଏ, ଯେମିତି ପରପୃଷ୍ଠା ସବୁକିଛି ଓଲଟପାଲଟ କରି ନଦିଏ, ଯୋଗ୍ୟକୁ ଅଯୋଗ୍ୟ କରିନଦିଏ। ଆପଣ ନିଜ ଶବ୍ଦରେ ତାଙ୍କ ବିଷୟରେ ଖୁବ୍ ସୁନ୍ଦର ଚିତ୍ରଣ କରିଛନ୍ତି: "ବାସନାମୟ ଜୀବନ ଏବଂ ବାସନାମୟ କବିତା"- ଏବଂ ବାସ୍ତବରେ ଯୌନତାର ସହିତ ଲେଖକଙ୍କର କଳାତ୍ମକ ଅଭିଜ୍ଞତା ଏତେ ଆଶ୍ଚର୍ଯ୍ୟଜନକ ଭାବେ ନିବିଡ଼ ଯେ ତାହାର ବେଦନା ଓ ବାସନା ସମାର୍ଥକ ବୋଲି ମନେ ହୁଏ। ତାହା ଗୋଟିଏ ଆକୁଳ ଆକାଂକ୍ଷା ଓ ପରମସୁଖର ଦୁଇଟି ଭିନ୍ନ ରୂପ। ଯଦି ବ୍ୟକ୍ତି ଏହାକୁ କାମବାସନା ନ କହି ମୈଥୁନ କ୍ରିୟା ବୋଲି କହେ- ମୈଥୁନକ୍ରିୟା ତାହାର ମହାନ, ବିସ୍ତୃତ ଓ ବିଶୁଦ୍ଧ ଅର୍ଥରେ ଯାହାକୁ ଚର୍ଚ୍ଚ ପାପହୀନ

ମାନି ନେଇଛି, ସେହି କାରଣରୁ ତାଙ୍କ କୃତିଗୁଡ଼ିକ ହୋଇ ଯାଉଛି ଆହୁରି ମହାନ ଓ ମହତ୍ତ୍ୱପୂର୍ଣ୍ଣ। ତାଙ୍କ କବିପ୍ରତିଭା ଅତି ବଢ଼ିଆ ଏବଂ ଆଦିମ ପ୍ରବୃତ୍ତି ପରି ଶକ୍ତିଶାଳୀ। ତାଙ୍କ କବିତାରେ ଅଛି ଏମିତି ପ୍ରସ୍ତର ସ୍ପନ୍ଦନ ଯେମିତି ଜଳସ୍ରୋତ ପର୍ବତର ଚଟ୍ଟାଣକୁ ଚିରି କରି ଅନ୍ତହୀନ ଛନ୍ଦରେ ଖେଳେଇ ହୋଇଯାଏ ଚାରିଆଡ଼େ।

କିନ୍ତୁ ମୁଁ ଭାବୁଛି ଯେ ଏହି ଶକ୍ତି ସବୁ ସମୟରେ ତ୍ରୁଟିହୀନ, ସରଳ ଓ ବିରତିହୀନ ହୁଏନି। ଲେଖକଙ୍କ ପାଇଁ ଏଇଟା ଗୋଟିଏ କଠିନ ପରୀକ୍ଷା: ଏହି ଶକ୍ତିର ସାରଲ୍ୟ ଧରି ରଖିବାକୁ ହେଲେ ତାଙ୍କୁ ହେବାକୁ ପଡ଼ିବ ଅବଚେତନ। ନିଜର ସବୁ ସାଫଲ୍ୟ ସମ୍ପର୍କରେ ହେବାକୁ ହେବ ଉଦାସୀନ। ନିଜ ଭିତରେ ଝଡ଼ ତୋଳି ଯେତେବେଳେ ଯୌନତା ପାଖରେ ପହଞ୍ଚିବ, ଦେଖିବ ଏମିତି ଜଣକୁ ଯିଏ ପୂରାପୂରି ଶୁଦ୍ଧ ନୁହେଁ। ଶୁଦ୍ଧ ଓ ପରିଣତ ଯୌନତାର ବଦଳରେ ସିଏ ପହଞ୍ଚି ଯିବ ଏମିତି ଗୋଟିଏ ଯୌନଜଗତରେ ଯାହା ମୋଟେ ମାନସିକ ନୁହେଁ, କେବଳ ପୁରୁଷର କାମତୃଷ୍ଣା, ଭୋଗ ଓ ଲାଳସାର ପ୍ରକାଶ। କେବଳ ଉତ୍ତାପ, ବଜ୍ରପାଦ, ଅସ୍ଥିରତା ଏବଂ ପ୍ରାଚୀନ ଦୃଷ୍ଟିଭଙ୍ଗୀ, ପୌରୁଷର ଆସ୍ଫାଳନ। ଆବାହମାନ କାଳରୁ ପୁରୁଷ ପ୍ରେମକୁ ବିକୃତ ଓ ଭାରାକ୍ରାନ୍ତ କରିଛି କାରଣ ଭଲ ପାଇବାକୁ ସିଏ ଦେଖେ ପୁରୁଷର ଦୃଷ୍ଟିରେ, ମଣିଷର ଚକ୍ଷୁରେ ନୁହେଁ। ତେଣୁ ତା'ର ଯୌନ ଅନୁଭୂତି ସଂକୀର୍ଣ୍ଣ, ବିଦ୍ୱେଷପୂର୍ଣ୍ଣ ଓ କ୍ଷଣିକ। ଅମରତ୍ୱର କୌଣସି ସମ୍ଭାବନା ନାହିଁ ଏଥିରେ। ତେବେ ତାହା ସୃଷ୍ଟିକୁ ପ୍ରଭାବିତ କରେ, କରିଦିଏ ସଂକୀର୍ଣ୍ଣ। ନିଜ ମନରେ ଜଗାଇଦିଏ ସନ୍ଦେହର ଘୂଣ। ମନେ ମନେ ସିଏ ହୋଇଉଠେ ଅନିଶ୍ଚିତ। କ୍ଷଣିକର ଆବେଗ ବୋଲି ତାହା ସ୍ଥାୟୀ ହୁଏନି। ନିଶ୍ଚିହ୍ନ ହୋଇଯାଏ କାଳର ଗର୍ଭରେ। ଅବଶ୍ୟ ଅଧିକାଂଶ ସୃଷ୍ଟିର ଭାଗ୍ୟରେ ଘଟେ ଏହି ପରିଣତି। ଅଧିକାଂଶ କଳାକୃତି ଏମିତି। ତେବେ ଏହା ଭିତରେ ଯାହା କିଛି ଭଲ ତାହା ହୁଏତ ପାଠକ ଉପଭୋଗ କରିବ; ତେବେ ମୁହୂର୍ତ୍ତର ସେହି ଉତ୍ତେଜନାର ଜଗତରେ ହଜି ନ ଯିବାଟା ହେବ ପାଠକ ପାଇଁ ବୁଦ୍ଧିମାନର କାମ। ଆଉ ଡେହମେଲଙ୍କ ଲେଖାର ଜଗତକୁ ଯେମିତି ସିଏ ନିଜ ଜୀବନର ଅବଲମ୍ବନ ବୋଲି ଭାବି ନ ବସେ। କାରଣ ଏହି ଜୀବନ ବାସ୍ତବତାଠାରୁ ଅନେକ ଦୂରରେ, ବିଭ୍ରାନ୍ତିପୂର୍ଣ୍ଣ ଏବଂ ଭୀତିକର। କ୍ଷଣିକ ଆନନ୍ଦର ବିନିମୟରେ ତାହା ଦୀର୍ଘସ୍ଥାୟୀ ଦୁଃଖଭୋଗର ବିପର୍ଯ୍ୟୟକୁ ଡାକି ଆଣେ। ତେବେ ଏମିତି ହୋଇପାରେ ଏହି ଦୁଃଖବୋଧର ବିପର୍ଯ୍ୟୟ ସାହସ ଯୋଗାଇବ, ସୁଯୋଗ ମଧ୍ୟ ଦେବ ଅମରତ୍ୱକୁ ସନ୍ଧାନ କରିବାପାଇଁ।

ପରିଶେଷରେ ମୋ ବହିଗୁଡ଼ିକ ବିଷୟରେ କହୁଛି। ମନ ତ ହେଉଛି ନିଜର ଲେଖା ବହିଗୁଡ଼ିକୁ ପଠାଇ ପାରିଥିଲେ ଆପଣଙ୍କୁ ଭଲ ଲାଗିଥାନ୍ତା। କିନ୍ତୁ ମୁଁ ଖୁବ୍

ଦରିଦ୍ର ଲେଖକ । ପ୍ରକାଶ ପାଇବା ପରେ ନିଜର ବହିର ପ୍ରତି ମୋର କୌଣସି ଅଧିକାର ରହେନି । ନିଜର ବହି କିଣି ପସନ୍ଦର କାହାକୁ ଉପହାର ଦେବାର ସାମର୍ଥ୍ୟ ନାହିଁ । ମୋର ସଂପ୍ରତିକ ପ୍ରକାଶିତ ବହି ଓ ପ୍ରକାଶକଙ୍କର ଠିକଣା ଦେଉଛି (୧୨ଟି କିମ୍ୱା ୧୩ ଟି ବହି ପ୍ରକାଶିତ ହୋଇଛି) । ବର୍ତ୍ତମାନ ମୁଁ ଆପଣଙ୍କ ଉପରେ ଛାଡୁଛି । ପ୍ରିୟ ମହାଶୟ, ଏଗୁଡ଼ିକ ଭିତରୁ କିଛି, ଆପଣଙ୍କ ସୁବିଧା ଅନୁସାରେ ଆପଣ ମଗାଇ ପାରନ୍ତି । ମୋ ବହିଗୁଡ଼ିକ ଆପଣଙ୍କ ହାତରେ ପହଞ୍ଚିବାର ଜାଣିଲେ ମୁଁ ଖୁସି ହେବି ।

ବିଦାୟ,

ଆପଣଙ୍କର,

ରାଇନେର ମାରିଆ ରିଲ୍‌କେ

ଚତୁର୍ଥ ଚିଠି

ଓ୍ୱର୍ପସ୍ୱେଦେ,
ବ୍ରେମେନ ପାଖରେ, ୧୬ ଜୁଲାଇ, ୧୯୦୩

ଦଶଦିନ ହେଲା ଅସୁସ୍ଥ ଓ କ୍ଳାନ୍ତ ଶରୀରରେ ପ୍ୟାରିସ୍‌ରୁ ଆସି ଉତ୍ତରର ଏହି ସମତଳ ଭମିରେ ପହଞ୍ଚିଲି। ଏହାର ବିସ୍ତାର, ଶାନ୍ତତା ଓ ଆକାଶ ମୋତେ ପୁଣି ସୁସ୍ଥ କରିଦେବ ବୋଲି ଭାବିଥିଲି। କିନ୍ତୁ ମୋ ଆସିବା ଆଗରୁ ପ୍ରକୃତି ଏଠାରେ ବିରୂପା। ପ୍ରଚଣ୍ଡ ବୃଷ୍ଟି ହେବାରେ ଲାଗିଛି ବେଶ୍ କିଛିଦିନ ଧରି, ଯାହା ରୋକିବାର ନାଆଁ ନେଉନି। ହେଲେ ଆଜି ଟିକେ ଥମିଛି, ପ୍ରକୃତି ଉପରୁ ଘୁଞ୍ଚିଯାଇଛି ବିରାମହୀନ ଜଳଦ ଆଧିପତ୍ୟ। ଏହି ହାସ୍ୱୋଜ୍ଜ୍ୱଳ ଆଲୋକିତ ଦିନରେ ଆପଣଙ୍କୁ ଅଭିବାଦନ ଜଣାଉଛି, ପ୍ରିୟ ମହାଶୟ।

ମୋର ପ୍ରିୟ କାପୁସ ମହୋଦୟ, ମୁଁ ଦୀର୍ଘଦିନ ଧରି ଆପଣଙ୍କ ଚିଠିର ଜବାବ ଦେଇନି- ହେଲେ ଏହାର ମାନେ ନୁହେଁ ଯେ ମୁଁ ଆପଣଙ୍କୁ ଭୁଲି ଯାଇଥିଲି। ଅନ୍ୟ ସବୁ ଚିଠିର ମଝିରେ ଯେତେଥର ଆପଣଙ୍କ ଚିଠି ଆଖିରେ ପଡ଼ିଛି, ସେତେଥର ପଢ଼ିଛି। କିଛି ଚିଠି ଏମିତି ଯେ ସେଗୁଡ଼ିକୁ ବାରମ୍ବାର ପଢ଼ିବାକୁ ମନ ହୁଏ। ବିଭିନ୍ନ ଚିଠିଗୁଡ଼ିକ ଭିତରୁ ମୁଁ ଯେତେବେଳେ ସେଗୁଡ଼ିକ ବାହାର କରି ପଢୁଛି, ମୁଁ ସ୍ୱୟଂକୁ ଆପଣଙ୍କର ବହୁତ ନିକଟରେ ପାଉଛି। ତାହା ଥିଲା ୨ମେ'ର ଚିଠି ଏବଂ ମୋର ବିଶ୍ୱାସ ଯେ ଆପଣ ନିଶ୍ଚୟ ମନେ ରଖିଛନ୍ତି। ଆଜି ଯେତେବେଳେ ଏତେ ଦୂରରେ ଏହି ନିର୍ଜନ ସ୍ଥାନରେ ବସି ଶାନ୍ତିର ସହିତ ସେହି ଚିଠିଟିକୁ ପଢୁଛି, ସେତେବେଳେ ଜୀବନ ପ୍ରତି ଆପଣଙ୍କର ସୁନ୍ଦର ଚିନ୍ତାଧାରା ମୋତେ ଆହୁରି ପ୍ରଭାବିତ କରୁଛି। ସେହି ଚିଠିଟି ମୋତେ ପ୍ୟାରିସରେ ଯେତେ ପ୍ରଭାବିତ କରିଥିଲା ତାଠାରୁ ଅଧିକ। ପ୍ୟାରିସ ଯେଉଁଠି ସବୁକିଛି ଅଲଗା ଢଙ୍ଗରେ ପ୍ରତିଧ୍ୱନିତ ହୁଏ ଏବଂ କୋଳାହଳ ଭିତରେ ସତେ ଯେମିତି ଭାବନା ଶକ୍ତି କଂପିତ ଓ ଧୂମିଳ ହୋଇଯାଏ। ଏଠି ମୁଁ ସେହି ପ୍ରବଳ ପରିଦୃଶ୍ୟରେ ଘେରି ହୋଇ ରହିଛି ଯାହାଉପର ଦେଇ ସାମୁଦ୍ରିକ ପବନ ପ୍ରବାହିତ ହୋଇ ଚାଲି ଯାଉଛି। ଏହି ସ୍ଥାନର ନିସ୍ତବ୍ଧତାରେ ମୁଁ ଅନୁଭବ କରୁଛି ଯେ କେହିହେଲେ

ଆପଣଙ୍କ ପ୍ରଶ୍ନର ଉତ୍ତର ଦେଇ ପାରିବନି ଆଉ କେହି ବି ସେହି ଭାବନାଗୁଡ଼ିକର ବ୍ୟାଖ୍ୟା କରିପାରିବନି ଯାହାର ନିଜର ଗଭୀରତ୍ୱ ଏବଂ ନିଜର ଅସ୍ତିତ୍ୱ ରହିଛି। ଏମିତିକି ସର୍ବଶ୍ରେଷ୍ଠ ଲେଖକ ବି ଆପଣଙ୍କୁ ଏ କ୍ଷେତ୍ରରେ କୌଣସି ସାହାଯ୍ୟ କରି ପାରିବନି। କାରଣ ଶବ୍ଦରେ ବା କଥାରେ ସବୁ ବୁଝେଇ ହୁଏନି। କିଛି କିଛି ବିଷୟ ସତରେ ଅପ୍ରକାଶଯୋଗ୍ୟ।

କିନ୍ତୁ ମୁଁ ଭାବୁଛି ଯେ ଆପଣଙ୍କୁ ଉତ୍ତର ପାଇଁ ଅପେକ୍ଷା କରିବାକୁ ପଡ଼ିବନି, ଯେତେବେଳେ ଆପଣ ସେହି ବସ୍ତୁଗୁଡ଼ିକ ପ୍ରତି ଆକୃଷ୍ଟ ହୋଇଛନ୍ତି ଯାହା ଏବେ ମୋ ଭିତରେ ନୂଆ ଶକ୍ତିର ସଂଚାର କରୁଛି। ଯଦି ଆପଣ ପ୍ରକୃତି, ତା'ର ସରଳ ଓ କ୍ଷୁଦ୍ର ବସ୍ତୁଗୁଡ଼ିକ ଆଡ଼େ ନିଜକୁ ଟାଣନ୍ତି, ଯାହା ପ୍ରତି ଅନ୍ୟମାନେ କ୍ୱଚିତ୍ ଧ୍ୟାନ ଦିଅନ୍ତି, ତେବେ ସେଗୁଡ଼ିକ ଆକସ୍ମିକ ଭାବରେ ଆପଣଙ୍କ ପାଇଁ ଅତି ମହତ୍ୱପୂର୍ଣ୍ଣ ହୋଇପାରେ। ଯଦି ଆପଣ ତାକୁ ସ୍ନେହ କରନ୍ତି ଯାହା ପ୍ରତୀତ ହୁଏ ତୁଚ୍ଛ ଏବଂ ବିନମ୍ରତାପୂର୍ବକ ଜଣେ ସେବକ ପରି ସେମାନଙ୍କର ବିଶ୍ୱାସ ଜିତିବାର ଚେଷ୍ଟା କରନ୍ତି ତାହେଲେ ସବୁକିଛି ସହଜ, ସାମଞ୍ଜସ୍ୟପୂର୍ଣ୍ଣ ଓ ମୈତ୍ରୀପୂର୍ଣ୍ଣ ହୋଇଯିବ। ଏହା ଆପଣଙ୍କର ବୁଦ୍ଧି ପାଇଁ ନୁହେଁ ଯାହା ହୁଏତ ଆଶ୍ଚର୍ଯ୍ୟଚକିତ ହୋଇ ସର୍ବଦା ପଛରେ ରହେ, ଅଧିକନ୍ତୁ ଆପଣଙ୍କର ଅନ୍ତରତମ ଚେତନା, ପ୍ରବୁଦ୍ଧତା ଏବଂ ଆପଣଙ୍କ ଭିତରେ ଥିବା ଜ୍ଞାନ ପାଇଁ।

ଆପଣ ତରୁଣ ଏବଂ ଏବେ ଜୀବନ ଆରମ୍ଭ କରିବାକୁ ଯାଉଛନ୍ତି। ମୁଁ ଆଗ୍ରହପୂର୍ବକ ଆପଣଙ୍କୁ ଅନୁରୋଧ କରିବାକୁ ଚାହୁଁଛି ଯେ ଆପଣଙ୍କ ହୃଦୟରେ ଏହି ସମୟରେ ଅଡୁଆତଡୁଆ ହୋଇ ଯାହାସବୁ ରହିଛି କୌଣସି ସମାଧାନ ବିନା, ସେଥିପାଇଁ ଆପଣ ଧୈର୍ଯ୍ୟଧରି ରହନ୍ତୁ। ଆପଣ ସ୍ନେହ ରଖନ୍ତୁ ପ୍ରଶ୍ନଗୁଡ଼ିକ ପ୍ରତି ଯାହା ପ୍ରତୀୟମାନ ହୁଏ ଯେମିତି ତାଲାପଡ଼ିଥିବା ବନ୍ଦ କୋଠରୀଗୁଡ଼ିକ ପରି ଅଥବା ବିଦେଶୀ ଭାଷାରେ ଲେଖା ଯାଇଥିବା ପୁସ୍ତକସମୂହ ଭଳି। ସେଗୁଡ଼ିକର ଉତ୍ତର ଶୀଘ୍ର ଖୋଜନ୍ତୁନି। ଏବେ ଆପଣଙ୍କୁ ସେଗୁଡ଼ିକର ଉତ୍ତର ମିଳିବନି, କାରଣ ଆପଣ ସେଗୁଡ଼ିକର ସହିତ ବଞ୍ଚିବାର ଚେଷ୍ଟା କରିନାହାନ୍ତି। ସେଗୁଡ଼ିକୁ ଅନୁଭବ କରିବାକଥା। ଏବେ ତ ଆପରଙ୍କୁ ପ୍ରଶ୍ନଗୁଡ଼ିକ ସହିତ ବଞ୍ଚି ରହିବାକୁ ପଡ଼ିବ। ତାପରେ ହୁଏତ ଦିନେ ଧ୍ୟାନ ବିନା ବି ଆପେ ଆପେ ତା'ର ଉତ୍ତର ମିଳିଯିବ। ଆପଣଙ୍କ ଭିତରେ ସୃଜନ ଓ ନିର୍ମାଣ ଆଉ ନିଜ ଜୀବନକୁ ସମ୍ପୂର୍ଣ୍ଣ ରୂପରେ ସନ୍ତୋଷପ୍ରଦ, ଆନନ୍ଦମୟ ଏବଂ ପବିତ୍ରକରି ଗଢ଼ିବାର ସବୁ ସମ୍ଭାବନା ବିଦ୍ୟମାନ ରହିଛି। ତାକୁ ପ୍ରାପ୍ତ କରିବାପାଇଁ ସ୍ୱୟଂକୁ ଅନୁଶାସିତ କରନ୍ତୁ, କିନ୍ତୁ ଯାହାକିଛି ମିଳୁଛି ସେଗୁଡ଼ିକୁ ଅନାଦର କରନ୍ତୁନି। ଯେତେବେଳେ ସେଗୁଡ଼ିକ

ଆପଣଙ୍କର ସ୍ୱେଚ୍ଛା ଓ ପ୍ରେରଣାରେ ଆସୁଛି, ଗଭୀର ଆସ୍ଥାର ସହିତ ସ୍ୱୀକାର କରନ୍ତୁ। କୌଣସି ବସ୍ତୁକୁ ଘୃଣା କରନ୍ତୁନି।

କାମୁକତାର ମୁହାଁମୁହିଁ ହେବା କଷ୍ଟକର କଥା। କିନ୍ତୁ ଯାହା ବି ଆମ ଆଗକୁ ଆସେ, ତାହା ଆମ ପାଇଁ ଗୋଟିଏ ପ୍ରତିଯୋଗିତା ଲାଗି ଆହ୍ୱାନ। ପ୍ରାୟ ପ୍ରତ୍ୟେକ ବସ୍ତୁ ଯାହା ଆମ ପାଖରେ କିଛି ମାନେ ରଖେ, ତାହା ହିଁ ସେହି ଆହ୍ୱାନ ଆଉ ପ୍ରତ୍ୟେକ ବସ୍ତୁ ମାନେ ବି ରଖେ। ଯେବେ ଆପଣ ଏହି କଥାକୁ ବୁଝିନେବେ ଆଉ ନିଜ ସର୍ତ୍ତରେ ନିଜ କାମୁକତାର ସଂବନ୍ଧକୁ ରୂପଦେବେ, ନିଜର ସ୍ୱଭାବ, ବ୍ୟକ୍ତିତ୍ୱ ଅନୁରୂପ ଅନୁଭବ ପ୍ରାପ୍ତ କରିବେ ତଥା ନିଜର ଶୈଶବ ଓ ନିଜର ଶକ୍ତିକୁ ଚିହ୍ନିବେ, ସେତେବେଳେ ଆପଣଙ୍କ ମନରୁ ଭୟ ଚାଲିଯିବ ଏବଂ ନିଜକୁ କେବେ ଅଯୋଗ୍ୟ ବୋଲି ଭାବିବେନି ଆଉ ତା ସହିତ ଜୀବନର ଅତ୍ୟନ୍ତ ମହତ୍ତ୍ୱପୂର୍ଣ୍ଣ ସ୍ୱତ୍ତ୍ୱକୁ ବୁଝିପାରିବେ।

ଦୈହିକ କାମୁକତା ତ ସେହି ଇନ୍ଦ୍ରିୟ ଅନୁଭବ, ଯାହା ଶୁଦ୍ଧ ଅନୁଭୂତି ଓ ଶୁଦ୍ଧ ଚିନ୍ତାଧାରାଠାରୁ ଅଲଗା ନୁହେଁ। ଅନ୍ୟ ଶବ୍ଦରେ କହିଲେ ଶୁଦ୍ଧ ଆନନ୍ଦର ଅନୁଭୂତି। ନିଷ୍ପାପ ଦୃଷ୍ଟିରେ ଦେଖିଲେ ଏମିତି କିଛି ଅନୁଭବ ହେବ, ଯେମିତି କି ଗୋଟିଏ ପାଚିଲାଫଳର ସ୍ୱାଦ ଜିଭକୁ ମିଳିଥାଏ। ତାହା ଆମକୁ ମିଳିଛି, ଗୋଟିଏ ଶ୍ରେଷ୍ଠ ଅପରମିତ ଅନୁଭବ, ଏହି ସଂସାରର ପୂର୍ଣ୍ଣତା ଓ ଭବ୍ୟତା ଜ୍ଞାନର ଉପହାର, ସମ୍ପୂର୍ଣ୍ଣ ବୋଧର ପ୍ରକାଶ। ଆଉ ଯେଉଁ ଆନନ୍ଦ ଆମକୁ ଏଥିରୁ ମିଳେ, ତାହା ଏତେ ଖରାପ କଥା ନୁହେଁ ଯେ ଆମେ ତାକୁ ସ୍ୱାଗତ କରିବାନି। ଖରାପ କଥା ଏହା ଯେ ଆମ ଭିତରୁ ଅଧିକାଂଶ ଲୋକ ଏହାର ଦୁରୂପରୋଗ କରନ୍ତି ଆଉ ନିଜ ଧ୍ୟାନକୁ ଉପରଆଡ଼କୁ କେନ୍ଦ୍ରିତ କରିବା ବଦଳରେ ନିଜର ମନୋରଂଜନ ପାଇଁ ଏହାର ପ୍ରୟୋଗ କରନ୍ତି।

ମଣିଷ ଖାଦ୍ୟପଦାର୍ଥର ରୂପକୁ ବି ବଦଳାଇ ଦେଇଛି, ଯେଉଁଠି ଗୋଟିଏ ପଟେ ଏହାର ସ୍ୱଳ୍ପତା ତ ଅନ୍ୟପଟେ ଏହାର ଅଧିକତା ମୂଳ ଆବଶ୍ୟକତାର ସ୍ପଷ୍ଟତାକୁ ଧୂମିଳ କରି ଦେଉଛି। ବ୍ୟକ୍ତିଗତ ଭାବରେ ମଣିଷ ବିଶୁଦ୍ଧ ହୋଇ ବଞ୍ଚି ରହିପାରିବ ଯେତେବେଳେ ସିଏ ଅନ୍ୟ ଉପରେ ନର୍ଭର ନକରି ନିଜର ଏକାନ୍ତପଣ ସହିତ ରହେ।

ସିଏ ମନେ ପକେଇ ପାରିବ ଯେ ଏହିସବୁ ସୁନ୍ଦରତା ପଶୁଗଣ ଏବଂ ବୃକ୍ଷଗୁଡ଼ିକରେ ଦେଖି ପାରିବ ଯେଉଁମାନଙ୍କର ମୌନ ସହନଶୀଳତା ଗୋଟିଏ ଧରଣର ପ୍ରେମ ଓ ଆକାଂକ୍ଷାର ହିଁ ସ୍ୱରୂପ। ସିଏ ଯେମିତି ପଶୁଗଣଙ୍କୁ ଦେଖୁଛି ସେମିତି ବୃକ୍ଷଗୁଡ଼ିକ ଉପରେ ନଜର ପକାଇ ପାରିବ, ସେମାନେ କେମିତି ଶାନ୍ତିରେ ଓ ସ୍ୱେଚ୍ଛାରେ ପରସ୍ପର ସହିତ ମିଶନ୍ତି। ଗୋଟିଏରୁ ଦୁଇଟି, ଦୁଇଟିରୁ ଚାରୋଟି ହୁଅନ୍ତି, ବିକଶିତ ହୁଅନ୍ତି, ସେଠି ଶାରୀରିକ ଆଗ୍ରହ କିମ୍ବା ଶାରୀରିକ ପୀଡ଼ାରେ ଏମିତି କିଛି ହୁଏନି। କେବଳ

ଯାହା ହେବା ଦରକାର, ତାହା ହେବାକୁ ଦେବାରେ ସହଯୋଗ ପରି। ଆଜିର ବ୍ୟବସ୍ଥା କାମନା ଓ ଦୁଃଖ ଦୁହିଁଙ୍କୁ ଲଂଘିଯାଏ ଯାହା ଇଚ୍ଛାଶକ୍ତି ଏବଂ ପ୍ରତିରୋଧରେ ଅଧିକ ବଳବାନ। ଏହି ପୃଥିବୀ ନିଜର ଛୋଟ ଛୋଟ ଜିନିଷରେ ଏହି ରହସ୍ୟକୁ ସମେଟି କରି ରଖିଛି। ମାନବଜାତି ଏହି ରହସ୍ୟକୁ କେବଳ ବିନମ୍ରତାପୂର୍ବକ ସ୍ୱୀକାର କରି ପାରିବ ଏବଂ ଏହାକୁ ବରଦାସ୍ତ କରିପାରିବ ଆଉ ଏହାକୁ ହାଲ୍କାରେ ନନେଇ, ଅନୁଭବ କରିପାରିବ ଯେ ପ୍ରକୃତରେ ଏହା କେତେ କଷ୍ଟସାଧ୍ୟ।

ସିଏ ଯଦି ସଫଳତା ପ୍ରତି ସମ୍ମାନ ରଖିବ, ଯାହା ବାସ୍ତବରେ ଗୋଟିଏ ଐଶ୍ୱରୀୟ କିମ୍ବା ଶାରୀରିକ ଅଭିବ୍ୟକ୍ତି। ଦୈବୀ ରଚନା ବି ଶରୀରରୁ ଉତ୍ପନ୍ନ ହୁଏ। ଦୈବୀ ରଚନାତ୍ମକତା ସୌମ୍ୟ, ଅଧିକ ଆନନ୍ଦଦାୟୀ ଏବଂ ତାହାର ପୁନରାବୃତ୍ତି ଶାରୀରିକ ଇଚ୍ଛାପୂର୍ତ୍ତି ଓ ସନ୍ତୋଷରେ ଅଧିକ ସ୍ଥାୟୀ। ଗୋଟିଏ ଇଚ୍ଛା ଯାହା ସୃଜନ କରିବାକୁ ଚାହୁଁଛି ଯାହା ଜନ୍ମଦେବାକୁ ଚାହୁଁଛି, ତାହା ବିଶ୍ୱରେ ପ୍ରତ୍ୟକ୍ଷୀକରଣର ସ୍ଥାୟୀ ଇଚ୍ଛା ବ୍ୟତୀତ ଆଉ କିଛି ନୁହେଁ। ପଦାର୍ଥ ଓ ପଶୁମାନଙ୍କର ହଜାରଗୁଣ ସହମତି ବିନା ବି କିଛି ନୁହେଁ। ଏଥିରୁ ପ୍ରାପ୍ତ ଆନନ୍ଦ ଅବର୍ଣ୍ଣନୀୟ ରୂପରେ ଏତେ ସୁନ୍ଦର ଓ ସମ୍ପନ୍ନ କାହିଁକି ନା ବଂଶାନୁକ୍ରମରେ ମିଳିଥିବା ପ୍ରସବ ଓ ଜନ୍ମଦେବା ଘଟଣାଗୁଡ଼ିକରେ ପରିପୂର୍ଣ୍ଣ। ଗୋଟିଏ ପ୍ରସବର ବିଚାରରେ ହଜାର ହଜାର ବିସ୍ମୃତ ପ୍ରେମର ରାତ୍ରିଗୁଡ଼ିକ ପୁନର୍ଜୀବିତ ହୋଇ ଉଠେ ଏବଂ ସେହି ବିଚାର ଭବ୍ୟତା ଓ ଗୌରବରେ ଭରି ହୋଇ ରହିଥାଏ। ସେମାନେ ଯିଏ ରାତ୍ରି ସମୟରେ ଏକା ସାଙ୍ଗରେ ବାହାରକୁ ଆସନ୍ତି, ଜଣେ ଅନ୍ୟଜଣଙ୍କର ସାହଚର୍ଯ୍ୟ ପାଇଁ ଆଉ ତୀବ୍ର କାମ-ଭାବନାରେ ଓତପ୍ରୋତ ହୋଇଥାନ୍ତି। ବାସ୍ତବରେ ଯେଉଁମାନେ ମଧୁରତା, ସମ୍ପୂର୍ଣ୍ଣତା ଓ ଶକ୍ତି ସଂଗ୍ରହର ଗୋଟିଏ ଗମ୍ଭୀର କାର୍ଯ୍ୟ କରୁଛନ୍ତି, ସେମାନେ କାଲି କବି ହୋଇ କରି ନିଜର ଏହି ଭାବଗୁଡ଼ିକୁ କବିତା ରୂପରେ ଜନ୍ମ ଦେବେ ଆଉ ନିଜର ଅବର୍ଣ୍ଣନୀୟ ଆନନ୍ଦର ବର୍ଣ୍ଣନା କରି ଉଚ୍ଚକୁ ଉଠିବେ। ସେମାନେ ଭବିଷ୍ୟତକୁ ଆହ୍ୱାନ କରୁଛନ୍ତି। ଯଦି ସେମାନେ କିଛି ଭୁଲ କରୁଛନ୍ତି କିମ୍ବା ଜଣେ ଅନ୍ୟ ଜଣକୁ କିଛି ନ ଭାବି ନ ଚିନ୍ତି ଆଲିଙ୍ଗନ କରୁଛନ୍ତି ତାହେଲେ ବି ଭବିଷ୍ୟତ ସମାନ ହେବ ଏବଂ ଗୋଟିଏ ନୂଆ ସୃଜନ ସାମ୍ନାକୁ ଆସିବ- ପ୍ରକୃତିର ନିୟମାନୁସାରେ ଜଣେ ଶକ୍ତିଶାଳୀ ପ୍ରତିରୋଧୀ ସ୍ୱୟଂ ହିଁ ବୀଜ ରୂପରେ ନିଜକୁ ସେହି ଗର୍ଭାଶୟରେ ପ୍ରବିଷ୍ଟ କରାଏ ଯାହା ତାକୁ ଇଚ୍ଛାପୂର୍ବକ ନିମନ୍ତ୍ରଣ ଜଣାଏ।

କିନ୍ତୁ ଭବିଷ୍ୟତରେ ଏମିତି ଦିନ ଆସିବ, ଯେଉଁଦିନ ଅନେକଙ୍କ ପାଇଁ ସହଜ ହୋଇଉଠିବ ସବୁକିଛି। ତେବେ ନିଃସଙ୍ଗ ମଣିଷର ଭବିଷ୍ୟତ ଆଡ଼େ ଅନେଇ କିଛି ଲାଭ ନାହିଁ। ଏବେ ସେମାନେ ଏହାପାଇଁ ପ୍ରସ୍ତୁତି ନେଇପାରିବେ, ସବୁକିଛି ନିଜ

ହାତରେ ତିଆରି କରିବା ପାଇଁ। ତା'ଫଳରେ ସାମାନ୍ୟ ଭୁଲ ପଛେ ହେଉ, କ୍ଷତି ନାହିଁ। ତେଣୁ, ପ୍ରିୟ ମହାଶୟ, ଆପଣଙ୍କ ନିଃସଙ୍ଗତାକୁ ଭଲ ପାଆନ୍ତୁ, ନିଜେ ହୋଇ ଉଠନ୍ତୁ ନିଜର ବନ୍ଧୁ। ଆପଣାର କରିନିଅନ୍ତୁ ମନର ସବୁ କଷ୍ଟକୁ। ପାଖକୁ ଟାଣି ନିଅନ୍ତୁ ବ୍ୟଥିତ ମୁହୂର୍ତ୍ତକୁ। ଆପଣ କହନ୍ତି ଯେ ଯେଉଁମାନେ ଆପଣଙ୍କର ପାଖର ଲେଖକ ଜୀବନକୁ ବିଡ଼ମ୍ବନାରେ ପକାଇବନି ତ ? ଆପଣଙ୍କ ଲୋକ ଏବେ ଆପଣଙ୍କଠୁ ଅନେକ ଦୂରରେ। କାରଣ ଆଉ କିଛି ନୁହେଁ, ଆପଣଙ୍କର ଲେଖାଲେଖି। ଆପଣ କବି, ତେଣୁ ଆପଣଙ୍କ ଚାରିପାଖରେ ସବୁକିଛି ବିସ୍ତୃତି ଘଟୁଛି ଅନେକ ଦୂର ପର୍ଯ୍ୟନ୍ତ। ପାଖରେ ଜିନିଷ ବା ମଣିଷକୁ ଯଦି ଆବିଷ୍କାର କରନ୍ତି ସୀମାହୀନ ଦୂରତ୍ୱରେ, ତାହେଲେ ଧରିନିଅନ୍ତୁ ଦୂର ଆକାଶର ତାରାମାନଙ୍କ ମଧ୍ୟରେ ହଜିଯାଇଛି ଆପଣଙ୍କ ହୃଦୟର ଗଭୀରତା ଓ ପରିଧି। ଏହି ବିସ୍ତୃତିକୁ ଆନନ୍ଦର ସହିତ ଗ୍ରହଣ କରନ୍ତୁ। ସେଠି ଆପଣଙ୍କ ସହିତ କେହି ନାହାନ୍ତି। ଆପଣଙ୍କର ସାଙ୍ଗ ଆପଣ ନିଜେ। ଯେଉଁମାନେ ପଛରେ ଅଛନ୍ତି ସେମାନଙ୍କୁ ବିରକ୍ତ ହୁଅନ୍ତୁନି। ସେମାନଙ୍କ ପ୍ରତି ଆପଣଙ୍କର ଆଚରଣ ହେବା ଉଚିତ ବିନୟୀ, ଭଦ୍ର। ଶାନ୍ତ ଭାବରେ ଆତ୍ମବିଶ୍ୱାସୀ ହୋଇ ସେମାନଙ୍କର ସମ୍ମୁଖୀନ ହୁଅନ୍ତୁ। ସେମାନଙ୍କ ସମ୍ପର୍କରେ ସନ୍ଦେହ ପ୍ରକାଶ କରି ସେମାନଙ୍କୁ ଅସୁବିଧାରେ ପକାନ୍ତୁନି।

କିଛି ଦିନ ପରେ ଆପଣ ପେଶାଗତ ଜୀବନରେ ପ୍ରବେଶ କରୁଛନ୍ତି ବୋଲି ଜାଣି ଭଲ ଲାଗିଲା। ଏହା ଫଳରେ ଆପଣ ନିଜ ପାଦରେ ଠିଆ ହୋଇପାରିବେ, ସ୍ୱାବଲମ୍ବୀ ହେବେ ସବୁ ଦିଗରୁ। ତେବେ ଗୋଟିଏ ବିଷୟ ଭଲ କରି ଜାଣି ନିଅନ୍ତୁ। ପେଶା ଆପଣଙ୍କର ବିବେଚନାର ଜୀବିକା ଓ ଲେଖାଲେଖିର ମଝିରେ ସମନ୍ୱୟ କରିବା କଠିନ। ପେଶାଗତ କାର୍ଯ୍ୟକ୍ଷେତ୍ରରେ ନିଜସ୍ୱ ମତର କୌଣସି ମୂଲ୍ୟ ନଥାଏ। ଏଠି ବ୍ୟକ୍ତି ସ୍ୱାତନ୍ତ୍ର୍ୟ ବଜାୟ ରଖିବା କଷ୍ଟକର। ତେବେ ଏହି କ୍ଷେତ୍ରରେ ଆପଣଙ୍କ ପାଖରେ ଠିଆ ହେବ ଆପଣଙ୍କର ଏକାକୀତ୍ୱ। ସବୁ ପ୍ରତିକୂଳ ପରିବେଶରେ ସିଏ ଆପଣଙ୍କୁ ପଥ ଦେଖାଇବ। ମୋର ସବୁ ଶୁଭକାମନା ଏବଂ ବିଶ୍ୱାସ ଆପଣଙ୍କ ସହିତ ରହିଛି।

ଆପଣଙ୍କର,

ରାଇନେର ମାରିଆ ରିଲ୍‌କେ

ପଞ୍ଚମ ଚିଠି

ରୋମ୍,
୨୯ ଅକ୍ଟୋବର, ୧୯୦୩

ପ୍ରିୟ ମହାଶୟ,

ଆପଣଙ୍କର ଅଗଷ୍ଟ ୨୮ର ଚିଠିଟି ମୋତେ ଫ୍ଲୋରେନ୍ସରେ ମିଳି ଯାଇଥିଲା, ଆଉ ଦି'ମାସ ପରେ ମୁଁ ତା ବିଷୟରେ ଏବେ ଆପଣଙ୍କୁ କହୁଛି। ବିଳମ୍ବ ପାଇଁ କ୍ଷମା କରନ୍ତୁ, କିନ୍ତୁ ଯାତ୍ରା ସମୟରେ ଚିଠି ଲେଖିବା ମୁଁ ପସନ୍ଦ କରେନି, କାରଣ ଚିଠି ଲେକ୍ଷିବା ପାଇଁ ସାଧନ ବ୍ୟତୀତ ମୋତେ ଆଉ କିଛି ଅଧିକ ଲୋଡ଼ା। ସେଥିଲାଗି ମୋତେ ଏକାନ୍ତ, ଶାନ୍ତି ଏବଂ ଅତି କମ୍‌ରେ ଗୋଟେ ଘଣ୍ଟା ମନୋନୁକୂଳ ବାତାବରଣ ଦରକାର।

ଛଅ ସପ୍ତାହ ପୂର୍ବରୁ ଆମେ ରୋମ୍‌ରେ ପହଞ୍ଚିଲୁ, ଯେତେବେଳେ ସେଠି ଥିଲା କମ୍ ଲୋକଙ୍କର ସମାଗମ, ରୌଦ୍ରର ତାପରେ ଦଗ୍ଧ ରୋମ୍ ଜ୍ୱରାକ୍ରାନ୍ତ କରିବା ପାଇଁ ବଦନାମ୍ ଥିଲା। ଏହିସବୁ ପରିସ୍ଥିତି ସମୂହ ଏବଂ ଆଉ କିଛି ସେଠି ରହିବାର ବ୍ୟବହାରିକ କଷ୍ଟ, ଆମ ଚାରିପଟେ ଅଶାନ୍ତିର ଏମିତି ପରିବେଶ ତିଆରି କରିଥିଲା, ଯାହା ଶେଷ ହେବାର ନାଆଁ ନେଉନଥିଲା। ଏହି ସ୍ଥାନରେ ବିଦେଶୀ ହେବା ଆମ ଉପରେ ବେଘରର ବୋଜ ଭଳି ଲଦିହୋଇଥିଲା। ରୋମ ପାଇଁ ଯିଏ ନୂଆ, ତାଙ୍କ ଲାଗି ଏହି ସହର ପ୍ରଥମ କିଛି ଦିନ କଷ୍ଟଦାୟକ ରୂପରେ ଉଦାସ ଲାଗିଥାଏ। ମୁଁ ମଧ୍ୟ ଏଥିରୁ ବାଦ୍ ଯାଇନି, କାହିଁକି ନା ନିର୍ଜୀବ ଓ ଅସ୍ୱାସ୍ଥ୍ୟକର ବାତାବରଣରେ ସଂଗ୍ରାହଳୟ ଗୁଡ଼ିକ ନିଃଶ୍ୱାସ ଛାଡ଼ିଥାଏ। ଏଠି ଭୂତକାଳର ଅନେକ ସ୍ମୃତିସ୍ତମ୍ଭର ଅବଶେଷକୁ ପୁନର୍ଜୀବିତ କରାଯାଉଛି ଏବଂ ଗମ୍ଭୀରତାର ସହିତ ରକ୍ଷଣାବେକ୍ଷଣ ବି କରାଯାଉଛି। ସେଗୁଡ଼ିକର ପୁନର୍ଜୀବନ ଆଶ୍ଚର୍ଯ୍ୟଜନକ ପ୍ରଚେଷ୍ଟା ଦ୍ୱାରା ଆଣିବା ସମ୍ଭବ ହୋଇଛି। ଏହିସବୁ ବିକୃତ ଓ ଜୀର୍ଣ୍ଣ ବସ୍ତୁଗୁଡ଼ିକ ମୁଖ୍ୟ ରୂପରେ କୌଣସି ଅନ୍ୟଯୁଗ ଏବଂ କୌଣସି ଅନ୍ୟ ଜୀବନର ଆକସ୍ମିକ ଅବଶେଷ ଅପେକ୍ଷା ଅଧିକ କିଛି ନୁହେଁ, ଯାହା ଆମର

ନୁହେଁ ଆଉ ଯାହାକୁ ଆମର ବୋଲି ମାନିବା ମଧ୍ୟ ଅନୁଚିତ। ବିଦ୍ୱାନଗଣ, ଭାଷାବିଦ୍‌ବୃନ୍ଦ ଏବଂ ପର୍ଯ୍ୟଟକମାନଙ୍କ ଦ୍ୱାରା ଏଗୁଡ଼ିକର ଅବିବେକପୂର୍ଣ୍ଣ ରୂପରେ ମୂଲ୍ୟାଙ୍କନ କରାଯାଇଛି, ଯେଉଁମାନେ ଇଟାଲୀର ଯାତ୍ରା କରନ୍ତି।

ପରିଶେଷରେ, କିଛି ସପ୍ତାହ ଅନ୍ତେ ଦୈନନ୍ଦିନର ବାଧା ପରେ, ଟିକିଏ ଅସ୍ତବ୍ୟସ୍ତ ହୋଇ ରହନ୍ତି। ସେମାନେ ମନରେ ମନରେ କହନ୍ତି, "ନା, ଏହି ସ୍ଥାନର ସୌନ୍ଦର୍ଯ୍ୟ ଅନ୍ୟ ସ୍ଥାନଠାରୁ ଅଧିକ ନୁହେଁ। ଏହି ବସ୍ତୁଗୁଡ଼ିକୁ କଳାକାରମାନଙ୍କର ପରିଶ୍ରମରେ ପୁନର୍ଜୀବିତ କରାଯାଇଛି। ଏହି ବସ୍ତୁଗୁଡ଼ିକ ଅତୀତ ଓ ବର୍ତ୍ତମାନର ପ୍ରଜନ୍ମ ପାଇଁ ପ୍ରଶଂସାର ପାତ୍ର ହୋଇ ରହିଛି ଆଉ ଭବିଷ୍ୟତରେ ମଧ୍ୟ ସେମିତି ରହିଥିବ। ଏହିସବୁ ବସ୍ତୁଗୁଡ଼ିକର କିଛି ଅର୍ଥ ନାହିଁ କିଛି ବି ନାହିଁ, ସେଗୁଡ଼ିକ ପାଖରେ ହୃଦୟ ନାହିଁ, ସେଗୁଡ଼ିକର କିଛି ମୂଲ୍ୟ ନାହିଁ;" ତଥାପି ଏହି ସ୍ଥାନରେ ସୌନ୍ଦର୍ଯ୍ୟ ଭରି ହୋଇ ରହିଛି, କାରଣ ପ୍ରତ୍ୟେକ ସ୍ଥାନ ସୌନ୍ଦର୍ଯ୍ୟରେ ପରିପୂର୍ଣ୍ଣ।

ବଡ଼ ସହରର ପୁରୁଣା ଜଳସେତୁର ଉପର ଦେଇ ଅନବରତ କେବେ ବି ରୋକୁନଥିବା ଜୀବନପ୍ରଦ ଜଳ ପ୍ରବାହିତ ହୋଇ ସହରର ଚତୁର୍ଦ୍ଦିଗରେ ଏବଂ ଶ୍ୱେତ ପ୍ରସ୍ତରର କଟୋର ଭିତରେ ନୃତ୍ୟ କରୁଛି ଆଉ ବିଶାଳ ଘାଟିଗୁଡ଼ିକରେ ପ୍ରସାରିତ ହେଉଛି। ଦିନବେଳେ ଏହା କଳକଳ ନାଦ କରୁଛି ଏବଂ ରାତିହେଲେ ଏହି ଶବ୍ଦ ବଢ଼ିଯାଉଛି। ଏଠି ରାତିବେଳା ଅତି ବିଳାସୀ, ମୂଲ୍ୟବାନ, ପବନଠାରୁ ବି ନରମ ଆଉ ତାରକାରେ ପରିପୂର୍ଣ୍ଣ। ଏଠି ବଗିଚାଗୁଡ଼ିକ ରହିଛି, ଆଉ ସେଗୁଡ଼ିକର ଦ୍ୱାର ବୃକ୍ଷଦ୍ୱାରା ନିର୍ମିତ। ଏଠାରେ ସିଡ଼ିର କଳ୍ପନା ମାଇକେଲ ଏଂଜଲୋ କରିଛନ୍ତି ଆଉ ନିମ୍ନ ଆଡ଼େ ବହିଯାଉଥିବା ପାଣିରୁ ପ୍ରେରିତ ଏହାର ଚଉଡ଼ା ସିଡ଼ିଗୁଡ଼ିକ ସତେ ଯେମିତି ଗୋଟିକ ପରେ ଅନ୍ୟଟିକୁ ଜନ୍ମ ଦେବାଭଳି ପ୍ରତୀତ ହେଉଛି ଯେମିତି ଗୋଟିଏ ଲହଡ଼ି ଅନ୍ୟ ଗୋଟିଏ ଲହଡ଼ିକୁ ଜନ୍ମ ଦେଇଥାଏ। ଏହିପରି ଦୃଶ୍ୟର ପ୍ରଭାବ ବ୍ୟକ୍ତିକୁ ଶକ୍ତି ପ୍ରଦାନ କରେ ଆଉ ବୋଝ ପକାଉଥିବା କୋଳାହଳରୁ ବି ବଞ୍ଚାଏ। ଏଠାରେ ଥିବା ଅନେକ ବସ୍ତୁ ବାଚାଳ। ଏଠାରେ ବ୍ୟକ୍ତି ସେହି ବସ୍ତୁଗୁଡ଼ିକୁ ଚିହ୍ନିବାକୁ ଶିଖେ ଯେଉଁଥିରେ ଶାଶ୍ୱତତା ବିଦ୍ୟମାନ, ଯାହାକୁ ଭଲପାଇ ହେବ ଆଉ ସେଗୁଡ଼ିକ ସହିତ ସିଏ ଏକାନ୍ତତାର ଅଂଶ ବି ହୋଇପାରିବ।

ମୁଁ ଏବେ କ୍ୟାପିଟାଲ୍ ସହରରେ ରହୁଛି, ଅଶ୍ୱ ଓ ଅଶ୍ୱାରୋହୀର ସୁନ୍ଦର ପ୍ରତିମାଠାରୁ ବେଶି ଦୂରରେ ନୁହେଁ, ଯେଉଁଠି ମାର୍କ୍ସ ଆଉରେ ଲିଉସ (Marcus Aure Lius) ଙ୍କର ରୋମୀୟ କଳାକୁ ସୁରକ୍ଷିତ ରଖାଯାଇଛି। କିନ୍ତୁ କିଛି ସପ୍ତାହରେ ମୁଁ ଗୋଟିଏ ଶାନ୍ତ ଓ ଛୋଟ କୋଠରୀକୁ ଚାଲିଯିବି ଯାହା ଗୋଟିଏ ବିଶାଳ ବଗିଚାର

ମଝିରେ ସହରର କୋଳାହଳଠାରୁ ଦୂରରେ ଲୁଚି ରହିଥିବାର ସ୍ଥିତିରେ ଅଛି। ସେଠି ମୁଁ ପୂରା ଶୀତଦିନ କାଟିବି ଏବଂ ସେହି ଶାନ୍ତ ବାତାବରଣରେ ମଧୁର ଓ ଲାଭବାନ ସମୟର ଉପହାର ପାଇବି ବୋଲି ଆଶା କରୁଛି।

ସେଠି ମୋତେ ଘର ପରି ବାତାବରଣ ମିଳିବ ଆଉ ମୁଁ ଆପଣଙ୍କୁ ଦୀର୍ଘ ଚିଠି ଲେଖିବି, ଯେଉଁଥିରେ ମୁଁ ଆପଣଙ୍କର ଲେଖା ବିଷୟରେ କହିବି। ଆଜି ମୋତେ ଆପଣଙ୍କ କହିବାକୁ ଅଛି, ଯାହାକୁ ହୁଏତ ବହୁତ ଦିନ ଆଗରୁ ଆପଣଙ୍କୁ କହିଦେଇଥିଲେ କିଛି ଭୁଲ୍ ହୋଇନଥାନ୍ତା ଯେ ଆପଣ ନିଜ ଚିଠିରେ ଯେଉଁ ପୁସ୍ତକ ବିଷୟରେ କହିଥିଲେ ଆଉ ସେଥିରେ ଆପଣଙ୍କର ଲେଖା ବି ରହିଥିଲା, ମୋତେ ଏଯାଏଁ ମିଳିନି। ଏହା କଣ ୱର୍ପସ୍ୱେଦରୁ ଆପଣଙ୍କ ପାଖକୁ ଫେରିଯାଇଥିଲା ? କାହିଁକିନା ଅନ୍ୟ ଦେଶରୁ ଆସିଥିବା ପାର୍ସଲକୁ ଅନ୍ୟ ଜାଗାକୁ ପଠେଇ ହେବନି। ସମ୍ଭବତଃ ତାହା ସହିତ ସେମିତି ହୋଇଛି ଯାହାର ପୁଷ୍ଟି ମୁଁ ଆପଣଙ୍କ ପାଖରୁ ଚାହୁଁଛି। ଆଶା କରୁଛି ଯେ ଆପଣଙ୍କର କୌଣସି କ୍ଷତି ହୋଇନି। ମୁଁ ଦୁଃଖିତ ଯେ ଇଟାଲୀରେ ଏହି ଧରଣର ଘଟଣା ଅସାମାନ୍ୟ ନୁହେଁ।

ଆପଣଙ୍କ ସଂବନ୍ଧିତ ପ୍ରତ୍ୟେକ ବସ୍ତୁ ପରି ଆପଣଙ୍କ ପୁସ୍ତକଟି ପାଇଥିଲେ ମୁଁ ଖୁସୀ ହୋଇଥାନ୍ତି। ଏହା ଭିତରେ ଆପଣ ଯଦି କିଛି କବିତା ଲେଖିଛନ୍ତି ଆଉ ମୋତେ ଦେବାକୁ ଚାହୁଁଛନ୍ତି, ତାହାଲେ ମୁଁ ସେଗୁଡ଼ିକୁ ଯେଦେଦୂର ପାରେ, ମୋର ହୃଦୟର ସହିତ ପାଠ କରିବି।

ଶୁଭକାମନା ଏବଂ ଅଭିନନ୍ଦରର ସହ,

ଆପଣଙ୍କର,

ରାଇନେର ମାରିଆ ରିଲ୍‌କେ

ଷଷ୍ଠ ଚିଠି

ରୋମ୍,
୨୩ ଡିସେମ୍ବର, ୧୯୦୩

ପ୍ରିୟ ଶ୍ରୀମାନ କାପୁସ,

କ୍ରିସମାସର ଅବସରରେ ମୁଁ ଅଭିନନ୍ଦନ ବିନା ଆପଣଙ୍କୁ ରହିବାକୁ ଦେବିନି, କାହିଁକି ନା ତାହା ହିଁ ସେହି ସମୟ ଯେବେ ଏକେଲାପଣ ଆପଣଙ୍କୁ ଭାରୀ ଲାଗୁଥିବ। ଯେତେବେଳେ ଆପଣଙ୍କୁ ଲାଗିବ ଯେ ଏକେଲାପଣ ବହୁତ ବଡ଼ ହୋଇଯାଇଛି ସେତେବେଳେ ଆପଣ ଖୁସୀ ହୁଅନ୍ତୁ। ନିଜ ନିଜକୁ ପଚାରନ୍ତୁ ଏମିତି ବା କେଉଁ ଏକେଲାପଣ ଯାହା ମହାନ ନୁହେଁ? ଏମିତି ଏକେଲାପଣ ତ ମହାନ ହୋଇଥାଏ ଆଉ ତାକୁ ସହ୍ୟ କରିବା ସହଜ ବି ନୁହେଁ। ଏମିତି ଏକେଲାପଣର ବେଳ ଯାହା ଯେ କୌଣସି ଲୋକର ଜୀବନରେ ଆସିଥାଏ ଯେତେବେଳେ ଆମେ ଅତି ଖୁସୀ ହୋଇ ବହୁତ ଭଲ କରିବା ବଦଳରେ ଅତ୍ୟନ୍ତ ସସ୍ତା ଓ ତୁଚ୍ଛ ବସ୍ତୁସହିତ ଚୁକ୍ତିବଦ୍ଧ ହେଉ।

ହୁଏତ ଏହି ସମୟରୁ ଏକେଲାପଣ ଉନ୍ନତି ଲାଭ କରେ। ହେଲେ ତାହାର ବିକାଶ ସେତେ ଦର୍ଦ୍ଦନାକ ଯେତେ ଜଣେ ତରୁଣର ବିକଶିତ ହେବା ଆଉ ବସନ୍ତ ଋତୁର ଆଗମନ ପରି ଉଦାସ।

କିନ୍ତୁ ତାହା ଆପଣଙ୍କୁ ବିଚଳିତ ନ କରୁ। ପ୍ରକୃତରେ ଏକେଲାପଣର ହିଁ ଆବଶ୍ୟକତା ରହିଛି- ମହାନ ଆଭ୍ୟନ୍ତରୀଣ ଏକେଲାପଣର। ଆପଣଙ୍କୁ ଘଣ୍ଟା ଘଣ୍ଟା ଧରି ନିଜ ସହିତ ରହିବା ଆଉ କାହାକୁ ନ ଭେଟିବାର ସ୍ଥିତିକୁ ପାଇବା ପାଇଁ ଚେଷ୍ଟା କରିବା ଉଚିତ। ଯେମିତି ଗୋଟିଏ ପିଲା ଏକେଲା ହୋଇଥାଏ ଆପଣଙ୍କୁ ଠିକ୍ ସେମିତି ସ୍ଥିତିରେ ଆସିବାକୁ ଅଛି ଯେତେବେଳେ ବଡ଼ ଲୋକମାନେ ଜଟିଳ ବିଷୟକୁ ନେଇ ଇଆଡ଼େ-ସିଆଡ଼େ ଘୂରିବୁଲନ୍ତି, ଯେମିତି ତାହା କୌଣସି ଗମ୍ଭୀର କାର୍ଯ୍ୟ ଆଉ କେହି ବି ସେମାନଙ୍କର ଏହି ବ୍ୟସ୍ତତାର କାରଣ ବୁଝି ପାରେନି- ଏମିତି ତ ଏକେଲାପଣର ଲକ୍ଷ୍ୟ ହେବା ଦରକାର। ଆଉ ସେତେବେଳେ ଯାଇ ଜଣାପଡ଼େ ଯେ ତାଙ୍କ

କାର୍ଯ୍ୟକଳାପ କେବଳ ତୁଚ୍ଛ ଏବଂ ତାଙ୍କ ଜୀବିକା ପଙ୍ଗୁ ହୋଇ ଯାଇଛି ଆଉ ତାଙ୍କ ଜୀବନ ସହିତ ଏହାର କୌଣସି ସମ୍ବନ୍ଧ ନାହିଁ। ଆପଣ ସଂସାରକୁ ଗୋଟିଏ ପିଲାର ଦୃଷ୍ଟିରେ କାହିଁକି ଦେଖୁନାହାନ୍ତି, ଅଥବା କୌଣସି ଅନ୍ୟଗ୍ରହର ଜୀବଙ୍କ ପରି, ଆପଣ ସଂସାର ଭିତରକୁ ଯାଆନ୍ତୁ, ନିଜର ଏକେଲାପଣର ବିସ୍ତାରକୁ ଯାଆନ୍ତୁ, ଯାହା ସ୍ୱୟଂରେ କଣ ଗୋଟିଏ ବଡ଼ କାର୍ଯ୍ୟ ଏବଂ ଉପଲବ୍ଧି ନୁହେଁ? କାହିଁକି କାହାକୁ ଗୋଟିଏ ପିଲାର ଅବୋଧ-ଗମ୍ୟତାକୁ ତିରସ୍କାର ଓ ଅବମାନନାରେ ପରିବର୍ତ୍ତିତ କରିବାର ଇଛା ହେବା ଉଚିତ? ଯେତେବେଳେ ଅଜ୍ଞେୟତା ଏକାନ୍ତ ଆଉ ତିରସ୍କାର ଓ ଅବମାନନା ଆପଣଙ୍କୁ ଏହି ଜିନିଷଗୁଡ଼ିକ ସହିତ ଯୋଡ଼ି ଦେବ ଯେଉଁଥିରୁ ଆପଣ ଚାଲିଯିବାକୁ ଚାହୁଁଛନ୍ତି।

ମୋର ପ୍ରିୟ ସାଙ୍ଗ କାପୁସ, ଯେଉଁ ସଂସାର ଆପଣ ନିଜ ଭିତରେ ନେଇ ଚାଲୁଛନ୍ତି ତା ବିଷୟରେ ଟିକିଏ ଚିନ୍ତା କରନ୍ତୁ ଆଉ ଆପଣ ଏହି ଅନୁଭବକୁ ଭଲେ ଯେଉଁ ନାଆଁ ଦିଅନ୍ତୁ। ଏହା ଆପଣଙ୍କର ପିଲାଦିନର ସ୍ମୃତି ଅଥବା ଆପଣଙ୍କର ଭବିଷ୍ୟତର ଅଭିଳାଷ ବି ହୋଇପାରେ। ଖାଲି ଧ୍ୟାନ ଦିଅନ୍ତୁ ଯେ ଆପଣଙ୍କ ଭିତରକୁ କଣ ବାହାରୁଛି ଆଉ ଯେଉଁ ଜିନିଷଗୁଡ଼ିକ ଆପଣଙ୍କ ଆଖପାଖରେ ଅଛି ତାକୁ ପ୍ରାଥମିକତା ଦିଅନ୍ତୁ। ଆପଣଙ୍କର ଅନ୍ତରତମ ଘଟଣାଗୁଡ଼ିକ ହିଁ ଆପଣଙ୍କ ପ୍ରେମର ଯୋଗ୍ୟ।

ଅନ୍ୟମାନଙ୍କୁ ନିଜ ସ୍ଥିତି ବୁଝାଇବାରେ ସମୟ ନଷ୍ଟ କରନ୍ତୁନି। ମୋତେ ଜଣା ଅଛି ଆପଣଙ୍କର କାମ କଠିନ ଆଉ ଜଣା ଥିଲା ଯେ ଆପଣ ତା'ର ଅଭିଯୋଗ ନିଶ୍ଚୟ କରିବେ। ଏବେ ଯେହେତୁ ତାହା ଆସିଗଲାଣି, ମୁଁ ଆପଣଙ୍କୁ କୌଣସି ଆଶ୍ୱାସନା ଦେବିନି। ମୁଁ କେବଳ ଆପଣଙ୍କୁ ଏହି କଥାକୁ ଗମ୍ଭୀରତାର ସହିତ ଚିନ୍ତା କରିବା ପାଇଁ ପରାମର୍ଶ ଦେବି ଯେ ସବୁ ପେଶା କ'ଣ ଏକାପରିକା ନୁହେଁ, ଦାବୀପୂର୍ଣ୍ଣ, ଯେକୌଣସି ବ୍ୟକ୍ତି ପାଇଁ ଶତ୍ରୁତାରେ ଭରା ଏବଂ ତା' ସହିତ ସେମାନଙ୍କ ପାଇଁ ଘୃଣାରେ ଆଚ୍ଛନ୍ନ, ଯେଉଁମାନେ ଚୁପ୍‌ଚାପ୍ ମୁହଁ ଫୁଲାଇକରି ସେହି ବୈଚିତ୍ର୍ୟହୀନ କାର୍ଯ୍ୟକୁ ସ୍ୱୀକାର କରି ନେଉଛନ୍ତି। ଯେଉଁ ପରିସ୍ଥିତିକୁ ଆପଣ ବାଧ୍ୟ ହୋଇ ସହନ କରୁଛନ୍ତି ତାହା କୌଣସି ପରିସ୍ଥିତିର ତୁଳନାରେ ପରମ୍ପରାଗୁଡ଼ିକର ବୋଝରେ ଭାରୀ ଆଉ ପକ୍ଷପାତ ଓ ତ୍ରୁଟିରେ ଭରପୂର ହୋଇନି। ଯଦି ଆପଣଙ୍କୁ ଲାଗୁଛି ଯେ ଅନ୍ୟ କେଉଁଠି ଅଧିକ ସ୍ୱାଧୀନତା ରହିଛି ତାହେଲେ ଜାଣି ନିଅନ୍ତୁ ଯେ ଏମିତି କୌଣସି ଜାଗା ନାହିଁ ଯାହା ଆପଣଙ୍କର ଅସଲ ଜବୀନରେ ମହତ୍ତ୍ୱ ରଖୁଥିବା ଜିନିଷଗୁଡ଼ିକ ସହ ସମ୍ବନ୍ଧିତ ହେବ। କେବଳ ସେହି ବ୍ୟକ୍ତି ଯାହାକୁ ଏକେଲାପଣର ଅନୁଭବ ହୋଇଥିବ ଆଉ ଯିଏ ଏହାର ଅଲୌକିକ ନିୟମରେ ବନ୍ଧା। ଏମିତି ବ୍ୟକ୍ତି ଯିଏ ଦିନର ଆଲୁଅରେ ବାହାରେ କିମ୍ବା ସଂଜର ଘଟଣାକ୍ରମକୁ ବୁଝେ ଆଉ ଯାହା କିଛି ହେଉଛି ତାକୁ ଜଣା ପଡ଼େ,

ସେତେବେଳେ ସବୁ ପରିସ୍ଥିତିଗୁଡ଼ିକ ସେମିତି ତାଠାରୁ ଦୂର ହୋଇଯାଏ ଯେମିତି କି କୌଣସି ଶବ ପାଖରୁ ଦୂର ହୋଇ ଯାଇଛି। କିନ୍ତୁ ଏ ସ୍ଥିତିରେ ବି ସିଏ ଜୀବନ ଭିତରେ ଠିଆ ହୋଇ ରହେ।

ସୈନ୍ୟ ଅଧିକାରୀ ହେବା ଦୃଷ୍ଟିରୁ ଆପଣଙ୍କ ପାଇଁ ଏହି ଚେତନାର ଅନୁଭବ ଲୋଡ଼ା। ଆଉ ଆପଣଙ୍କ ଏହା ବୁଝିବା ଦରକାର ଯେ ଯଦି ଆପଣ ଅନ୍ୟ କୌଣସି ପେଶାରେ ଥାଆନ୍ତେ ତେବେ ବି ଏହା ଆପଣ ଅନୁଭବ କରିଥାଆନ୍ତେ। ଏହା ବ୍ୟତୀତ, ପେଶାର ସ୍ୱତନ୍ତ୍ରତାରେ ବି ଯଦି ଆପଣଙ୍କର ସମାଜ ସହିତ ସମ୍ପର୍କ ରହେ ତେବେ ମଧ ଆପଣ ଏମିତି ବିଶେଷତା ଅନୁଭବ କରିବେ। ଏହି ସ୍ଥିତି ସବୁଠାରେ ଅଛି, କିନ୍ତୁ ଏହା କୌଣସି ଦୁଃଖ ଆଉ ଚିନ୍ତାର କାରଣ ନୁହେଁ। ଯେତେବେଳେ ଆପଣଙ୍କୁ ଲାଗିବ ଯେ ଆପଣ ଏବେ ଆପଣଙ୍କର ଆଖପାଖରେ ଥିବା ଲୋକମାନଙ୍କ ପାଖରୁ ଅଧିକରୁ ଅଧିକ ଥର ଯିବା ପାଇଁ ଚେଷ୍ଟା କରନ୍ତୁ ଯାହାଫଳରେ ଆପଣଙ୍କର ସେମାନଙ୍କ ସହିତ ଚିରସ୍ଥାୟୀ ସମ୍ବନ୍ଧ ରହିବ। ସେହି ରାତି ଆଉ ପବନ ଯାହା ଗଛଗୁଡ଼ିକ ଭିତରେ ଦେଇ ଯାଇ କରି ଅନେକ ସ୍ଥାନରେ ବହେ, ଏବେ ବି ଅଛି। ଜିନିଷଗୁଡ଼ିକରେ ଆଉ ପଶୁମାନଙ୍କ ଭିତରେ ଏମିତି ଘଟଣାସବୁ ଏବେ ବି ଥାଏ ଯେଉଁଥିରେ ଆପଣ ଯୋଗଦାନ କରିପାରିବେ। ପିଲାଙ୍କ ସହିତ ଆପଣ ରହିପାରିବେ ସେମିତି ଭାବରେ ଯେମିତି ଆପଣ ନିଜ ପିଲାଦିନେ ଥିଲେ, ସେମିତ କାନ୍ଦିବା ଆଉ ସେମିତି ହସିବା। ଆଉ ଯେତେବେଳେ ଆପଣ ନିଜ ପିଲାଦିନକୁ ମନେ ପକାନ୍ତି, ସେତେବେଳେ ଆପଣ ସେମାନଙ୍କର ସହିତ ଜୀଇଁ ପାରିବେ। ବୟସ୍କମାନଙ୍କର ସେଠି କିଛି ଦେବାନେବାର ନାହିଁ ଆଉ ସେମାନଙ୍କର ମର୍ଯ୍ୟାଦାର କୌଣସି ମୂଲ୍ୟ ନାହିଁ।

ଯଦି ଆପଣ ପିଲାଦିନ କଥା ମନେ ପକେଇ ଉଦ୍‌ବିଗ୍ନ ହୁଅନ୍ତି ଓ କଷ୍ଟ ପାଆନ୍ତି, ଯାହା ସହିତ ଏକାନ୍ତତା ଓ ଶାନ୍ତତା ସର୍ବଦା ଏକାସାଙ୍ଗରେ ବିଦ୍ୟମାନ, ତେବେ ଆପଣଙ୍କର ଆଉ ଈଶ୍ୱରଙ୍କର ଉପରେ ବିଶ୍ୱାସ ନାହିଁ। ଏହା କ'ଣ ସତ ନୁହେଁ ଯେ ଆପଣ ଏଯାଏଁ ତାଙ୍କୁ ପ୍ରାପ୍ତ କରିନାହାନ୍ତି? ଏମିତି କେବେ ହୋଇଥିବ? ଆପଣ କ'ଣ ଭାବୁଛନ୍ତି ଯେ ଗୋଟିଏ ପିଲାକୁ ସିଏ ଏତେ ସହଜରେ ମିଳି ଯାଉଛନ୍ତି, ଯଦିଓ କୌଣସି ବୟସ୍କ ଲୋକକୁ ବହୁ ଚେଷ୍ଟା ପରେ ମିଳନ୍ତି, ଯାହାଙ୍କ ଓଜନ ବୃଦ୍ଧର ଅଣ୍ଟାକୁ ନୁଆଁଇ ଦିଏ? ଆପଣ କ'ଣ ଜାଣିଛନ୍ତି ସିଏ ଯାହାଙ୍କ ପାଖରେ ଥାଆନ୍ତି, ତାଙ୍କ ହାତରୁ ସିଏ ଏମିତି ହଜିଯାଇ ପାରିବ, ଯେମିତି ଗୋଟିଏ ଛୋଟ ପଥର। ଏହା ବ୍ୟତୀତ ଆପଣ କ'ଣ ଏହି କଥା ଉପରେ ସହମତ ହେବେନି ଯେ ଯିଏ ତାଙ୍କୁ ପାଇପାରେ, ସିଏ ତାଙ୍କୁ ହଜାଇ ଦେଇପାରେ। ତଥାପି ଯଦି ଆପଣ ଏହି ନିଷ୍କର୍ଷ

ବାହାର କରୁଛନ୍ତି ଯେ ଆପଣଙ୍କ ପିଲାଦିନେ ସିଏ ଉପସ୍ଥିତ ନଥିଲେ, ଅଥବା ତାହା ପୂର୍ବରୁ ବି ସିଏ ଉପସ୍ଥିତ ନଥିଲେ, ଆଉ ଏହି ଅନୁମାନ ଲଗାଉଛନ୍ତି ଯେ ଯିଶୁଖ୍ରୀଷ୍ଟଙ୍କୁ ତାଙ୍କର ହିଁ ଲାଳସା ଯୋଗୁଁ ତାଙ୍କୁ ପ୍ରତାରଣା ମିଳିଲା ଏବଂ ମୋହମ୍ମଦଙ୍କୁ ନିଜର ଅଭିମାନ ଯୋଗୁ ବିଶ୍ୱାସଘାତ ମିଳିଲା- ଯଦି ଆପଣ ଭୟାବହ ଧାରଣା ନେଇ ଏହା ଅନୁଭବ କରୁଛନ୍ତି ଯେ ତାଙ୍କର ଏବେବି କୌଣସି ଅସ୍ତିତ୍ୱ ନାହିଁ ଯଦିଓ ଆମେ ତାଙ୍କ ବିଷୟରେ ଏବେ କଥାବାର୍ତ୍ତା କରୁଛେ। ପୁଣି ଆପଣଙ୍କୁ କେଉଁ ଅଧିକାରରେ ତାଙ୍କୁ ମନେ ପକେଇବା ଦରକାର ଯିଏ କେବେ ହେଲେ ନ ଥିଲେ ଏବଂ ଖୋଜିବା ଦରକାର ସତେ ଯେମିତି ସିଏ ହଜିଯାଇଛନ୍ତି ?

ଆପଣ କାହିଁକି ତାଙ୍କୁ ଆସିବାକୁ ଥିବା ଭଗବାନଙ୍କ ପରି ଦେଖୁନାହାନ୍ତି, ଯିଏ ଅନନ୍ତ କାଳରୁ ଆମ ସହିତ ରହିଛନ୍ତି, ଅନ୍ତତଃ ବୃକ୍ଷର ସେହି ଫଳ ପରି ଯାହାର ଆମେ ହେଉଛେ ପତ୍ରସମୂହ ? ଏମିତି କ'ଣ ଅଛି ଯାହା ଆପଣଙ୍କୁ ଈଶ୍ୱରଙ୍କୁ ଜନ୍ମ ଦେବାରୁ ଆଉ ଆପଣଙ୍କର ଜୀବନକୁ ଜୀଇଁବା ପାଇଁ ରୋକୁଛି, ଯାହା ମହାନ ପ୍ରସବର ଇତିହାସରେ ଏକାସାଙ୍ଗରେ ପୀଡ଼ା ଦାୟକ ଏବଂ ସୁନ୍ଦର ଦିନ? ଆପଣ କ'ଣ ଦେଖୁନାହାନ୍ତି ଯାହା କିଛି ବି ଘଟୁଛି ତାହା ବାରମ୍ବାର ପ୍ରାରମ୍ଭରେ ପରିଣତ ହେଉଛି। ଏହା କ'ଣ ତାଙ୍କର ଆରମ୍ଭ ହୋଇ ପାରିବନି, କ'ଣ ଆରମ୍ଭ ନିଜ ଗୁଣରେ ନିଜେ ସୁନ୍ଦର ହୁଏନି? ଯଦି ସିଏ ସମ୍ପୂର୍ଣ୍ଣ ତେବେ କ'ଣ ଅଧୁରା-ମାମୁଲି ଲୋକମାନଙ୍କୁ ତାଙ୍କ ଆଗକୁ ଆସିବା ଉଚିତ୍ ନୁହେଁ, ଯାହା ଫଳରେ ସିଏ ପରିପୂର୍ଣ୍ଣତାର ବାହାରକୁ ଆସି ସ୍ୱୟଂକୁ ପାଇପାରିବେ? ତାଙ୍କୁ କ'ଣ କ୍ରମର ସବୁଠୁ ଶେଷରେ ରହିବା ଦରକାର ନୁହେଁ ଯାହାଫଳରେ ସିଏ ସବୁକିଛିକୁ ନିଜ ଭିତରେ ଢାଙ୍କି ଦେଇ ପାରିବେ? ଆଉ ଏହାର କ'ଣ ମହତ୍ୱ ରହିଯିବ ଯେ ଯାହାକୁ ପାଇବା ପାଇଁ ଆମେ ଲାଳାୟିତ, ସିଏ ଆଗରୁ ଉପସ୍ଥିତ ଥିଲେ ?

ଯେମିତି ଭାବରେ ମହୁମାଛି ଏକାଠି କରେ ସେହି ପରି ସବୁ ବସ୍ତୁଗୁଡ଼ିକରୁ ମଧୁରତା କାଢ଼ି ନେଇ ଆମେ ତାଙ୍କୁ ସୃଷ୍ଟି କରୁଛେ। ସବୁ ଛୋଟରୁ ଛୋଟ କାମକୁ ଯଦି ପ୍ରେମର ସହିତ କରାଯାଏ ଆଉ ଏହି କାମର ଆରମ୍ଭ ଆରାମରେ ମୌନ ରହି ଆନନ୍ଦପୂର୍ବକ କୌଣସି ସହଯୋଗୀ ବା ଅଂଶୀଦାର ହେବା ବିନା, ଏକେଲା କରାଯାଏ ତେବେ ଏହା ଗୋଟିଏ ଏମିତି କାମ ହେବ ଯାହାର ଅନୁଭବ ଆମେ ଆମ ଜୀବନରେ ଆଗରୁ କେବେ କରିନଥିବା, ଏମିତି କି ଆମ ପୂର୍ବପୁରୁଷମାନଙ୍କୁ ମଧ କେବେ ଏହାର ଅନୁଭବ ହୋଇନଥିବ। ତଥାପି ସିଏ ଆମ ଭିତରେ ରହିଛନ୍ତି। ଆମ ପ୍ରେରଣା ହୋଇକରି, ଆମ ଭାଗ୍ୟ ଉପରେ ବୋଝ ହୋଇକରି, ରକ୍ତ ରୂପରେ ଯାହାକୁ ଆମ

ଭିତରେ ଧାଉଁଥିବାର ଶବ୍ଦ ଆମେ ଶୁଣି ପାରୁଛେ, ଗୋଟିଏ ସଂକେତ ଯିଏ ସମୟର ଗଭୀରତା ଭିତରୁ ବାହାରି ଆସନ୍ତି।

କ'ଣ ଏବେ ବି କିଛି ଏମିତି ଅଛି ଯାହା ଆପଣଙ୍କୁ ଭବିଷ୍ୟତରେ କୌଣସି ଦିନ ସେହି ସର୍ବଶ୍ରେଷ୍ଠର ଅଂଶ ହେବାରୁ ରୋକି ପାରିବ ଯେମିତି ସିଏ ଆପଣଙ୍କର ଅତୀତରେ ଥିଲେ ?

ଏହି ପାବନ ଅନୁଭୂତିର ସହିତ ଆପଣ କ୍ରିସ୍ମାସ ପାଳନ କରନ୍ତୁ, ହୁଏତ ସିଏ ଏହା ଚାହୁଁଛନ୍ତି। ହୁଏତ ଆପଣଙ୍କର ପରିବର୍ତ୍ତନର ଏହି ଦିନଗୁଡ଼ିକରେ ସିଏ ଆପଣଙ୍କର ପ୍ରତ୍ୟେକ କାର୍ଯ୍ୟରେ ପ୍ରଭାବିତ ହୁଅନ୍ତୁ। ହୁଏତ ଆପଣ ତାଙ୍କ ଉପରେ ନିଜର ଛାପ ସେମିତି ଛାଡ଼ି ଯାଉଛନ୍ତି ଯେମିତି ଆପଣ ପିଲାଦିନେ ସହଜତାରେ ତାଙ୍କ ସହିତ କରିଥିଲେ। ଧୈର୍ଯ୍ୟ ଧରନ୍ତୁ ଆଉ ଦ୍ୱେଷବିନା ରହନ୍ତୁ। ବିଶ୍ୱାସ ରଖନ୍ତୁ ଯେ ଆପଣ ତାଙ୍କ ବିକାଶକୁ ସହଜ କରିବେ ଯେମିତି ପୃଥିବୀ ବସନ୍ତର ଆସିବା ପାଇଁ କରେ, ଯେତେବେଳେ ସିଏ ପ୍ରକଟ ହେବାକୁ ଚାହାନ୍ତି।

ଖୁସୀରେ ରହନ୍ତୁ ଏବଂ ଆଶ୍ୱସ୍ତ ରହନ୍ତୁ।

ଆପଣଙ୍କର,

ରାଇନେର ମାରିଆ ରିଲ୍‌କେ

ସପ୍ତମ ଚିଠି

ରୋମ୍,
୧୪ ମେ, ୧୯୦୪

ମୋର ପ୍ରିୟ ଶ୍ରୀମାନ କାପୁସ,

ଆପଣଙ୍କ ଚିଠି ମୋତେ ବହୁତ ଦିନ ହେଲା ମିଳି ଯାଇଥିଲା, କିନ୍ତୁ ମୋତେ ଭୁଲ ବୁଝିବେନି। ପ୍ରଥମେ କାମ, ପୁଣି ବାଧାସମୂହ ଏବଂ ପରିଶେଷରେ ଖରାପ ସ୍ୱାସ୍ଥ୍ୟ ମୋତେ ଉତ୍ତର ଦେବାପାଇଁ ରୋକି ରଖିଲା। ମୁଁ ଚାହୁଁଥିଲି ପ୍ରସନ୍ନ ମନରେ ଶାନ୍ତିରେ ବସି ଲେଖିବି। ଏବେ ମୁଁ ଟିକିଏ ସୁସ୍ଥ ହେବାର ଅନୁଭବ କରୁଛି। ଏଠି ମଧ୍ୟ ମୁଁ ଆରମ୍ଭରେ ପ୍ରଭାବିତ ହୋଇଥିଲି ଯେବେ ବସନ୍ତର ଆଗମନ ହେଲା ନିଜର ଅପ୍ରିୟ ଓ ଅସ୍ଥାୟୀ ମନୋଭାବକୁ ନେଇ। ଆଉ ପ୍ରିୟ ଶ୍ରୀମାନ କାପୁସ, ଏବେ ମୁଁ ଆପଣଙ୍କୁ ଶୁଭକାମନା ପଠାଇ ପାରିବି। ମୁଁ ବହୁତ ପ୍ରସନ୍ନତାର ସହିତ ପୁଣି ଆପଣଙ୍କୁ ଅଭିନନ୍ଦନ ଜଣାଉଛି ଆଉ ନିଜର ସାମର୍ଥ୍ୟର ସୀମାରେ ରହିକରି ଯେତେଦୂର ସମ୍ଭବ ହେବ, ଆପଣଙ୍କର ସବୁକଥାର ଗୋଟିଏ ପରେ ଗୋଟିଏ କରି ଉତ୍ତର ଦେବାକୁ ଚେଷ୍ଟା କରିବି।

ଦେଖନ୍ତୁ, ଆପଣଙ୍କର ସନେଟଗୁଡ଼ିକୁ ମୁଁ ନିଜ ଅକ୍ଷରରେ ଉତାରିଛି, କାହିଁକି ନା ଏଗୁଡ଼ିକ ମୋତେ ସରଳ ଓ ସୁନ୍ଦର ଲାଗିଲା ଯେଉଁ ଶୈଳୀରେ ଏଗୁଡ଼ିକ ପୂରା ଭବ୍ୟତା ସହିତ ଆଉ ପ୍ରାକୃତିକ ଢଙ୍ଗରେ ଆଗକୁ ବଢୁଛି, ତାହା ପ୍ରଶଂସା ଯୋଗ୍ୟ। ଆପଣଙ୍କର ଯେତେଗୁଡ଼ିଏ କବିତା ପଢ଼ିବାର ସୌଭାଗ୍ୟ ମୋର ପ୍ରାପ୍ତ ହୋଇଛି, ସେଗୁଡ଼ିକ ଅପେକ୍ଷା ଅଧିକ ସୁନ୍ଦର। ଆଉ ମୁଁ ସେହି କପିଟିକୁ ଆପଣଙ୍କ ପାଖକୁ ପଠାଉଛି, କାରଣ ମୁଁ ଯେ ଏହା ମହତ୍ତ୍ୱପୂର୍ଣ୍ଣ ଏବଂ ନିଜର କାମକୁ ଅନ୍ୟ କାହାର ହାତଲେଖାରେ ପାଇବା ଗୋଟିଏ ଅଲଗା ଧରଣର ଅନୁଭବ। ଆପଣ ଏହି କବିତାଗୁଡ଼ିକୁ ଏମିତି ପଢ଼ିବେ ଯେମିତି ଆପଣ ଆଗରୁ କେବେ ଏଗୁଡ଼ିକୁ ଦେଖିନାହାନ୍ତି ତାହାଲେ ଆପଣ ଅନ୍ତରାତ୍ମାରେ ନିଜର ଆପଣାର ଗୋଟିଏ ନୂଆ ଅନୁଭବ ପାଇବେ।

ମୁଁ ବହୁତ ଆନନ୍ଦର ସହିତ ଆପଣଙ୍କର ସନେଟଗୁଡ଼ିକୁ ଏବଂ ଚିଠିଟିକୁ ପଢ଼ିଲି। ସେହି ଦୁଇଟିଯାକ ପାଇଁ ମୁଁ ଆପଣଙ୍କୁ ଧନ୍ୟବାଦ ଦେଉଛି।

ନିଜର ଏକେଲାପଣରେ ଏହି କଥା ଉପରେ ସନ୍ଦେହ କରନ୍ତୁନି ଯେ ଆପଣଙ୍କ ଭିତରେ କିଛି ଏମିତି ଅଛି ଯାହା ଇଚ୍ଛା କରୁଛି ଆପଣଙ୍କ ଭିତରୁ ବାହାରି ଆସିବା ପାଇଁ। ଯଦି ଆପଣ ଶାନ୍ତ ମନରେ ଏହା ଚିନ୍ତା କରିବେ ଆଉ ଏହି ଇଚ୍ଛାକୁ ମାଧ୍ୟମ ଭାବରେ ପ୍ରୟୋଗ କରିବେ ତାହେଲେ ଏହା ଆପଣଙ୍କର ଏକାନ୍ତତାକୁ ଅନ୍ୟ ମହାନ କ୍ଷେତ୍ରଗୁଡ଼ିକରେ ବିସ୍ତାରିତ ହେବାରେ ସହଯୋଗ କରିବ। ପ୍ରାୟତଃ ଲୋକମାନଙ୍କର ପ୍ରବୃତ୍ତି ପରମ୍ପରାଗୁଡ଼ିକର ମାଧ୍ୟମରେ ସବୁକିଛି ସହଜ ଭାବରେ ସମାଧାନ କରନ୍ତି। କିନ୍ତୁ ଏହା ସ୍ପଷ୍ଟ ଯେ ଆମକୁ ଏଥିପାଇଁ ସଂଘର୍ଷ କରିବାକୁ ହେବ। ସମସ୍ତ ଜୀବ ଏହାକୁ ମାନନ୍ତି। ପ୍ରକୃତିରେ ପ୍ରତ୍ୟେକ ଜିନିଷ ନିଜ ଢଙ୍ଗରେ ସଂଘର୍ଷ କରେ ଆଉ ଯେ କୌଣସି ମତେ ସବୁ ପ୍ରତିରୋଧର ସତ୍ତ୍ୱେ ଆପଣା ସଂସାଧନରେ ସ୍ୱୟଂକୁ ବିଶିଷ୍ଟ ପ୍ରାଣୀ ରୂପେ ସ୍ଥାପିତ କରେ। ବହୁତ କମ୍ କଥା ଆମେ ଜାଣିଛେ, କିନ୍ତୁ ଆମର ସଂଘର୍ଷ କରିବା ସୁନିଶ୍ଚିତ। ଏକେଲା ରହିବା ଭଲ କଥା, ହେଲେ ଏକେଲା ରହିବା କଠିନ କାହିଁକି ନା କିଛି ଜିନିଷ ମୁସ୍କିଲ ହୋଇଥାଏ, କିନ୍ତୁ ସେଗୁଡ଼ିକୁ କରି ଦେଖାଇବା ଜରୁରୀ ହୋଇଥାଏ।

ପ୍ରେମ କରିବା ମଧ୍ୟ ଭଲ, ହେଲେ ପ୍ରେମ ହେଲା କଠିନ। ଜଣେ ମଣିଷ ପାଇଁ ଅନ୍ୟ କୌଣସି ଜଣେ ମଣିଷକୁ ପ୍ରେମ କରିବା ତା'ର କାମ ଭିତରୁ ସବୁଠୁ ଅଧିକ କଠିନ କାମ। ଏହା ହିଁ ତ ପ୍ରତିମାନ ଏବଂ ସର୍ବୋଚ୍ଚ ପରୀକ୍ଷା। ଏହା ସେହି ଆକାଂକ୍ଷା, ଯାହା ପାଇଁ ଅନ୍ୟ ସବୁ ଇଚ୍ଛା କେବଳ ପ୍ରସ୍ତୁତି ମାତ୍ର। କେଉଁ କାରଣରୁ ତରୁଣମାନେ, ଯେଉଁମାନେ ପ୍ରତ୍ୟେକ ବିଷୟରେ ଆରମ୍ଭକାରୀ, ଜାଣିନାହାନ୍ତି କେମିତି ପ୍ରେମ କରିବାକୁ ହୁଏ: ସେମାନଙ୍କୁ ଶିଖିବାକୁ ହେବ। ଶିଖିବାର ସମୟ ସର୍ବଦା ଲମ୍ବା ଏବଂ ଏକାନ୍ତର ସମୟ ହୋଇଥାଏ। ସେଥିପାଇଁ ଦୀର୍ଘ ସମୟଯାଏଁ ଆଉ ସାରା ଜୀବନ ଲାଗି ପ୍ରେମ କରିବା ବାସ୍ତବରେ ଏକାନ୍ତତା ସହିତ ପ୍ରେମ କରିବା, ଯେଉଁ ପ୍ରେମରେ ଥାଏ ତା'ର ଏକାନ୍ତ ବହୁତ ଗହନ ଏବଂ ଉଚ୍ଚ।

ପ୍ରେମର ପ୍ରଥମ ଅର୍ଥ କାମୋତ୍ତେଜନା, ସମର୍ପଣ ଅଥବା ଜଣକର ଅନ୍ୟ ଜଣକର ସହିତ ରହିବା ନୁହେଁ, ଆଉ ଯେଉଁମାନଙ୍କ ପାଇଁ ଏହି ଦୁଇ ବ୍ୟକ୍ତିଙ୍କର ମିଳନ ହେବ, ତାଙ୍କର ମିଳନ ଅନିଶ୍ଚିତତା, ଅପରିପକ୍ୱତା ଏବଂ ଅସମ୍ବନ୍ଧତା ଉପରେ ନିର୍ମିତ ହୋଇଥାଏ। ପ୍ରେମ ମଣିଷକୁ ନିଜ ଭିତରୁ ପରିପକ୍ୱ କରିବାର ପ୍ରେରଣା, କିଛି ଆପେ ଆପେ ସୃଷ୍ଟି ହେବାର, ବାହ୍ୟ ସଂସାରରେ କିଛି ତିଆରି ହେବାର ଆଉ ଅନ୍ୟମାନଙ୍କ

ପାଇଁ ନିଜ ଭିତରେ ଗୋଟିଏ ସଂସାର ନିର୍ମାଣ କରିବାର। ପ୍ରେମର ଥିବା ଦାବୀ ବହୁତ ଅଧିକ ଆଉ କାହାକୁ ଦୀର୍ଘ ପଥ ଅତିକ୍ରମ କରିବାକୁ କହେ- ଏହି ଅର୍ଥରେ ଯେ ତାକୁ ନିଜ ଉପରେ କାମ କରିବା ଆବଶ୍ୟକ। ତରୁଣମାନଙ୍କୁ ମିଳିଥିବା ପ୍ରେମର ଉପଯୋଗ କରିବା ଉଚିତ। ନିଜକୁ ଖୋଲି ଦେବା, ଆତ୍ମସମର୍ପଣ କରିବା ଆଉ ସବୁ ଧରଣର କଥା କହିପାରିବା ଏବେ ତାଙ୍କ ପାଇଁ ନୁହେଁ (ଏବେ ତାଙ୍କୁ ବହୁତ ଅଧିକ ଆଉ ଅଧିକ ସମୟ ଯାଏଁ ସ୍ୱୟଂକୁ ବଞ୍ଚାଇବା ଆଉ ସ୍ୱୟଂକୁ ଏକତ୍ରିତ କରିବାର ଆବଶ୍ୟକ) ଏବଂ ଏହା ହିଁ ପରମ ଲକ୍ଷ୍ୟ ଯାହା ପାଇଁ ସାରାଜୀବନ ହୁଏତ ପର୍ଯ୍ୟାପ୍ତ ହେବ।

ତରୁଣମାନେ ଅଧିକାଂଶ ସମୟରେ ଗମ୍ଭୀର ତ୍ରୁଟି କରି ବସନ୍ତି। ସ୍ୱଭାବରେ ଧୈର୍ଯ୍ୟହୀନ ହୋଇଥିବାରୁ ପ୍ରେମରେ ଶୀଘ୍ର ଜଣେ ଅପର ପ୍ରତି ଆକର୍ଷିତ ହୁଅନ୍ତି। ଆଉ ବିଶୃଙ୍ଖଳା, ବିଭ୍ରାନ୍ତି ଏବଂ ଜଟିଳତାରେ ଖଣ୍ଡ ଖଣ୍ଡ ହୋଇ ବିଖରି ଯାଆନ୍ତି। କିନ୍ତୁ କ'ଣ ପାଇବା ପାଇଁ? ଏଥିରେ ଭାଗ୍ୟକୁ କ'ଣ କରିବା ଦରକାର- ଯଦି ସେମାନଙ୍କର ପ୍ରେମର ଚେର ଏହିପରି ଆଉ ଏହି ଧରଣର ଅଧା-ଅଧୂରାପଣକୁ ଯଦି ପ୍ରେମ ବା ସାହଚର୍ଯ୍ୟ କୁହାଯାଏ ଏବଂ ଏହାକୁ ସେମାନେ ଆନନ୍ଦର ସହିତ କହିବେ ନିଜର ଖୁସୀ ଓ ଭବିଷ୍ୟତ? ସେମାନଙ୍କ ଭିତରୁ ପ୍ରତ୍ୟେକ ବ୍ୟକ୍ତି ଅନ୍ୟ ପାଇଁ ସ୍ୱୟଂକୁ ଆଉ ପୁଣି ବି ତାଙ୍କୁ ହରାଇ ବସିବେ, ଯେଉଁମାନେ ତା ଜୀବନକୁ ପରେ ଆସିବାକୁ ଚାହୁଁଥିଲେ। ଆଉ ପ୍ରତ୍ୟେକ ବ୍ୟକ୍ତି ନିଜର ଅବସରକୁ ସୀମିତ କରେ ଏବଂ ନିଜ ଆତ୍ମାର ଡାକରାକୁ ଅଣଶୁଣା କରି ଆଗକୁ ବଢ଼ିଚାଲେ- ଏମିତି ଗୋଟିଏ ଅସ୍ଥିରତା ପାଇଁ ଯାହାର କିଛି ବି ପରିଣାମ ଆଗକୁ ଆସିବନି। କେବଳ ବିରକ୍ତି, ନିରାଶା, ଏବଂ ସଂଖ୍ୟାରେ ବହୁତାୟତ ମୋକ୍ଷ ଦେବା ସଭାକୁ ଚାଲିଯିବ ଯାହା ସେହି ସାର୍ବଜନିକ ଶରଣସ୍ଥଳଗୁଡ଼ିକ ପରି, ଯାହାକୁ କଷ୍ଟକର ରାସ୍ତାଦେଇ ଗଢ଼ାଯାଇଛି। ମାନବ ଅନୁଭବର କୌଣସି ବି ଅନ୍ୟ କ୍ଷେତ୍ର ଏତେ ପରମ୍ପରାରେ ପରିପୂର୍ଣ୍ଣ ନୁହେଁ ଯେତେ କି ଏହା। ଅନେକ ପ୍ରକାରର ସନ୍ତରଣ କରିବାର ଯନ୍ତ୍ର ହେଉଛି ନାଆ ଏବଂ ଜୀବନରକ୍ଷକ ବେଲ୍ଟ। ସମାଜ ନଜ ଜ୍ଞାନରୁ ସ୍ୱୟଂକୁ ବଞ୍ଚାଇବା ପାଇଁ ଅନେକ ରାସ୍ତା ନିର୍ମାଣ କରିଛି। ପ୍ରେମକୁ ମନୋରଂଜନର ସାଧନ ଭାବରେ ଗଢ଼ା ଯାଇଛି। ଏହା ଶସ୍ତା, ସୁରକ୍ଷିତ, ବିଶ୍ୱାସନୀୟ ଆଉ ମନୋରଂଜନର ସାଧନ ରୂପରେ ସହଜରେ ଉପଲବ୍ଧ।

ଏହା ସତ୍ୟ ଯେ ଅନେକ ତରୁଣ ପ୍ରକୃତ ଢଙ୍ଗରେ ପ୍ରେମ କରନ୍ତିନି। ସେମାନେ ସହଜରେ ସମର୍ପଣ କରିଦିଅନ୍ତି ଆଉ ଏକାନ୍ତତା ପାଇଁ ସ୍ଥାନ ଛାଡ଼ନ୍ତିନି। ସେମାନେ ଅସଫଳତାର ନିରାଶଜନକ ଭାବନାକୁ ଅନୁଭବ କରନ୍ତି। ସେମାନେ ନିଜ ହିସାବରେ ଏହି ଅନୁଭବକୁ ଅର୍ଥପୂର୍ଣ୍ଣ କରିବା ପାଇଁ ଚେଷ୍ଟା କରନ୍ତି। ତାଙ୍କ ସ୍ୱଭାବ ତାଙ୍କୁ କହେ

ଯେ ପ୍ରେମର ପ୍ରଶ୍ନର ସମାଧାନ ଅନ୍ୟ କୌଣସି ମହତ୍ତ୍ୱପୂର୍ଣ୍ଣ ବିଷୟବସ୍ତୁର ସମାଧାନ ଅପେକ୍ଷା ଅଧିକ କଠିନ ହୋଇଥାଏ। ପ୍ରେମର ପ୍ରଶ୍ନ ବହୁତ ବ୍ୟକ୍ତିଗତ ଓ ଅନ୍ତରଙ୍ଗ ପ୍ରଶ୍ନ। ଜଣେ ବ୍ୟକ୍ତିର ପ୍ରଶ୍ନ ଅନ୍ୟବ୍ୟକ୍ତିର ପ୍ରଶ୍ନଠାରୁ ଭିନ୍ନ। ସୁତରାଂ ପ୍ରତ୍ୟେକ ବିଷୟରେ ଗୋଟିଏ ନୂତନ ଏବଂ ବିଶେଷ ଉତ୍ତର ଅପେକ୍ଷିତ ଥାଏ। କିନ୍ତୁ ସେତେବେଳେଯାଏଁ ସେମାନେ ନିଜକୁ ଦୁଇଟି ପରିବର୍ତ୍ତନରେ ଗୋଟିଏ ବୋଲି ମାନି ସାରିଥାନ୍ତି- ନିଜର ଆଉ ଅନ୍ୟର ମଝିରେ ସୀମାରେଖା ଟାଣିବା ବିନା। ସେଥିପାଇଁ ସେମାନେ ପାର୍ଥକ୍ୟ କରିବାରେ ସକ୍ଷମ ହୁଅନ୍ତିନି ଆଉ ଏହା ଦାବୀ କରି ପାରନ୍ତିନି ଯେ ଏହା ତାଙ୍କର। ତେବେ ସେମାନେ କେମିତି ସ୍ୱୟଂକୁ ପାଇପାରିବେ, ଯେତେବେଳେ ସେମାନେ ପୂର୍ବରୁ ନିଜର ଏକାନ୍ତତାକୁ ନିଜ ଭିତରେ ସମାଧି ଦେଇ ସାରିଛନ୍ତି ?

ସେମାନେ ପାରସ୍ପରିକ ଅସହାୟତାର କାରଣରୁ ଏହା କରନ୍ତି। ଭଲ ଉଦ୍ଦେଶ୍ୟର ସହିତ ଯଦି ସେମାନେ ପରମ୍ପରାକୁ ଅସ୍ୱୀକାର କରିବାର ଇଚ୍ଛା ରଖନ୍ତି ତାହେଲେ ସେମାନେ ନିଜକୁ ଅନ୍ୟ କୌଣସି ପାରମ୍ପରିକ ସମାଧାନରେ ଜାବୁଡ଼ି ହୋଇ ରହିଥିବାର ପାଆନ୍ତି- ପୂର୍ବ ଅପେକ୍ଷା ଟିକିଏ କମ୍ ଆଉ ଗୋଟିଏ ଭାବରେ ସେତିକି ହିଁ ମୃତପ୍ରାୟ। ସେମାନେ ଚାରି ପଟୁ ପରମ୍ପରାରେ ଘେରି ହୋଇ ରହିଥିବାର ନିଜକୁ ପାଆନ୍ତି, ଯେଉଁଠି ପାରସ୍ପରିକତା, କମ୍‌ଜୋର ମୂଳଦୁଆ ଜୀବନର ଆଧାର ହୋଇ ରହେ, ସେଠାରେ ପ୍ରତ୍ୟେକ କାର୍ଯ୍ୟର ପାରମ୍ପରିକତା ହିଁ ହୋଇଥାଏ, ଗୋଟିଏ ଅବୈୟକ୍ତିକ ଏବଂ ଆକସ୍ମିକ ନିର୍ଣ୍ଣୟ ବିନା କୌଣସି ସାମର୍ଥ୍ୟ ଓ ପରିଣାମର।

ସେହି ବ୍ୟକ୍ତି ଯିଏ ପ୍ରେମ ଉପରେ ଗମ୍ଭୀରତା ସହିତ ବିଚାର କରିବ, ସିଏ ତାକୁ ଏତେ ମହତ୍ତ୍ୱପୂର୍ଣ୍ଣ ମାନିବ, ଯେତିକି ମୃତ୍ୟୁର ପ୍ରଶ୍ନ ଆଉ ସେତିକି ହିଁ କଠିନ। କୌଣସି ପ୍ରବୁଦ୍ଧ ଉତ୍ତର ନାହିଁ, କୌଣସି ସମାଧାନ ନାହିଁ ଆଉ ଏହି ରାସ୍ତାର କିଛି ବି ସଂକେତ ଏଯାଏ ମିଳିନି। ଏହି ଦୁଇଟି ସମସ୍ୟା ଯାହାକୁ ଆମେ ବନ୍ଦ ଲଫାପା ପରି, ଖୋଲିବା ବିନା, ହାତରେ ଧରି ବୁଲୁଛେ, ତାହା ପାଇଁ କୌଣସି ସାମାନ୍ୟ ନିୟମ ଖୋଜି ପାଇବା ସମ୍ଭବ ହୋଇନପାରେ।

କିନ୍ତୁ ଏହି ସ୍ତରରେ ଆମେ ବୈୟକ୍ତିକ ରୂପରେ ଜୀବନକୁ ଖୋଜିବା ବି ଆରମ୍ଭ କରୁ। ସେହି ସ୍ତରରେ ଏହି ମହାନ ଜିନିଷଗୁଡ଼ିକ ଗଭୀର ଅନ୍ତରଂଗତା ସହିତ ଆମର ଧରାତଳ ହେବ। ପ୍ରେମ ଯେମିତି କଠିନ କାର୍ଯ୍ୟ ବାସ୍ତବରେ ପରିପକ୍ୱ ହେବାର ଅଭିଭୂତ ହେବାର ଦାବୀକରେ। ଏହା ଜୀବନଠାରୁ ବଡ଼। କିନ୍ତୁ ଏବେ ନୂତନ କିମ୍ବା ଅପରିପକ୍ୱ ହେବା କାରଣରୁ ଆମେ ଏଥିପାଇଁ ପ୍ରସ୍ତୁତ ହେଉନେ। ଯଦି ଆମେ ଏହାକୁ ସୁରକ୍ଷିତ ଆଉ ପ୍ରେମକୁ ନିଜ ଉପରେ ଗୋଟିଏ ବୋଝ ରୂପରେ ସ୍ୱୀକାର କରିବା ଆଉ

ସମୟର ଶିକ୍ଷା ରୂପରେ ମାନିବା- ନିଜକୁ ଏହି ତୁଚ୍ଛ ଏବଂ ବେକାର ଖେଳରେ ହଜାଇ ଦେବାବିନା- ଯାହା ପଛରେ ଲୋକମାନେ ନିଜର ଅସ୍ତିତ୍ୱର ଗମ୍ଭୀରତାକୁ ଲୁଚାଇଛନ୍ତି, ତେବେ ତାହା ହୁଏତ ଆମ ପରେ ଆସିବା ପିଢ଼ିକୁ ଟିକିଏ ଆରାମ ମିଳିବ, ଟିକିଏ ଆଗକୁ ଚିନ୍ତା କରି ପାରିବେ ଆଉ ହୁଏତ ଏହା ଗୋଟିଏ ବଡ଼ କାର୍ଯ୍ୟ ହେବ।

ଏବେ ଆମେ ଏହି ବିନ୍ଦୁ ଉପରକୁ ଆସୁଛେ, ଯେଉଁଠି ଜଣେ ବ୍ୟକ୍ତିର ଅନ୍ୟ ବ୍ୟକ୍ତି ସହିତ ସମ୍ବନ୍ଧକୁ ଆମେ ନିଷ୍ପକ୍ଷରେ ଆଉ ବିନା କୌଣସି ପୂର୍ବାଗ୍ରହରେ ଦେଖିପାରିବା ଆଉ ବୁଝିପାରିବା। ଏହି ଧରଣର ସମ୍ବନ୍ଧ ଆମ ଜୀଇଁବାର ଚେଷ୍ଟାରେ ଆମର କୌଣସି ଆଦର୍ଶ ହୋଇନଥାଏ। ପୁଣି ବଦଳୁଥିବା ସମୟରେ କିଛି ଏମିତି ଜିନିଷ ଥାଏ, ଯାହା ଆମକୁ ଆରମ୍ଭରେ ସାହାଯ୍ୟ କରେ ଭୟଭୀତ ଥିବାବେଳେ।

ଯୁବତୀ ଓ ସ୍ତ୍ରୀଲୋକ ନିଜର ନୂତନ ବ୍ୟକ୍ତିଗତ ପରିଚୟର ସନ୍ଧାନରେ, ନିଜକୁ ଆଗକୁ ବଢ଼ାଇବାରେ କେବଳ ଅସ୍ଥାୟୀ ରୂପରେ ପୁରୁଷମାନଙ୍କର କଠୋରତାର, ତାଙ୍କ ବ୍ୟବହାରର ଆଉ ତାଙ୍କ ପେଶାର ଅନୁସରଣକାରିଣୀ ହୋଇକରି ରହିଯିବେ। ଆଉ ଅସୁରକ୍ଷାରେ ଭରା ପରିବର୍ତ୍ତନର ଜରିଆରେ ନାରୀ ଯେତେବେଳେ ବାହାରକୁ ଆସେ ସେତେବେଳେ ଜଣା ପଡ଼େ ଯେ ନାରୀ ନିଜର ଅଗଣିତ ବେଶ ଆଉ ଅନେକ ପରିବର୍ତ୍ତନକୁ ନେଇ ପୁରୁଷମାନଙ୍କର ବିକୃତ ପ୍ରଭାବରୁ ନିଜକୁ ମୁକ୍ତ କରିଥାଏ।

ନାରୀ ବିକଶିତ ଏବଂ ଅଧିକ ମାନବୀୟ ହୋଇଥାଏ କାହିଁକି ନା ତା ଭିତରେ ଜୀବାତ୍ମା ଖୋଲା ହୃଦୟ ଏବଂ ତା ଭିତରେ ବିଶ୍ୱାସପୂର୍ଣ୍ଣ ଭାବରେ ବାସକରେ। ଏହି ବିକାଶ ପ୍ରେମର ଅନୁଭବକୁ ପରିବର୍ତ୍ତିତ କରି ଦେବ ଯାହା ଏବେ ବି ତ୍ରୁଟିପୂର୍ଣ୍ଣ ଆଉ ଏହା ପୂର୍ବରୁ ପୁରୁଷମାନେ ବିରୋଧ କଲେ ଯେଉଁମାନେ ଏହି ବିକାଶରେ ନାରୀମାନଙ୍କଠାରୁ ପଛରେ ରହିଗଲେ। ପ୍ରେମର ଅନୁଭବରେ ଏହି ପରିବର୍ତ୍ତନରୁ ସମ୍ବନ୍ଧ ପୁନର୍ବାର ନିର୍ମିତ ହେବ, ଦୁଇଜଣ ବ୍ୟକ୍ତିଙ୍କ ଭିତରେ, ପୁରୁଷ ଆଉ ନାରୀ ଭିତରେ ନୁହେଁ। ଆଉ ଏହି ମାନବୀୟ ପ୍ରେମ ସଂବେଦନଶୀଳ ଏବଂ ମନ୍ଦ ସ୍ଥିତିରେ ପୂର୍ଣ୍ଣତା ଯାଏଁ ପହଞ୍ଚିବ। ଏହି ପ୍ରେମ ପାଇଁ ଆବେଗର ସହିତ ପ୍ରସ୍ତୁତ ହେବାକୁ ପଡ଼ିବ ଯେଉଁଥିରେ ଦୁଇଟି ଏକେଲାପଣକୁ ସୀମାବଦ୍ଧ କରି, ଜଣେ ଅନ୍ୟଜଣକୁ ସ୍ୱୀକାର କରି, ଜଣେ ଅନ୍ୟଜଣକର ସୁରକ୍ଷା କରିବ।

ଆଉ ଗୋଟିଏ କଥା, ଏମିତି ଭାବନ୍ତୁନି ଯେ ନିଜର ତରୁଣାବସ୍ଥାରେ ଆପଣ ଯେଉଁ ପ୍ରେମକୁ ମାନୁଥିଲେ ଅଥବା ଆପଣଙ୍କୁ ସ୍ୱୀକାର୍ଯ୍ୟ ଥିଲା ତାହା କେଉଁଠି ହଜିଯାଇଛି। ଏହା କେମିତି ଆପଣ କହି ପାରିବେ ଯେ ଆପଣଙ୍କର ଅସଂଖ୍ୟ ଏବଂ

ଉଦାର ଇଚ୍ଛାଗୁଡ଼ିକ ସେହି ସମୟରେ ଅପରିବର୍ତ୍ତିତ ଆଉ ବିନା ଅର୍ଥର ଥିଲା, ଯାହା ସହିତ ଆପଣ ଏବେ ବି ରହୁଛନ୍ତି। ମୁଁ ବିଶ୍ୱାସର ସହିତ କହି ପାରିବି ଆଜି ବି ଏହି ପ୍ରେମ ଆପଣଙ୍କର ଏକେଲାପଣ ସହିତ ପ୍ରଥମ ଗଭୀର ଅନୁଭବ ଥିଲା ଆଉ ଜୀବନରେ କରାଯାଇଥିବା ପ୍ରଥମ କାର୍ଯ୍ୟ।

ଆପଣଙ୍କର,

ରାଇନେର ମାରିଆ ରିଲ୍‌କେ

ଅଷ୍ଟମ ଚିଠି

ବୋର୍ଗ୍ରେବୀ ଗର୍ଡ ଫ୍ଲେଦୀ, ସ୍ୱିଡେନ,
୧୨ ଅଗଷ୍ଟ,୧୯୦୪

ମୁଁ ଆପଣଙ୍କ ସହିତ କିଛି ସମୟ ପାଇଁ ପୁଣି ଥରେ କଥାବାର୍ତ୍ତା ହେବାକୁ ଚାହୁଁଛି, ଯଦିଓ ମୋ ପାଖରେ ମୁସ୍କିଲରେ ଏମିତି କିଛି କହିବାକୁ ଅଛି। ଆପଣଙ୍କର ଅନେକ ଗୁଡ଼ିଏ ଦୁଃଖଦ ଅନୁଭବ ହେଲା ଯାହା ଏବେ ବିତି ଗଲାଣି। ଆପଣ କହିଲେ ଯେ ସେଗୁଡ଼ିକର ବିତିଯିବା ବି ଦୁଃଖଦ ଏବଂ କଠିନ ଥିଲା। କିନ୍ତୁ ମୁଁ ଆପଣଙ୍କଠୁ ଜାଣିବାକୁ ଚାହୁଁଛି କ'ଣ ବିପଦ ସବୁ ଏମିତି ବିତିଗଲା ? କ'ଣ ଆପଣଙ୍କ ଭିତରେ ଅଳ୍ପ କିଛି ବି ବଦଳିଲାନି ? ହୁଏତ ଆପଣଙ୍କ ଭିତରେ କେଉଁଠି କିଛି ବଦଳି ଯାଇଥିବ, ଯେବେ ଆପଣ ଉଦାସ ଥିଲେ। କେବଳ ସେହି ଦୁଃଖ ଭୟଙ୍କର ଓ ହାନିକାରକ ଯାହାକୁ ଆମେ ଭିଡ଼ର କୋଳାହଳ ଭିତରେ ଭୁଲିବାର ଚେଷ୍ଟାକରୁ। ଯେମିତି କୌଣସି ରୋଗକୁ ଆମେ ଅପର୍ଯ୍ୟାପ୍ତ ଉପାୟରେ ଆଉ ଅଳ୍ପ ଜ୍ଞାନର ସହିତ ଠିକ୍ କରିବାକୁ ଚେଷ୍ଟା କରୁଛେ ଆଉ କିଛି ସମୟ ପାଇଁ ସେହି ରୋଗରୁ ମୁକ୍ତି ବି ପାଇଯାଉଛେ, କିନ୍ତୁ ଅଳ୍ପବେଳ ପରେ ତୀବ୍ରତାର ସହିତ ବେମାର ହୋଇ ଯାଉଛେ। ତାହା ଆପଣଙ୍କ ଭିତରେ ଜମା ହୋଇ ଆପଣଙ୍କର ଜୀବନ ହୋଇଯାଉଛି-ଗୋଟିଏ ଏମିତି ଜୀବନ ଯାହା ମୃତପ୍ରାୟ, ହାସ୍ୟାସ୍ପଦ ଆଉ ତିରସ୍କୃତ। ଯଦି ଆମେ ନିଜ ଜ୍ଞାନର ଉର୍ଦ୍ଧ୍ୱକୁ ଯାଇ ଆଉ ଆପଣାର ପୂର୍ବାଭାସରୁ ମୁକ୍ତ ହୋଇ ଦେଖିପାରନ୍ତେ ତାହେଲେ ହୁଏତ ଆମେ ଖୁସୀରୁ ଅଧିକ ନିଜ ଦୁଃଖକୁ ବିଶ୍ୱାସନୀୟତା ପୂର୍ବକ ଆପଣାଇ ପାରନ୍ତେ। କେବଳ ଏହି କ୍ଷଣ ହୋଇଥାଏ ଯେବେ ଆମ ଭିତରେ କିଛି ନୂଆ ପ୍ରବେଶ କରୁଛି, କିଛି ଏମିତି ଯାହା ଆମ ପାଇଁ ଅପରିଚିତ ହୋଇଥାଏ। ଆମର ଭାବନା ଲଜ୍ଜାରେ କାତର ହୋଇ ମୌନ ହୋଇଯାଏ। ଯାହା କିଛି ଆମ ଭିତରେ ଥାଏ, ଗୋଟେ ପାହୁଣ୍ଡ ପଛକୁ ହଟିଯାଏ। ଏକ ପ୍ରକାରର ଶାନ୍ତି ଘେରିନିଏ ଆଉ କିଛି ଅଜ୍ଞାତ ଯାହା ବିଷୟରେ କାହାକୁ ବି ଜଣା ନାହିଁ, କେନ୍ଦ୍ରକୁ ଆସିକରି ମୂକ ହୋଇଯାଏ।

ମୁଁ ମାନୁଛି ଯେ ଆମର ସବୁ ଦୁଃଖର କ୍ଷଣ ପ୍ରାୟତଃ ଚିନ୍ତାର ହୋଇଥାଏ, କାହିଁକି ନା ଆମ ବିରକ୍ତିରୁ ଆମ ଜୀବନର ଭାବନାଗୁଡ଼ିକର ସଂକେତ ମିଳେନି। ଆମେ ଡରୁଛେ ଯେ ଏହା ଆମକୁ ପଙ୍ଗୁ କରିଦେବ ଆଉ ଆମେ ଏହି ଅଜଣା ଅନୁଭବ ସହିତ ଏକେଲା ହୋଇ ଯାଉଛେ। ଗୋଟିଏ କ୍ଷଣ ପାଇଁ ସେହିସବୁ ଆମଠୁ ଦୂରେଇ ଯାଏ ଯାହା ଆମକୁ ଲାଗୁଥିଲା ଜଣାଶୁଣା ଆଉ ଆମର ନିଜର ବୋଲି। ଆମେ ପରିବର୍ତ୍ତନ ଭିତରେ ରହି ଯାଉଛେ ଯେଉଁଠି ଠିଆ ହେବା ବି ମୁସ୍କିଲ। ଏହା ହିଁ କାରଣ ଯେ ଅବସାଦ କ୍ଷଣ ବିତିଯାଏ ଆଉ ଆମ ଭିତରେ କିଛି ନୂଆ ଘଟେ ଏବଂ ତାହା ଆମ ଭିତରଯାଏଁ ପ୍ରବେଶ କରି ଆମ ମନର ଗଭୀରତାକୁ ଚାଲିଯାଏ। ସେଠି ତାହା ବହୁତ ବେଳଯାଏଁ ରହେ, କାହିଁକି ନା ତାହା ଆମ ରକ୍ତରେ ମିଶିଯାଇଥାଏ। ଆଉ ବୁଝି ପାରୁନେ ଯେ ଏହା କ'ଣ ଥିଲା। ସହଜରେ କ'ଣ କେହି ଆମକୁ ଏହିବିଶ୍ୱାସ ଦେଇପାରିବ ଯେ କିଛି ବି ହୋଇନି, ତଥାପି ଆମେ ବଦଳି ଯାଇଥାଉ ଯେମିତି କୌଣସି ଅତିଥି ଆସିବାରୁ ଘର ସେମିତି ହୋଇ ରହେନି। ଆମେ ଜାଣିନେ କିଏ ଆସୁଛି ଆଉ ହୁଏତ କେବେ ଜାଣି ବି ପାରିବାନି। କିନ୍ତୁ ବହୁତ ଗୁଡ଼ିଏ ସଂକେତ ନିଶ୍ଚିତ ଭାବରେ କହେ ଯେ ଆମ ଭବିଷ୍ୟତ ଘଟିତ ହେବା ପୂର୍ବରୁ ଆମ ଭିତର ରୂପାନ୍ତରିତ ହେବା ପାଇଁ ଆମ ଭିତରକୁ ଏମିତି ଭାବରେ ପ୍ରବେଶ କରେ। ଆଉ ଏଇଥିପାଇଁ ଦୁଃଖୀ ହେଲେ, ଜଣକୁ ଏକେଲା ରହିବାକୁ ହେବ ଏବଂ ଧ୍ୟାନ ଦେବାକୁ ପଡ଼ିବ। ଏମିତି ପ୍ରତୀତ ହୁଏ ଯେ କିଛି ବି ଘଟୁନି, ଯଦିଓ ଭବିଷ୍ୟତ ଆମ ଭିତରେ ବାସ୍ତବରେ ପ୍ରବେଶ କରୁଥାଏ। ସେହି ଅନ୍ୟାନ୍ୟ କୋଳାହଳ ଏବଂ ଅପ୍ରତ୍ୟାଶିତ ସମୟ, ବାହାରୁ ଆସିଥିବା କୌଣସି ଘଟଣାର ତୁଳନାରେ ଆମର ଅଧିକ ନିକଟରେ ଥାଏ। ଯେତେ ବେଶୀ ଆମେ ନିଜ ଦୁଃଖରେ ଶାନ୍ତ, ଧୈର୍ଯ୍ୟବାନ ଆଉ ଅଧିକ ଉଦାର ହେଉ, ସେତିକି ଅଧିକ ଦୃଢ଼ତାର ସହିତ ଆମ ଭିତରେ କିଛି ନୂଆ ପ୍ରବେଶ କରେ, ଗଭୀରତା ଭିତରକୁ ଯାଇ ଅବଶୋଷିତ ହୋଇଯାଏ। ଯେତେ ଆତ୍ମୀୟତା ସହିତ ଆମେ ଏହାକୁ ଆପଣାଇବା ସେତିକି ଏହା ଆମର ଭାଗ୍ୟ ପାଲଟିଯିବ। ଯେତେବେଳେ ଏହା ବାସ୍ତବରେ ଘଟିତ ହୁଏ (କହିବାକୁ ଗଲେ, ଯେତେବେଳେ ଏହା ଆମ ପାଖରୁ ଅନ୍ୟମାନଙ୍କ ପାଖକୁ ଚାଲିଯାଏ) ସେତେବେଳଯାଏଁ ଆମେ ଆମ ଭିତରେ ସ୍ୱୟଂକୁ ଏହାର ନିକଟରେ ଏବଂ ଏହା ସହିତ ଜଡ଼ିତ ହେବାର ଅନୁଭବ କରୁଛେ। ଏହା ଆବଶ୍ୟକ- ଆଉ ଏହି ଜାଗାକୁ ଆସି କରି ଆମେ ସେହି ଦିଶାରେ ଧୀରେ ଧୀରେ ଚାଲିଯାଉଛେ ଯେତେବେଳେ ଆମ ସହିତ କିଛି ବି ଅପ୍ରତ୍ୟାଶିତ ଘଟିବା ପରିବର୍ତ୍ତେ, ଏକ ଦୀର୍ଘ ସମୟରୁ ଯାହା ଆମ ସହିତ ଜଡ଼ିତ ଥିଲା, ତାହା ଘଟେ।

ଆମକୁ ପ୍ରଥମେ ଗତିବିଧିଗୁଡ଼ିକ ଉପରେ ବିଚାର କରିବାକୁ ପଡୁଥିଲା। ଏବେ ଆମେ ଏହାକୁ ଚିହ୍ନିବାର ଯୋଗ୍ୟ ହୋଇଗଲେଣି ଯେ ଯାହାକୁ ଆମେ ଭାଗ୍ୟ କହୁଛେ ତାହା ମାନବ ଜାତିରୁ ହିଁ ଜନ୍ମ ନେଉଛି। ଏହା କେଉଁଠୁ ବାହାରି ଆସୁନି ଅଧିକନ୍ତୁ ଲୋକମାନେ ଆପଣାର ଭାଗ୍ୟକୁ ତିଆରି କଲେ ଆଉ ନିଜ ଭିତରେ ପରିବର୍ତ୍ତନ କଲେନି, ଏହା ସେମାନଙ୍କ ଭିତରୁ ହିଁ ଉପୁଜିବ। ନିଜର ସନ୍ଦେହ କରିବାର ସ୍ୱଭାବ ଆଉ ଭୟର କାରଣରୁ ସେମାନେ ଏହା ସହିତ ଏତେ ଅପରିଚିତ ହୋଇ ରହନ୍ତି। ତାଙ୍କୁ ଲାଗୁଛି ଯେ ତାହା ଏବେ ଆସିଛି, ଯେତେବେଳେ ତାଙ୍କୁ ଏହା ଜଣାପଡ଼ିଯାଉଛି ଆଉ ସେମାନେ ରାଣ ପକାଇ କହୁଛନ୍ତି ଏହା ଆଗରୁ କେବେ ଏମିତି ସ୍ଥିତିର ସାକ୍ଷାତକାର ହୋଇନି। ଯେମିତି ବହୁ ସମୟ ପୂର୍ବରୁ ଲୋକମାନଙ୍କୁ ସୂର୍ଯ୍ୟର ଗତି ବିଷୟରେ ଭ୍ରାନ୍ତି ଥିଲା, ସେମିତି ହିଁ ଲୋକମାନେ ନିଜ ଜୀବନର ଘଟଣାଗୁଡ଼ିକ ବିଷୟରେ ଭୁଲ ଧାରଣାର ଶିକାର ହୋଇଛନ୍ତି। ଆମର ଭବିଷ୍ୟତ ନିଶ୍ଚିତ ଭାବରେ ଠିଆ ହୋଇରହେ, ଶ୍ରୀମାନ କାପୁସ, କିନ୍ତୁ ଆମେ ଅନନ୍ତ ଅନ୍ତରୀକ୍ଷର ଚାରିପଟେ ଘୂରିବୁଲୁଛେ। ପୁଣି ଏମିତି ସ୍ଥିତି ଆମ ପାଇଁ କେମିତି କଠିନ ହେବନି ?

ପୁଣି ଥରେ ଆମେ ଏକେଲାପଣ ବିଷୟକୁ ଫେରିବା। ଏବେ ଏହା ସ୍ପଷ୍ଟ ହୋଇ ସାରିଛି ଯେ ତାହା ଏମିତି ଜିନିଷ ନୁହେଁ ଯାହାକୁ ଆମେ ସ୍ୱୀକାର କରିପାରିବା ଅଥବା ସ୍ୱୀକାର କରିପାରିବାନି। ଆମେ ଏକେଲା ରହିଛେ। ଯଦି ଆମେ ଭାବିବା ଯେ ଏମିତି ନୁହେଁ ତାହେଲେ ଆମେ ଆମ ନିଜ ପ୍ରତି ପ୍ରତାରଣା କରୁଛେ। କେତେ ଭଲ ହେବ ଏହାକୁ ସତ ବୋଲି ମାନିନେଲେ ଯେ ଆମେ ଏକେଲା ଜୀବ। ଏଥିରେ ଆମ ମୁଣ୍ଡ ବୁଲେଇ ଦେବ କାହିଁକି ନା ସବୁ ବିନ୍ଦୁ ଯାହା ଏଯାଏଁ ଆମ ଲକ୍ଷ୍ୟରେ ଥିଲା ଆମଠୁ ଛଡ଼େଇ ନିଆଯିବ। ଆମ ଭିତରେ କିଛି ବି ପରିଚିତ ଅଥବା ନିକଟସ୍ଥ ହୋଇ ରହିବନି, ସବୁକିଛି ଦୂରରେ ଥିଲା ପରି ଲାଗିବ।

ଯିଏ ଏହି ପରିବର୍ତ୍ତନ ପାଇଁ ପ୍ରସ୍ତୁତ ନିହେଁ ତା'ର ଏମିତି ଅନୁଭୂତି ହେବ ସତେ ଯେମିତି ନିଜ ଘରୁ ବାହାର କରି କୌଣସି ପର୍ବତର ଶିଖର ଉପରେ ତାକୁ ଠିଆ କରିଦିଆଯାଇଛି। ଅସୁରକ୍ଷାର ଭାବନା ଆଉ ଅଜ୍ଞତାର ପ୍ରତି ସମର୍ପଣ ଭାବନାରେ ସିଏ ପ୍ରାୟ ନଷ୍ଟ ହୋଇଯିବ। ତାକୁ ଲାଗିବ ଯେମିତି ସିଏ ଖସି ପଡୁଛି କିମ୍ବା ତାକୁ ଲାଗିବ ଯେ ତାକୁ ଅନ୍ତରୀକ୍ଷରେ ଫିଙ୍ଗିଦିଆ ଯାଇଛି ଅଥବା ଅଲଗା ଅଲଗା ହଜାର ହଜାର ଟୁକୁଡ଼ାରେ ଭାଙ୍ଗିକରି ବିଞ୍ଚାଡ଼ି ହୋଇଯାଉଛି। ତା'ର ମସ୍ତିଷ୍କ ନିଜ ଇନ୍ଦ୍ରିୟଗୁଡ଼ିକ ସହିତ ସୌଖ୍ୟ ଲିଭାଇବା ପାଇଁ ଆଉ ତାକୁ ଠିକ୍ ବୋଲି ସାବ୍ୟସ୍ତ କରିବା ପାଇଁ ବହୁତ ମିଛ

କହିବ। ସବୁ ଦୂରତ୍ୱ ଆଉ ସବୁ ମାପଦଣ୍ଡ ଏମିତି ବ୍ୟକ୍ତି ପାଇଁ ବଦଳିଯାଏ, ଯିଏ ଏମିତି ଭାବରେ ହଠାତ୍ କରି ଏକେଲା ହୋଇଯାଏ।

କିଛି ଲୋକଙ୍କ ଭିତରେ ଏମିତି ପରିବର୍ତ୍ତନ, ତାଙ୍କୁ ତାଙ୍କର ପରିପ୍ରେକ୍ଷ ଭୁଲାଇ ଦିଏ ଆଉ ଶିଖର ଉପରେ ଠିଆ ହୋଇଥିବା ମନୁଷ୍ୟ ଭିତରେ ଯେମିତି ବିଚିତ୍ର ବିଚାର ଜନ୍ମ ନିଏ। ବିଚିତ୍ର ଅନୁଭବ ହେବାକୁ ଲାଗେ ଆଉ ସେମାନେ ସହିବାର ସୀମାର ବାହାରେ ବିକଶିତ ହେବାର ଲାଗନ୍ତି। କିନ୍ତୁ ଜରୁରୀ ଯେ ଆମେ ତାକୁ ବି ଅନୁଭବ କରୁ। ଯେପର୍ଯ୍ୟନ୍ତ ସମ୍ଭବ, ଅଭୂତପୂର୍ବ ସ୍ଥିତିକୁ ବି ସ୍ୱୀକାର କରିବାକୁ ହେବ। ଏତେ ଧୈର୍ଯ୍ୟ ତ ଆମକୁ ରଖିବାକୁ ହେବ, ସେହି ବିଚିତ୍ର ଅପରିଚିତ ଆଉ ନ ବୁଝାଇ ପାରିବା ଭଳି ସ୍ଥିତିର ଆମେ ସାମ୍ନା କରିପାରିବା।

ଏମିତି ସମୟରେ ଲୋକମାନେ କାପୁରୁଷ ହୋଇଯାନ୍ତି। ଏହା ଯଥାର୍ଥରେ ତାଙ୍କ ପାଇଁ ଘାତକ ସିଦ୍ଧ ହୋଇଛି। ସେହି ଅନୁଭବ ଯାହାକୁ "ଭୂତିଆ" କହନ୍ତି, ଆତ୍ମାଗୁଡ଼ିକର ଦୁନିଆ। ମୃତ୍ୟୁ ଏବଂ ତା' ସହିତ ଜଡ଼ିତ ଅନ୍ୟ ସବୁକଥା ଆମର ଦୈନିକ ପ୍ରତିରୋଧ ଫଳରେ ଜୀବନର ବାହାରକୁ ଚାଲିଯାଏ। ଏମିତି କି ଆମର ଚେତନା ଯାହା ସାହାଯ୍ୟରେ ଏହି କଥାଗୁଡ଼ିକ ଆମର ହୃଦୟଙ୍ଗମ ହୁଏ, ସେଗୁଡ଼ିକ କ୍ଷୀଣ ହୋଇଯାଏ। ଈଶ୍ୱରଙ୍କ କଥା ତ ଆମେ ନ କହିଲେ ଭଲ।

ଅଜ୍ଞାତ ପ୍ରତି ଭୟ ନ କେବଳ ମନୁଷ୍ୟର ଅସ୍ତିତ୍ୱକୁ ଦେବାଳିଆ କରିଦେଇଛି, ଜଣେ ବ୍ୟକ୍ତିର ଅନ୍ୟ ବ୍ୟକ୍ତି ସହିତ ସମ୍ବନ୍ଧକୁ ବି ସଂକୁଚିତ କରିଦେଇଛି। ଯେମିତି ଅନନ୍ତ ସମ୍ଭାବନାକୁ ନଦୀ-ଶଯ୍ୟାରୁ ଉଠାଇ କରି କୌଣସି ବଂଜର ଭୂମି ଉପରେ ଫିଙ୍ଗିଦିଆ ଯାଇଛି, ଯେଉଁଠି କିଚି ଉପୁଜାଇ ହେବନି। ଏହି ନୀରସ ଆଉ ନବୀକରଣ ରହିତ ଦିଶା ପାଇଁ ନ କେବଳ ନିଷ୍କ୍ରିୟତା ହିଁ ଦାୟୀ ବରଂ ଘୃଣା ବି ପ୍ରତ୍ୟେକ ନୂଆ ଜିନିଷ ପାଇଁ, ପ୍ରତ୍ୟେକ ଅପରିଚିତ ଅନୁଭବ ପାଇଁ ଦାୟୀ ଯାହାକୁ ଆମେ ମାନିବାକୁ ଅସ୍ୱୀକାର କରୁଛେ।

କେବଳ ବଞ୍ଚିରହିବାଠାରୁ ବଢ଼ି କରି, ଜୀବନର ସମ୍ବନ୍ଧ ତାଙ୍କ ଭାଗ୍ୟରେ ଥାଏ ଯିଏ ଜୀବନରେ କୌଣସି ଜିନିଷର ସମ୍ମୁଖୀନ ହେବାକୁ ସାହସ କରନ୍ତି। ଯିଏ ରହସ୍ୟପୂର୍ଣ୍ଣତାକୁ ନିଜ ଜୀବନରୁ ଅଲଗା କରନ୍ତିନି, ସେମାନେ ହିଁ ନିଜ ଜୀବନର ଉତ୍ତମ ସ୍ରୋତର ଭରପୂର ଆନନ୍ଦ ଉଠାଇ ପାରନ୍ତି। ଯଦି ଏହି ଅବସ୍ଥାର ତୁଳନା କୌଣସି ଛୋଟ ବା ବଡ଼ କୋଠରୀ ସହିତ କରୁଛେ ତେବେ ଏହା ସ୍ପଷ୍ଟ ହେଉଛି ଯେ ଅଧିକତର ଲୋକ ଏହି କୋଠରୀର କୌଣସି କୋଣ, ହୁଏତ ଝରକା ପାଖରେ ଟହଲନ୍ତି ଆଉ ଖାଲି ତା' ସହିତ ହିଁ ପରିଚିତ ହୋଇଥାନ୍ତି। ଏମିତି ଭାବରେ ସେମାନେ

ସ୍ୱୟଂଙ୍କୁ ସୁରକ୍ଷିତ ବି ଅନୁଭବ କରନ୍ତି। ଯଦିଓ ପ୍ରତ୍ୟେକ ଅନିଶ୍ଚିତତା ବିପଦରେ ପୂର୍ଣ୍ଣ ହୋଇ ରହିଥାଏ ଆଉ ଏହା ମନୁଷ୍ୟର ଜୀବନ ସହିତ ହୋଇଥାଏ। ଏଡ଼୍‌ଗାର ଏଲନ ପୋଙ୍କ ଗଳ୍ପଗୁଡ଼ିକରେ ଏମିତି ହିଁ ଅନିଶ୍ଚିତତାର ବର୍ଣ୍ଣନା ରହିଛି ଯିଏ ବନ୍ଦୀମାନଙ୍କୁ ନିଜର ଭୟଙ୍କର କାରାଗାରଗୁଡ଼ିକର ରୂପରେଖାକୁ ବୁଝିବା ପାଇଁ ପ୍ରେରିତ କଲା ଯାହାଫଳରେ ସେମାନେ ସେଠି ଆପଣାର ଉପସ୍ଥିତିର ଅକଥନୀୟ ଭୟାବହତା ପ୍ରତି ଅପରିଚିତ ରହିବେନି।

କିନ୍ତୁ ଆମେ ବନ୍ଦୀ ନୁହେଁ। ଆମକୁ ମାରିବା ପାଇଁ କୌଣସି ପିଞ୍ଜରା ନାହିଁ ବା ଫନ୍ଦା ବିଛାଯାଇନି। ଏଠି ଏମିତି କିଛି ନାହିଁ ଯାହା ଦେଖିକରି ଆମେ ଡରିବା। ଆମକୁ ଏଠାକୁ ଅଣାଯାଇଛି ଆଉ ଅନୁକୂଳ ପରିସ୍ଥିତିରେ ରଖା ଯାଇଛି। ହଜାରହଜାର ବର୍ଷର ଅନୁକୂଳତା ପରେ ଏହି ଜୀବନର ପ୍ରତିରୂପ ପାଇଛେ। ଆମେ ସ୍ଥିର ହୋଇ ରହିଲେ ସେହି ତତ୍ତ୍ୱଗୁଡ଼ିକରେ ଘେରିହୋଇ ରହିବା, ଅଲଗା ହୋଇ ପାରିବାନି। ଆମେ ଦୁନିଆ ଉପରେ ବିଶ୍ୱାସ ନ କରିବାର କୌଣସି କାରଣ ନାହିଁ କାହିଁକି ନା ଏହା ଆମ ବିରୁଦ୍ଧରେ ନୁହେଁ। ଯଦି ସେଥିରେ ଭୟ ଅଛି ତାହେଲେ ସେହି ଭୟ ଆମର। ଯଦି ଏଥିରେ ବିପଦ ଅଛି ତାହେଲେ ତାକୁ ଆମେ ଆପଣେଇ ନେବାକୁ ହେବ। ଯଦି ଆମେ ବଞ୍ଚିବାର ସିଦ୍ଧାନ୍ତ କରିନେବା ଯେ ଯାହା ମୁସ୍କିଲ ତାକୁ ଆମେ ଆପଣେଇବା ତେବେ ଆମକୁ ତାହା ବିଚିତ୍ର ଲାଗୁଛି ତାହା ହିଁ ସବୁଠୁ ବେଶୀ ପରିଚିତ ଓ ବିଶ୍ୱାସନୀୟ ମନେ ହେବ। ସେହି ପୌରାଣିକ କଥାକୁ ଆମେ କେମିତି ଭୁଲି ପାରିବା ଯାହା ସମଗ୍ର ମାନବଜାତିର ଆରମ୍ଭରୁ ରହିଛି, ଯେଉଁଥିରେ ଡ୍ରାଗନ୍ ଅନ୍ତିମ କ୍ଷଣରେ ସ୍ୱୟଂକୁ ରାଜକୁମାରୀରେ ପରିବର୍ତ୍ତିତ କରିଥିଲା ! ହୁଏତ ଆପଣଙ୍କ ଜୀବନରେ ସବୁ ଡ୍ରାଗନ୍ ହେଉଛନ୍ତି ରାଜକୁମାରୀ, ଯେଉଁମାନେ ଆମ ପାଇଁ ଅପେକ୍ଷା କରି ରହିଛନ୍ତି କେବଳ ଟିକିଏ ସୌନ୍ଦର୍ଯ୍ୟ ଏବଂ ସାହସ ଦେଖାଇବା ପାଇଁ। ଯାହା କିଛି ଆମକୁ ଭୟଙ୍କର ଦେଖା ଯାଉଛି, ହୁଏତ ମୂଳ ରୂପରେ ତାହା ଅସହାୟ ଏବଂ ସେଗୁଡ଼ିକୁ ଆମ ପାଖରୁ ସହାୟତାର ଆବଶ୍ୟକତା ରହିଛି।

ସୁତରାଂ ପ୍ରିୟ ଶ୍ରୀମାନ କାପୁସ, ଯଦି ଆପଣ ଏହି ସୀମାଯାଏଁ ନିଜକୁ ଦୁଃଖୀ ଅନୁଭବ କରନ୍ତି ଯେମିତି ପୂର୍ବରୁ କେବେ କରିନଥିଲେ ଅଥବା ଯାହା କିଛି ବି ଆପଣ କରୁଛନ୍ତି ତାହା ଉପରେ ଅଧୈର୍ଯ୍ୟପଣ ଛାଇଯିବ, ଯେମିତି ବିଜୁଳି ଆଉ ବାଦଲ ଆପଣଙ୍କ ହାତ ଉପରେ ହଜିଯାଉଛି। ଆପଣଙ୍କୁ ମାନିବା ଦରକାର ଯେ ଆପଣଙ୍କ ସହିତ କିଛି ହେଉଛି। ଜୀବନ ଆପଣଙ୍କୁ ଭୁଲିନି। ତାହା ଆପଣଙ୍କ ହାତକୁ ଧରି କରି ରଖିଛି, ପଡ଼ିଯିବାକୁ ଦେବନି।

ଆପଣ ନିଜ ଜୀବନରୁ କୌଣସି ଦୁଃଖ, ଚିନ୍ତା, ଉଦାସୀନତାକୁ କାହିଁକି ବାହାର କରିଦେବାକୁ ଚାହୁଁଛନ୍ତି, ଯେତେବେଳଯାଏଁ ଆପଣ ଜାଣିଯାଉ ନାହାନ୍ତି ଯେ ଏହିସବୁ ସ୍ଥିତିଗୁଡ଼ିକ ଆପଣଙ୍କ ଭିତରେ କ'ଣ ପୂର୍ଣ୍ଣ କରୁଛି ? ଆପଣ ଏହି ପ୍ରଶ୍ନ ସହିତ ଯେ ସବୁ କେଉଁଠୁ ଆସୁଛି ଆଉ କୁଆଡ଼େ ଯିବ, ନିଜକୁ କାହିଁକି କଷ୍ଟ ଦେଉଛନ୍ତି ? ଆପଣ ଜାଣନ୍ତିନି ଯେ ଏହା ଆପଣଙ୍କର ପରିବର୍ତ୍ତନର ସମୟ। ଯାହା କିଛି ଆପଣଙ୍କ ଭିତରେ ବଦଳୁଛି, ତାକୁ ବଦଳିବାକୁ ଦିଅନ୍ତୁ। ଏହା ଅତିରିକ୍ତ ଅନ୍ୟ କୌଣସି ଇଚ୍ଛା ରଖନ୍ତୁନି। ଯଦି ଆପଣଙ୍କର ଜୀବନରେ କିଛି ଭଲ ନାହିଁ, ତେବେ ବି ଏମିତି ମନେ କରନ୍ତୁ ଯେମିତି ରୋଗ ଏଇଥିପାଇଁ ଆସେ ଯାହା ଫଳରେ ଯାହା କିଛି ଭଲ ହେଉନି, ତାକୁ ଠିକ୍ କରି ହେବ। ଏମିତି ମାମଲାରେ ଆପଣଙ୍କୁ ବେମାର ହେବାର ସହାୟତା କରିବା ଦରକାର ଯାହା ଫଳରେ ରୋଗ ପାଖକୁ ଆସି ପାରିବେ ଆଉ ଯାହା କିଛି ଆପଣଙ୍କ ଭିତରେ ରହିଛି ତାହା ସମ୍ପୂର୍ଣ୍ଣ ରୂପେ ବାହାରକୁ ଆସି ପାରିବ।

ଆପଣଙ୍କ ଭିତରେ ଏବେ ବହୁତ କିଛି ଘଟିତ ହେଉଛି, ପ୍ରିୟ ଶ୍ରୀମାନ କାପୁସ। ଆପଣଙ୍କୁ ସେମିତି ଧୈର୍ଯ୍ୟ ରଖିବା ଜରୁରୀ ଯେମିତି କୌଣସି ବେମାର ଲୋକକୁ ରଖିବାକୁ ହୋଇଥାଏ। ସେତେ ଆଶାବାଦୀ ହେବା ଦରକାର ଯେତେ କୌଣସି ବେମାର ବ୍ୟକ୍ତି ଠିକ୍ ହେଉଥିବା ସମୟରେ ରହିଥାଏ। ଏହାଠୁ ବି ଅଧିକ ଆପଣ ନିଜେ ନିଜର ଡାକ୍ତର, ଯାହାଙ୍କୁ ଅନବରତ ତାହା ଉପରେ ନଜର ରଖିବା ଆବଶ୍ୟକ, ଯାହା ଆପଣଙ୍କ ସହିତ ହେଉଛି। କିନ୍ତୁ ପ୍ରତ୍ୟେକ ରୋଗରେ ବହୁତ ଗୁଡ଼ିଏ ଦିନ ଏମିତି ହୋଇଥାଏ, ଯେଉଁଥିରେ ଡାକ୍ତର କିଛି କରିପାରନ୍ତିନି, ପ୍ରତୀକ୍ଷା ବ୍ୟତୀତ। ପୁଣି ଆପଣ ସ୍ୱୟଂ ଆପଣାର ଡାକ୍ତର ହେବେ ତ ଆପଣଙ୍କୁ ବି ଏହା କରିବାକୁ ହେବ।

ଆପଣ ବହୁତ ନିକଟରୁ ନିଜକୁ ଲକ୍ଷ୍ୟ କରନ୍ତୁନି। ଯାହା କିଛି ବି ଆପଣଙ୍କ ସହିତ ହେଉଛି, ସେଥିରୁ ଶୀଘ୍ରତାର ସହିତ କୌଣସି ପରିଣାମ କାଢ଼ନ୍ତୁନି। ଯାହା ହେଉଛି ତାକୁ ହେବାକୁ ଦିଅନ୍ତୁ। ତାହା ନହେଲେ ଆପଣ ସହଜରେ ଏହାର ଦୋଷ ନିଜର ଅତୀତ ଉପରେ ଲଗାଇଦେବେ, ଯଦିଓ ବାସ୍ତବରେ ଆପଣ ଯାହା କିଛିର ସମ୍ମୁଖୀନ ହେଉଛନ୍ତି, ତାହା ଆପଣଙ୍କ ସହିତ ହେଉଥିବା ପ୍ରତ୍ୟେକ ଘଟଣାର ଅଂଶ। ଅନିଶ୍ଚିତତା, ପିଲାଦିନରେ ଇଚ୍ଛା ଓ ଅଭିଳାଷର ପ୍ରଭାବ ଯାହା ଆପଣଙ୍କର ବର୍ତ୍ତମାନ ଉପରେ ପଡୁଛି, ଇଏ ତାହା ନୁହେଁ ଯାହାକୁ ଆପଣ ମନେ ପକେଇ ନିନ୍ଦା କରୁଛନ୍ତି। ଏକେଲା ଆଉ ଅସହାୟ ଶୈଶବରେ ଅସାଧାରଣ ଦଶାଗୁଡ଼ିକ ଏତେ ମୁସ୍କିଲ, କଠିନ ଏବଂ ପ୍ରଭାବରେ ଅସୁରକ୍ଷିତ ହୋଇଥାନ୍ତି ଆଉ ଜୀବନର ବାସ୍ତବିକତା ଠାରୁ କୋଶେ

ଦୂରରେ ଯେ ଯେତେବେଳେ କୌଣସି ପାପାଚାର ଏଥିରେ ପ୍ରବେଶ କରିଯାଏ, ତେବେ ବି କେହି ଜଣେ ହେଲେ ତାକୁ ପାପାଚାର ବୋଲି କହେନି।

ଜଣେ ନାମାବଳୀ ପାଖରୁ ସତର୍କ ହୋଇ ରହିବା ଉଚିତ। ଏହା ସେହି ଅପରାଧର ନାମ ଯାହା ଜୀବନକୁ ଚୁରମାର୍ କରିଦିଏ ନା କି ସେହି ବ୍ୟକ୍ତିଗତ ଆଉ ଅନାମ କାର୍ଯ୍ୟ। ସେହି ବ୍ୟକ୍ତି ହୁଏତ ଆବଶ୍ୟକତାରେ ବାଧ ହୋଇ କରି କାର୍ଯ୍ୟ କରିଥିବ।

ଆପଣଙ୍କର ନିଜର ପ୍ରଚେଷ୍ଟା ଆପଣଙ୍କୁ ଏଇଥିପାଇଁ ଏତେ ମହାନ ଲାଗୁଛି, କାହିଁକି ନା ଆପଣ ସଫଳତାକୁ ଆବଶ୍ୟକତା ଅପେକ୍ଷା ବେଶୀ ମହତ୍ୱ ଦେଉଛନ୍ତି। ଆପଣଙ୍କର ଏହା ଭାବିବା ଯେ ଆପଣ କିଛି ଅର୍ଜନ କରିଛନ୍ତି, ଠିକ୍ ନୁହେଁ- ଯଦିଓ ଆପଣ ନିଜ ଜାଗାରେ ଠିକ୍। ବଡ଼ କଥା ଏହା ଯେ ପ୍ରଥମରୁ ଏମିତି କିଛି ଥିଲା, ଯେଉଁଠି ଆପଣ ଭ୍ରାନ୍ତିକୁ ସତ୍ୟ ଏବଂ ଯଥାର୍ଥରେ ପରିଣତ କରି ପାରିଥାନ୍ତେ। ଏହା ବିନା ଆପଣଙ୍କର ଜିତିଯିବା କେବଳ ଗୋଟିଏ ଅର୍ଥହୀନ କର୍ତ୍ତବ୍ୟପରାୟଣ ପ୍ରତିକ୍ରିୟା ହୋଇଥାନ୍ତା। ଯାହା ବି ହେଉ ଏହା ଆପଣଙ୍କ ଜୀବନର ଗୋଟିଏ ଯୁଗ। ଆପଣଙ୍କ ଜୀବନ, ପ୍ରିୟ ଶ୍ରୀମାନ କାପୁସ, ଯାହା ବିଷୟରେ ମୁଁ ବହୁତ ସବୁ ଶୁଭକାମନା ସହିତ ଭାବୁଛି। ଆପଣ କ'ଣ ନିଜ ପିଲାଦିନର କଥା ମନେ ପକେଇ ଏହା କହି ପାରିବେ ଯେ ଆପଣ ନିଜ ଜୀବନରେ କେତେ ଅଧିକ ମହାନତାର ଇଚ୍ଛା କରିଥିଲେ ? ଏବେ ମୁଁ ଦେଖି ପାରୁଛି, ଆପଣ ମହାନରୁ ମହାନତର ଆଡ଼େ ବଢୁଛନ୍ତି ଯେଉଁ କାରଣରୁ ମୁସ୍କିଲ କମ୍ ହେଉନି ହେଲେ ଏହା ଯୋଗୁ ବିକାଶ ଅବରୁଦ୍ଧ ହେବନି।

ଆଉ ଗୋଟିଏ କଥା ଆପଣଙ୍କୁ କହିବାକୁ ଚାହୁଁଛି, ଏହା ହେଲା: ଏମିତି ଭାବନ୍ତୁନି ଯେ କୌଣସି ବ୍ୟକ୍ତି ଯିଏ ଏହି ସମୟରେ ଆପଣଙ୍କୁ ସାନ୍ତ୍ୱନା ଦେଉଛି ଆଉ ଯାହାର ସାଦା-ସିଧା ଶବ୍ଦ କେବେ କେବେ ଆପଣଙ୍କୁ ଆନନ୍ଦ ଦେଉଛି, ତା' ଜୀବନରେ କିଛି କଷ୍ଟ ନାହିଁ। ତା' ଜୀବନ ଆପଣଙ୍କଠୁ ଅଧିକ, ବହୁତ ଅଧିକ ଦୁଃଖ ଓ କଷ୍ଟରେ ପରିପୂର୍ଣ୍ଣ ଆଉ ଆପଣଙ୍କଠୁ ସିଏ ବହୁତ ପଛରେ ଅଛି। ଏମିତି ହୋଇ ନଥିଲେ, ସିଏ ଏହିସବୁ ଶବ୍ଦ କହି ପାରିନଥାନ୍ତା।

ଆପଣଙ୍କର,

ରାଇନେର ମାରିଆ ରିଲ୍‌କେ

ନବମ ଚିଠି

ଫୁରୁବର୍ଗ, ଜନ୍‌ସିରିଡ୍, ସ୍ୱିଡେନ,
୪ ନଭେମ୍ବର, ୧୯୦୪

ପ୍ରିୟ ଶ୍ରୀମାନ କାପୁସ,

ବହୁତ ଦିନ ହେଲା ମୁଁ ଆପଣଙ୍କୁ ଚିଠି ଲେଖିନି। ଏହାଭିତରେ ଅନେକ ଜାଗାରେ ଘୂରି ବୁଲିଛି। ତା ଛଡ଼ା କିଛି ବ୍ୟସ୍ତତା ବି ଥିଲା। ଏମିତି କି ଆଜି ବି ଆପଣଙ୍କୁ ଲେଖିବାରେ ବେଶ୍ କଷ୍ଟ ହେଉଛି। ଆଜି ଆପଣଙ୍କୁ ଲେଖିବା ଆଗରୁ ଏତେ ଚିଠି ଲେଖିଛି ଯେ ହାତ ବଥଉଛି। ନିଜେ ନ ଲେଖି ଯଦି କାହାକୁ ଦେଇ ଲେଖେଇ ହୁଅନ୍ତା, ତାହେଲେ ଆଉ ଅଧିକ କଥା କହିପାରନ୍ତି। ଆଉ କ'ଣ କରିବି ! ଏହି ଅଳ୍ପ-ସଳ୍ପ କଥାଗୁଡ଼ିକୁ ଆପଣଙ୍କର ଦୀର୍ଘ ଚିଠିର ଉତ୍ତର ବୋଲି ଧରି ନିଅନ୍ତୁ।

ଆପଣଙ୍କ କଥା ପ୍ରାୟ ମନେ ପଡ଼େ। ଭାବେ ଆପଣଙ୍କୁ ନେଇ। ମନରେ ଭାବେ- ଆପଣ ଭଲରେ ରହନ୍ତୁ, ଭାବେ ଏହି ଶୁଭକାମନା ଯେମିତି ଆପଣଙ୍କର କାମରେ ଆସେ। ମୋ ଚିଠିଗୁଡ଼ିକ ସତରେ ଆପଣଙ୍କ କାମରେ ଆସେ କି ନାହିଁ ଏହା ନେଇ ମୁଁ ସନ୍ଦିହାନ। ଆପଣ ହୁଏତ ଆସେ କି ନାହିଁ ଏହା ନେଇ ମୁଁ ସନ୍ଦିହାନ। ଆପଣ ହୁଏତ ଏହାର ଇତିବାଚକ ଉତ୍ତର ଦେଇପାରିବେ। ଏହାର କୌଣସି ପ୍ରୟୋଜନ ନାହିଁ। ମୋତେ ଧନ୍ୟବାଦ ଦେବା ବିନା ଏହାକୁ ସ୍ୱୀକାର କରନ୍ତୁ, ପୁଣି ଦେଖିବା ଆଗକୁ କ'ଣ ହେଉଛି।

ହୁଏତ ଆପଣଙ୍କ ଚିଠିର ଉତ୍ତର ବିସ୍ତୃତ ଭାବରେ ଦେବା ଜରୁରୀ ନୁହେଁ। କ'ଣ କହିପାରିବି ଆପଣଙ୍କର ସନ୍ଦେହ ବିଷୟରେ, ଆପଣଙ୍କର ଆନ୍ତରିକ ଓ ବାହ୍ୟିକ ଦୁନିଆର ସମନ୍ୱୟ ରଖିବାରେ ଅକ୍ଷମତା ବିଷୟରେ କିମ୍ବା ସେହି ସବୁକିଛି ଯାହା ଆପଣଙ୍କ ଚିନ୍ତାର କାରଣ- ସେସବୁ ବିଷୟରେ ମୁଁ ଆଗରୁ ଆପଣଙ୍କୁ କହିଛି। ଏସବୁ ନେଇ ମୁଁ ଆଉ ନୂଆ କରି କିଛି କହିବାକୁ ଚାହେଁନି। ମୁଁ ଖାଲି ଚାହେଁ ହଜାର ମଣିଷଙ୍କ ଭିଡ଼ରେ କିମ୍ବା ନିଃସଙ୍ଗତାମୟ ଜୀବନରେ, ଯେ କୌଣସି ପରିସ୍ଥିତିରେ ଆପଣ ଧୈର୍ଯ୍ୟଶୀଳ ହୋଇ ରହନ୍ତୁ। ଯେମିତି ସବୁକିଛି ସହନ କରିବାକୁ ସକ୍ଷମ ହୁଅନ୍ତୁ

ଆଉ ଅଧିକ ଆତ୍ମବିଶ୍ୱାସୀ ହୋଇ ଉଠନ୍ତୁ। ଯେମିତି ଯେ କୌଣସି କଠିନ କାର୍ଯ୍ୟ ଆପଣଙ୍କ ପାଖରେ ସହଜ ହୋଇଯାଉ। ଆଉ ସରଳ ବିଶ୍ୱାସରେ ସବୁକିଛି ଗ୍ରହଣ କରନ୍ତୁ। ଯାହା ଘଟେ, ତାକୁ ଘଟିବାକୁ ଦିଅନ୍ତୁ ସାରା ଜୀବନ ଧରି। ବିଶ୍ୱାସ କରନ୍ତୁ ଜୀବନଠୁ ବଡ଼ ସତ୍ୟ କିଛି ନାହିଁ। ଜୀବନ ସବୁ ସମୟରେ ଠିକ୍ ବାଟରେ ଚାଲେ, ଏହି କଥା ବିଶ୍ୱାସ କରନ୍ତୁ।

ଏଥର ଅନୁଭୂତିର ପ୍ରସଙ୍ଗକୁ ଆସେ: ସେହି ସବୁ ଅନୁଭୂତି ବିଶୁଦ୍ଧ ଯେଉଁଗୁଡ଼ିକ ଆପଣଙ୍କୁ ଗନ୍ତବ୍ୟରେ ପହଞ୍ଚିବା ପାଇଁ ସହାୟତା କରେ, ଅନୁପ୍ରେରଣା ଦିଏ। ଆଉ ସେହି ସବୁ ଅନୁଭୂତି ଅଶୁଦ୍ଧ, ଯେଉଁଗୁଡ଼ିକ ଆପଣଙ୍କୁ ଗୋଟିଏ ମାତ୍ର ଦିଗକୁ ଆକୃଷ୍ଟ କରେ, ବିପଥକୁ ନେଇଯାଏ, ଧ୍ୱଂସ କରିଦିଏ। ଯେଉଁସବୁ ସ୍ମୃତି ଆପଣଙ୍କୁ ଶୈଶବକୁ ଫେରାଇ ନିଏ, ସେଗୁଡ଼ିକ ହିତବାଚକ। ଯାହା କିଛି ଆପଣଙ୍କୁ ବଡ଼ କରି ତୋଳେ, ଜୀବନର ସମସ୍ତ ମୁହୂର୍ତ୍ତରେ ତାହା ସଠିକ। ଯେ କୌଣସି ଅନୁଭୂତିର ତୀବ୍ରତା ଇତିବାଚକ; ଯଦି ତାହା ସ୍ପଷ୍ଟ ହୁଏ ଏବଂ ଆପଣଙ୍କ ରକ୍ତରେ ମିଶିଯାଇଥାଏ, ଯାହାକୁ ଆପଣ ଗଭୀର ଭାବେ ଦେଖି ପାରନ୍ତି ଆଉ ଯାହା ଆପଣଙ୍କର ଆନନ୍ଦର ଖୋରାକ। ମୁଁ କ'ଣ କହିବାକୁ ଚାହେଁ, ତାହା ଆପଣ ବୁଝି ପାରୁଛନ୍ତି ତ ?

ଆପଣଙ୍କର ସନ୍ଦେହ ଗୁଣରେ ପରିବର୍ତ୍ତି ହୋଇପାରେ, ଯଦି ଆପଣ ତା'ର ଠିକ୍ ଉପଯୋଗ କରନ୍ତି। ଏହାକୁ ଜ୍ଞାନର ଆହରଣ କରିବା ଉଚିତ୍, ଏହା ଆପଣଙ୍କର ଆଲୋଚକ ହେବା ଆବଶ୍ୟକ। ଯଦି ସନ୍ଦେହ ଆପଣଙ୍କର କିଛି ବିଗାଡ଼ିବାକୁ ଚାହୁଁଛି ତେବେ ତାକୁ ପଚାରନ୍ତୁ, ସିଏ ସ୍ୱୟଂ ବିଭ୍ରାନ୍ତିରେ ଅଛି କିମ୍ବା ବିରୋଧରେ। କିନ୍ତୁ ଛାଡ଼ନ୍ତୁନି। ତର୍କ କରନ୍ତୁ। ସତର୍କ ଓ ଦାୟିତ୍ୱବାନ ହୋଇ ରହନ୍ତୁ ଆଉ ସେହି ଦିନ ନିଶ୍ଚୟ ଆସିବ ଯେତେବେଳେ ସନ୍ଦେହ ଭକ୍ଷକରୁ ପରିବର୍ତ୍ତିତ ହୋଇକରି ଆପଣଙ୍କର ସବୁଠୁ ବିଶ୍ୱାସୀ ସେବକ ସାବ୍ୟସ୍ତ ହେବ। ଆପଣଙ୍କ ଜୀବନର ନିର୍ମାଣରେ ଯେଉଁମାନେ ଭୂମିକା ରଖନ୍ତି ସେମାନଙ୍କ ମଧ୍ୟରେ ସିଏ ହୋଇ ଉଠିବ ସବୁଠାରୁ ବୁଦ୍ଧିମାନ ଓ ଭରସାର ପାତ୍ର।

ଆଜି ମୁଁ ଆପଣଙ୍କୁ କେବଳ ଏତିକି କହିବି। କିନ୍ତୁ ଏହା ସହିତ ମୋର ଗୋଟିଏ କ୍ଷୁଦ୍ର କବିତାର ପ୍ରତିଲିପି ଆପଣଙ୍କ ପାଖକୁ ପଠାଉଛି, ଯାହା ଏବେ ପ୍ରାଗ୍‌ର ଡେଇଚେ ଅର୍ବିତ (Deutsehe Aebeit) ନାମକ ପତ୍ରିକାରେ ପ୍ରକାଶ ପାଇଛି। ମୁଁ ଏହି କବିତା ମାଧ୍ୟମରେ ପୁଣି ଥରେ ଆପଣଙ୍କୁ ଜୀବନ ଓ ମୃତ୍ୟୁ ବିଷୟରେ କହୁଛି। ବସ୍ତୁତଃ ଦୁଇଟିଯାକ ମହାନ ଏବଂ ଶକ୍ତିଶାଳୀ

ରାଇନେର ମାରିଆ ରିଲ୍‌କେ

ଦଶମ ଚିଠି

ପ୍ୟାରିସ,
୨୬ ଡିସେମ୍ବର, ୧୯୦୮

ଆପଣ ଜାଣିବେ, ଶ୍ରୀମାନ କାପୁସ, ଆପଣଙ୍କର ସୁନ୍ଦର ଚିଠିଗୁଡ଼ିକୁ ପାଇଲେ ମୁଁ କେତେ ଖୁସୀ ହୁଏ। ଯେଉଁ ନିଷ୍କପଟତା ଓ ସ୍ୱଷ୍ଟତାର ସହିତ ଆପଣ ମୋତେ ଖବରସବୁ ଦେଇଛନ୍ତି, ସେଗୁଡ଼ିକ ମୋ ପାଇଁ ଖୁବ୍ ଭଲ। ସେଗୁଡ଼ିକ ବିଷୟରେ ମୁଁ ବହୁତ ଦୂରଯାଏଁ ଭାବେ ଆଉ ସେଗୁଡ଼ିକୁ ପ୍ରକୃତରେ ଭଲ ବୋଲି ଅନୁଭବ କରେ। ବାସ୍ତବରେ ଏହି ଚିଠି ଆପଣଙ୍କୁ ଏମିତି ଭାବରେ ଲେଖିବାର ଚାହୁଁଥିଲି ଯେ କ୍ରିସମାସର ପୂର୍ବସଂଧ୍ୟାରେ ଆପଣଙ୍କୁ ମିଳିଯିବ। କିନ୍ତୁ ଅନେକ ଧରଣର କାମର ବୋଝ ଥିଲା, ଯାହା ଶୀତଋତୁରେ ନିରନ୍ତର ଆସିଥାଏ। ଆଉ କ୍ରିସମାସ ଅଚାନକ ଆସି କରି ବି ଚାଲିଗଲା। କିଛି ଜରୁରୀ କାମ ପାଇଁ ଆଉ ଚିଠି ଲେଖିବାକୁ ମୋତେ ସମୟ ମିଳିଲାନି।

କିନ୍ତୁ ଏହି ପାର୍ବଣ ସମୟରେ ମୁଁ ଆପଣଙ୍କ ବିଷୟରେ ପ୍ରାୟତଃ ଚିନ୍ତା କରିଛି। କଳ୍ପନାରେ ଭାବି ନେଇଛି ନିଜର ଗଡ଼ା ଦୁର୍ଗରେ ଆପଣ କେତେ ଏକାକୀ। ଯେମିତି ଆପଣ ଜଣେ ଏକେଲା ମଣିଷ ଠିଆ ହୋଇ ରହିଛନ୍ତି ପର୍ବତମାଳାର ମଝିରେ। ଆପଣଙ୍କ ଚାରିପାଖରେ ନିର୍ଜନ ପାହାଡ଼ର ପହରା। ଦକ୍ଷିଣା ପବନ ସବୁ ଶକ୍ତିନେଇ ଆଘାତ କରୁଛି ସତେ ଯେମିତି ସିଏ ତା'ର ବଡ଼ ଖଣ୍ଡଗୁଡ଼ିକୁ ଗିଳି ଦେବ।

ଏହି ନୈଶବ୍ଦ୍ୟର ମଧ୍ୟରେ ଏକାନ୍ତ ହୋଇ ମିଶି ରହିଛି ଗତି ଓ ଶବ୍ଦ। ସର୍ବବ୍ୟାପୀ ଏହାର ବିସ୍ତୃତି। କେହି ଯଦି ମନେ କରେ ବହୁ ଦୂରରେ ସମୁଦ୍ରର ଗର୍ଜନ ଏକାକାର ହୋଇ ମିଶିଯାଇଛି ଏହା ସହିତ, ତାହା ହୁଏତ ଐତିହାସିକ ସଂପ୍ରୀତିର ନିଦର୍ଶନ। ବିଶ୍ୱାସ ଓ ଧୈର୍ଯ୍ୟର ସହିତ ଏହି ଅଦ୍ଭୁତ ଏକାକୀତ୍ୱକୁ ଆପଣଙ୍କ ଭିତରେ ପ୍ରବେଶ କରିବାକୁ ଦିଅନ୍ତୁ। ଏବେ ଏହାକୁ ଆପଣଙ୍କ ଜୀବନରୁ କାଢ଼ି ନେଇ ହେବନି। ଆପଣ ଯାହା ବି କାର୍ଯ୍ୟ କରନ୍ତୁ ଅଥବା ଅନୁଭବ କରନ୍ତୁ ସେଗୁଡ଼ିକ ଭିତରେ ଏହା ଅନ୍ତର୍ନିହିତ ହୋଇ ରହିବ। ଯେମିତି ନିରନ୍ତର ପୂର୍ବପୁରୁଷମାନଙ୍କର ରକ୍ତ ଆମ ଦେହରେ ପ୍ରବାହିତ

ହୁଏ ଆଉ ଆମ ଜୀବନକୁ ଗଢ଼ିତୋଳେ ସ୍ୱତନ୍ତ୍ର ମଣିଷ ପରି । ଏହି ଏକାକୀତ୍ୱ ଜୀବନର ପ୍ରତ୍ୟେକଟି ମୋଡ଼ର ପରିବର୍ତ୍ତନରେ ଆମର ସଙ୍ଗୀ ହୋଇ ଆମ ପାଖରେ ରହିବ ।

ହଁ, ମୁଁ ଖୁସୀ ଯେ ଆପଣଙ୍କର ଜୀବିକା ସ୍ଥିର ଓ ସୁରକ୍ଷିତ ହୋଇଛି । ଆପଣଙ୍କର ସତ୍ତା, ଉପାଧି, ପୋଷାକ, ମିଲିଟାରୀ ସେବା, ଆପଣଙ୍କର ନିଜର ଦୁନିଆ ଚାରିପାଖରେ ଚିହ୍ନା ପରିବେଶ, ହେଲେ ଏସବୁର ସ୍ୱରୂପ ସ୍ପଷ୍ଟ ଓ ସୀମା ନିର୍ଦ୍ଧାରିତ । ଏଥିରେ ଆପଣ ନିଃସଙ୍ଗ ବୋଧ କରିପାରନ୍ତି । ଆପଣଙ୍କର ସୀମାବଦ୍ଧ ଏହି ଦୁନିଆର ଗଣ୍ଡିରୁ ବାହାରି ଏକେଲା ହୋଇଯାଏ ଆପଣଙ୍କର ସତ୍ତା । ସେତେବେଳେ ତା ପାଖରେ ପ୍ରୟୋଜନ ଓ ଗଭୀରତା ବଡ଼ ହୋଇ ଉଠେ । ଏହି ଏକାକୀତ୍ୱର ମାଧ୍ୟମରେ ଆପଣଙ୍କୁ ନିଜର ଅସ୍ତିତ୍ୱକୁ ଧରି ରଖିବାକୁ ହେବ । ଆପଣ ଯେଉଁ ଜୀବିକା ବାଛି ନେଇଛନ୍ତି, ସେହି ସାମରିକ ପେଶାରେ ସମୟ କଟାଇବା ବଡ଼ କଥା ନୁହେଁ । ଏଠାରେ ପ୍ରୟୋଜନ ଅସ୍ତିତ୍ୱର ଦୃଢ଼ତା ଏବଂ ଏହି ଦୃଢ଼ତାକୁ ଆହୁରି ଆଗେଇ ନେଇଯିବା ଦରକାର । ସେଥିପାଇଁ ଆବଶ୍ୟକ ମନଯୋଗୀ ଅନୁଶୀଳନ । ପରିସ୍ଥିତିର ସମ୍ମୁଖୀନ ହୋଇ ଆମକୁ କାମ କରିବାକୁ ହୁଏ । ପରିସ୍ଥିତି କେବେ ଆମକୁ ଠିଆ କରାଇଦିଏ ପ୍ରକୃତିର ମହାନ ଜିନିଷଗୁଡ଼ିକର ସମ୍ମୁଖରେ, ଯାହା ଆମ ପାଇଁ ସତରେ ଲୋଡ଼ା ।

କଳା ହେଲା ଜୀବନଯାପନର ଏକ ପ୍ରକ୍ରିୟା ଆଉ ଆମେ ସେହି ରାସ୍ତା ଉପରେ ଚାଲିପାରିବା । ଏଥିରେ କିଛି ଫରକ ପଡ଼ିବନି ଯେ ଆମେ କେମିତି ରହୁଛେ । ତାକୁ ଜାଣିବା ବିନା ଆଉ ତାକୁ ନେବା ବିନା ସ୍ୱୟଂ ପ୍ରସ୍ତୁତ କରି ଆମେ ଚାଲିପାରିବା । ସତ୍ୟ ସହିତ ପ୍ରତ୍ୟେକ ସାକ୍ଷାତକାର ପରେ ଆମେ ତା'ର ଆହୁରି ପାଖକୁ ଆସୁ । ତାଠାରୁ ବେଶୀ ନିକଟରେ ରହିଥିବାର ଯେଉଁ ଅକଳାତ୍ମକ ଜୀବିକାଗୁଡ଼ିକ ବାହାନା କରନ୍ତି ସେଗୁଡ଼ିକ ନା କେବଳ କଳାକୁ ହତାଦର କରନ୍ତି ଅଧିକନ୍ତୁ ତା'ର ଅସ୍ତିତ୍ୱ ଉପରେ ମଧ୍ୟ ପ୍ରଶ୍ନ ଉଠାନ୍ତି । ପତ୍ରକାର, ଆଲୋଚକ ଆଉ ଅଧିକତର ସାହିତ୍ୟିକ ଏହି କାମ କରନ୍ତି । ମୁଁ ଖୁସୀ ଯେ ଆପଣ ସେହି ଅସତ୍ୟ ଜୀବିକା ଗୁଡ଼ିକର ବିପଦରୁ ରକ୍ଷା ପାଇଛନ୍ତି ଏବଂ ବାସ୍ତବତା ଭିତରେ ହୋଇଛନ୍ତି ଏକାକୀ ଓ ସାହସୀ ।

ଆଗାମୀ ବର୍ଷ ଆପଣଙ୍କୁ ସୁରକ୍ଷିତ ରଖୁ ଏବଂ ଶକ୍ତି ପ୍ରଦାନ କରୁ ।

ସବୁବେଳ ପାଇଁ ଆପଣଙ୍କର, ଆର୍,ଏମ୍. ରିଲ୍‌କେ

କବିତା

(POEMS OF RAINER MARIA RILKE ର ଓଡ଼ିଆ ଅନୁବାଦ)
(ହିନ୍ଦୁସ୍ତାନ ଟାଇମ୍ସର ପ୍ରସ୍ତାବନା ସହିତ)

ଇଂରେଜୀ
ଜେସି ଲେମଣ୍ଟ

ଓଡ଼ିଆ
ମନୋରଂଜନ ପଟ୍ଟନାୟକ

ଅଗଷ୍ଟେ ରୋଡିନଙ୍କ ସ୍ମୃତିରେ ଯାହାଙ୍କ ମାଧମରେ ମୁଁ
ରାଇନେର ମାରିଆ ରିଲ୍‌କେଙ୍କୁ ଜାଣିଲି

ପ୍ରାପ୍ତି ସ୍ୱୀକାର

ଏହି ପୁସ୍ତକରେ କିଛି କବିତାଗୁଡ଼ିକୁ ପୁନର୍ବାର ପ୍ରକାଶ କରିବା ପାଇଁ ଅନୁମତି ଦେଇଥିବାରୁ ପୋଏଟ୍ରୀ-ଏ-ମ୍ୟାଗାଜିନ୍ ଅଫ୍ ଭର୍ସ ଏବଂ ପୋଏଟ ଲୋରର ସଂପାଦକମାନଙ୍କ ପ୍ରତି ଅନୁବାଦକ କୃତଜ୍ଞ-ଆଉ ନିମ୍ନଲିଖିତ ସଂକଳନଗୁଡ଼ିକର ସଂକଳନକର୍ତ୍ତାମାନଙ୍କର-ଥୋମାସ ବାର୍ଡ ମୋଶରଙ୍କ ଦ୍ୱାରା ସଂପାଦିତ ଆମ୍ପୋରା ୨-କାର୍ଲ ଭନ୍ ଡୋରେନ୍ଙ୍କ ଦ୍ୱାରା ଚୟନ କରାଯାଇଥିବା ବିଶ୍ୱ କବିତାର କ୍ୟାଥୋଲିକ୍ ସଂକଳନ।

ସୂଚିପତ୍ର

ଭୂମିକା	୬୭
ପ୍ରସ୍ତାବନା	୬୯
ସାୟଂକାଳ	୮୫
କୁମାରୀ ମେରୀ	୮୬
ପୂର୍ବାଭାସ	୮୭
ଶରଦ ଋତୁ	୮୮
ମୌନ ପ୍ରହର	୮୯
ଦେବଦୂତଗଣ	୯୦
ଏକାନ୍ତ	୯୧
କିମ୍ବଦନ୍ତୀଗୁଡ଼ିକର ରାଜାମାନେ	୯୨
ଶୂରବୀର	୯୩
ବାଳକ	୯୪
ଦୀକ୍ଷା	୯୬
ପଡ଼ୋଶୀ	୯୮
ମୂର୍ତ୍ତିର ଗୀତ	୧୦୦
ଯୁବତୀଗଣ ୧	୧୦୨
ଯୁବତୀଗଣ ୨	୧୦୩
ବଧୂ	୧୦୫
ଶରଦ ଋତୁର ଦିନ	୧୦୬

ଚାନ୍ଦିନୀ ରାତି	୧୦୮
ଏପ୍ରିଲ୍‌ରେ	୧୦୯
ପିଲାଦିନର ସ୍ମୃତି	୧୧୧
ମୃତ୍ୟୁ	୧୧୩
ଅଶାନ୍ତି	୧୧୪
ସ୍ମରଣ	୧୧୬
ସଂଗୀତ	୧୧୮
ଯୁବତୀର ବିଷନ୍ନତା	୧୨୦
ନିଶ୍ଚିତକରଣ ବେଳେ ଯୁବତୀମାନେ	୧୨୨
ସେହି ନାରୀଜଣକ ଯିଏ ପ୍ରେମ କରୁଛି	୧୨୫
ପୋଷ୍ଟ ଡୁ କ୍ୟାରୋସେଲ୍‌	୧୨୬
ପାଗଳପଣ	୧୨୭
ବିଳାପ	୧୨୯
ପ୍ରତୀକ	୧୩୦

ନୂତନ କବିତାସମୂହ

ପ୍ରାଥମିକ ଆପୋଲୋ	୧୩୧
ଜଣେ ଯୁବତୀର କବର	୧୩୩
କବି	୧୩୫
ଚିତାବାଘ	୧୩୬
ଅନ୍ଧ ହୋଇଯିବା	୧୩୭
ସ୍ପେନୀୟ ନର୍ତ୍ତକୀ	୧୩୯
ଅର୍ପଣ	୧୪୧
ପ୍ରଣୟ ଗୀତ	୧୪୩
ଆପୋଲୋର ପୁରାତନ ଗଣ୍ଠି	୧୪୪

ପ୍ରହରର ପୋଥି

ଭିକ୍ଷୁଙ୍କ ଜୀବନର ପୁସ୍ତକ	୧୪୬
ତୀର୍ଥଯାତ୍ରାର ପୁସ୍ତକ	୧୫୧
ଦରିଦ୍ରତାର ଓ ମୃତ୍ୟୁର ପୁସ୍ତକ	୧୫୬

ଭୂମିକା

ବ୍ୟାପକ ଭାବରେ କାବ୍ୟ ଦୃଷ୍ଟିରୁ ସବୁଠୁ ପ୍ରଖର ଜର୍ମାନ ଭାଷାର କବିମାନଙ୍କ ମଧ୍ୟରୁ ଜଣେ ବୋଲି ଗଣା ଯାଉଥିବା ରାଇନେର ମାରିଆ ରିଲ୍କେ କାବ୍ୟରଚନା ଓ କଳ୍ପନାର ନୂଆ ପ୍ରୟୋଗ ଏବଂ ସୌନ୍ଦର୍ଯ୍ୟ ଦର୍ଶନର ମାଧ୍ୟମରେ କବିତା କ୍ଷେତ୍ରକୁ ବିସ୍ତାରିତ କରିବାର ଚେଷ୍ଟାରେ ଥିଲେ ଅଦ୍ୱିତୀୟ। ସିଏ ଖ୍ରୀଷ୍ଟୀୟ ଧର୍ମର ନିୟମଗୁଡ଼ିକୁ ଖାରିଜ୍ କରିଥିଲେ ଏବଂ ସୌନ୍ଦର୍ଯ୍ୟ ଆଉ ପୀଡ଼ା, ଜୀବନ ଆଉ ମୃତ୍ୟୁକୁ ସାଉଁଣ୍ଟିବାର ଚେଷ୍ଟା କରିଥିଲେ। ଇଂରେଜୀ ସାହିତ୍ୟକାର ଓ ସମୀକ୍ଷକ ସି.ଏମ୍.ବୋଓ୍ୱରା (C.M.BOWRA) ତାଙ୍କ ଲିଖିତ ପୁସ୍ତକ "ASPECTS OF HIS MIND AND POETRY" ରେ ଲିଲ୍କେଙ୍କ ପାଇଁ ମନ୍ତବ୍ୟ ପ୍ରକାଶ କରିଛନ୍ତି, "Where others have found a unifying principle for themselves in religion or morality or the search of truth, Rilke found his in the search for impressions and the hope these could be turned into poetry... for him Art was what mattered most in life."

ରିଲ୍କେଙ୍କର ସାହିତ୍ୟକୃତି ଉନବିଂଶ ଶତାବ୍ଦୀର ଅନ୍ତ ଆଉ ବିଂଶ ଶତାବ୍ଦୀର ଆରମ୍ଭଯାଏଁ ପ୍ରସାରିତ ହୋଇଛି, ଯାହା ପାରମ୍ପରିକ ରୋମାଣ୍ଟିକ ଯୁଗ ଏବଂ ଆଧୁନିକତାର ବଢୁଥିବା ଜୁଆର ମଝିରେ ଥିବା ଖାଇରେ ସେତୁବନ୍ଧ ବାନ୍ଧିଛି।

ରିଲ୍କେଙ୍କ ସାହିତ୍ୟକୁ ଭଲ ଭାବରେ ବୁଝିବାକୁ ଏବଂ ତାହାର ବିବେଚନା କରିବା ପାଇଁ ତାଙ୍କ ଜୀବନ-ଦର୍ଶନକୁ ବୁଝିବା ଆବଶ୍ୟକ ଆଉ ଉପଯୁକ୍ତ ହେବ। ଯେଉଁ କଥାଗୁଡ଼ିକର ପ୍ରଭାବ ରିଲ୍କେଙ୍କ ଉପରେ ରହିଥିବ ସେହିସବୁ ଅନୁଭବଗୁଡ଼ିକର ଅଭିବ୍ୟକ୍ତି କେମିତି ଭାବରେ ତାଙ୍କ ସାହିତ୍ୟରେ ହେଲା, କେଉଁ ଉପକରଣଗୁଡ଼ିକୁ ସିଏ ଜରୁରୀ ବୋଲି ମନେ କଲେ- ଏହାସବୁ ଗଭୀର ଚର୍ଚ୍ଚାର ବିଷୟ।

ରିଲ୍କେଙ୍କର କବିତାର ଭାଷାର ସୂକ୍ଷ୍ମତା ପ୍ରତି ଗଭୀର ସଂବେଦନଶୀଳତାର ବିଶେଷତା ରହିଛି। ଏକାକୀପଣ କିମ୍ବା ଏକାନ୍ତ ବିଷୟକୁ ନିଜ ରଚନାରେ ରିଲ୍କେ ବହୁତ ପ୍ରଧାନତା ଦେଇଛନ୍ତି। ନିସ୍ତବ୍ଧତା, ବୈୟକ୍ତିକତା, ବ୍ୟକ୍ତି-ବିକାଶ, ଧୈର୍ଯ୍ୟ, ସମୟ, ଦୂରତ୍ୱ-

ଏହିସବୁ ତତ୍ତ୍ୱଗୁଡ଼ିକୁ ରିଲ୍କେ ଏକାକୀପଣ ବିଷୟର ସହିତ ଗୁନ୍ଥି କରି ତାକୁ ବହୁତ ସହଜତା ଆଉ ମଜବୁତ୍ ଭାବରେ ରଖିଛନ୍ତି। ରିଲ୍କେ ମାନନ୍ତି ଯେ କେବଳ କବିତା ବା କଳାକାର କ୍ଷେତ୍ରରେ ନୁହେଁ ଅଧିକନ୍ତୁ ଜୀବନର ସତ୍ୟତା ଆଉ ପ୍ରାମାଣିକତା ସହ ଜୀଇଁବା ଦରକାର।

ରିଲ୍କେ ଥିଲେ ଜଣେ ପ୍ରୟୋଗବାଦୀ କବି। ନିଜ କବିତାଗୁଡ଼ିକରେ ସିଏ ଯେଉଁ ନୂଆ ବିଷୟବସ୍ତୁ (theme), ନୂଆ ଶୈଳୀ ଆଉ ନୂଆ ପଦ୍ଧତିର ପ୍ରୟୋଗ କରୁଥିଲେ, ସେହି ବିଷୟରେ ରିଲ୍କେଙ୍କ ପୂର୍ବରୁ କମିମାନେ ଖାଲି ପ୍ରୟୋଗର ଉଲ୍ଲେଖ ହିଁ କରୁଥିଲେ। କେବଳ ଶୈଳୀର କଥା ନୁହେଁ, ରିଲ୍କେ ନିଜର କବିତାଗୁଡ଼ିକରେ ଦର୍ଶାଇଛନ୍ତି ଯେ ନୂଆ ଧରଣର କବିତାଗୁଡ଼ିକର ବିଷୟରେ ବି ନୂଆ-ନୂଆ, ଗଭୀର ଆଉ ସୂକ୍ଷ୍ମ ହୋଇପାରେ ଅଲଗା ଅଲଗା ସମୟରେ ଲେଖାଯାଇଥିବା ନିଜର ସମସ୍ତ କବିତାଗୁଡ଼ିକର ଲେଖନକୁ ଜରିଆ ଭାବରେ ନେଇ ରିଲ୍କେ ତାହାସବୁ କରୁଥିଲେ ଯାହା ଜଣେ ଶୁଦ୍ଧ ଦାର୍ଶନିକ କରିଥାଏ।

ସମୟ, ଭାଗ୍ୟ, ମୃତ୍ୟୁ ଯେମିତି ବଡ଼ ଏବଂ ଗଭୀର ବିଷୟଗୁଡ଼ିକ ଉପରେ ତାଙ୍କର ବିଚାର ଅନନ୍ୟ। ସିଏ କ୍ୟାଥୋଲିକ୍ ହୋଇଥିଲେ ମଧ୍ୟ ପରମ୍ପରାବାଦୀ ବିଲ୍‌କୁଲ୍ ନଥିଲେ। ତଥାପି ଏହା ସ୍ପଷ୍ଟ ଯେ ଈଶ୍ୱରୀୟ ସତ୍ତା ଉପରେ ତାଙ୍କର ବିଶ୍ୱାସ ଥିଲା। ଧର୍ମ ବିରୁଦ୍ଧରେ କୌଣସି କଥା ତାଙ୍କ ମନରେ ନଥିଲା। କିନ୍ତୁ ଧର୍ମର ରୂଢ଼ିବାଦୀ ସ୍ୱରୂପଠୁ ସିଏ ଥିଲେ ଦୂରରେ।

ରିଲ୍କେ ମୂଳ ରୂପରେ ଥିଲେ ଜଣେ କବି। ସାହିତ୍ୟର ଅନ୍ୟ ବିଭାଗରେ ବି ସିଏ ଲେଖିଛନ୍ତି, କିନ୍ତୁ ତାଙ୍କର ମୂଳ ସାହିତ୍ୟିକ ଅଭିବ୍ୟକ୍ତି କବିତାଗୁଡ଼ିକର ଜରିଆରେ ହିଁ ହୋଇଛି। କଳାପ୍ରତି ତାଙ୍କର ସିଧା ଶୁଦ୍ଧ ବିଚାର ପ୍ରକୃତରେ ପ୍ରେରଣାଦାୟୀ। ସିଏ ମାନବ ଜୀବନ ଏବଂ ତାହାର ସମ୍ପୂର୍ଣ୍ଣ ଅସ୍ତିତ୍ୱ ଉପରେ ବିଚାରବ୍ୟକ୍ତ କରିଛନ୍ତି। ସିଏ ସମୟ, ପ୍ରକୃତି, ମନୁଷ୍ୟର ଇଚ୍ଛାସମୂହ ଉପରେ ଚର୍ଚ୍ଚା କରିଛନ୍ତି। ଏହା ସବୁ ଆତ୍ମିକ ପ୍ରଶ୍ନ। ତାଙ୍କ ରଚନାଗୁଡ଼ିକ ଆତ୍ମିକ ଆଉ ଆଧ୍ୟାତ୍ମିକ ବିଷୟ ସମୂହରେ ଏବଂ ଦାର୍ଶନିକତାରେ ପରିପୂର୍ଣ୍ଣ ହୋଇ ରହିଛି।

ତାଙ୍କର "କବିତାସଂଗ୍ରହ"ରେ ରହିଛି ପ୍ରଥମ କବିତାସମୂହ, ଚିତ୍ରସମୂହର ପୋଥି, ନୂତନ କବିତାସମୂହ ଏବଂ ପ୍ରହରର ପୋଥି।

"କବିତାସଂଗ୍ରହ" ହେଉଛି ଜେ.ସି.ଲେମଣ୍ଟ (Jessie Lemont)ଙ୍କ ଦ୍ୱାରା ରାଇନେର ମାରିଆ ରିଲ୍କେଙ୍କର "POEMS" ର ଓଡ଼ିଆ ଅନୁବାଦ ଯାହା ମୋ ଦ୍ୱାରା ଅନୂଦିତ ହୋଇ, ପ୍ରକାଶ ପାଇବାକୁ ଯାଉଛି। ରିଲ୍କେଙ୍କର କବିତାଗୁଡ଼ିକର ଅନୁବାଦ ଓଡ଼ିଶାର ସୁଧୀ ପାଠକ-ପାଠିକାମାନଙ୍କ ଦ୍ୱାରା ଆଦୃତ ହେବ ବୋଲି ଆଶା।

ଅନୁବାଦକ

ପ୍ରସ୍ତାବନା

ରାଇନେର ମାରିଆ ରିଲ୍‌କେଙ୍କର କବିତା

ପ୍ରତ୍ୟେକ ଯୁଗରେ ସବୁଠୁ ବଡ଼ ସମସ୍ୟା ହେଉଛି ନିଜର ସମ୍ପୂର୍ଣ୍ଣ କଳାତ୍ମକ ଅଭିବ୍ୟକ୍ତିକୁ ଖୋଜିବା । ଏହି ସମସ୍ୟା ଆଗରେ ବାକି ସବୁ ସମସ୍ୟାଗୁଡ଼ିକ ଗୌଣ ହୋଇକରି ରହିଯାଏ । ଇତିହାସ ଏହାର ଭୌତିକ ମାର୍ଗକୁ ପରିଭାଷିତ ଓ ନିର୍ଦ୍ଦେଶିତ କରେ, ବିଜ୍ଞାନ ଏହି ଭୌତିକ ଲକ୍ଷ୍ୟଗୁଡ଼ିକର ପ୍ରାପ୍ତିରେ ସହଯୋଗ କରେ, କିନ୍ତୁ କଳା ହିଁ ଯୁଗକୁ ତା'ର ଆଧ୍ୟାତ୍ମିକ ରୂପ, ତା'ର ଅନ୍ତିମ ଏବଂ ସ୍ଥାୟୀ ଅଭିବ୍ୟକ୍ତି ପ୍ରଦାନ କରେ, କଳାର ପ୍ରକ୍ରିୟା ଗୋଟିଏ ଏବଂ ଐନ୍ଦ୍ରିକ, ଯାହାର ଅବଧାରଣାର ଆଧାର ଇନ୍ଦ୍ରିୟଗୁଡ଼ିକର ସଂଗଠନର ସୂକ୍ଷ୍ମତା; ଆଉ ଅନ୍ୟପଟେ ଏହା ଅତ୍ୟନ୍ତ ବୈଜ୍ଞାନିକ, ଯେଉଁଥିରେ ସୃଜନର ମୂଲ୍ୟ, ଶିଳ୍ପ କୌଶଳ, ଉପକରଣ ଏବଂ ପ୍ରୟୋଗ କୌଶଳର ପ୍ରଭୁତ୍ୱ ଉପରେ ନିର୍ଭର କରେ । କଳା, ପ୍ରକୃତି ପରି, ଯାହା ଅତୀତ ଓ ଭବିଷ୍ୟତର ସବୁ ସମୟ ପାଇଁ ତାହାର ମହାନ ଆଉ ଏକମାତ୍ର ଭଣ୍ଡାର, ସବୁବେଳେ ଉନ୍ମୂଳନ ଓ ଚୟନ ପାଇଁ ଚେଷ୍ଟା କରେ । ଏହା ନିଜ ନିୟମଗୁଡ଼ିକର ଅନୁପ୍ରୟୋଗରେ କଠୋର ଓ କୁଳୀନ ଆଉ ସ୍ୱୟଂର ଉଦ୍ଦେଶ୍ୟ ଛଡ଼ା ଅନ୍ୟ କାହାର ସେବା କରିବାର ପ୍ରତୀକ ପରିଣତ ପ୍ରତି ଅଭେଦ୍ୟ । ଏହାର ଉଦ୍ଦେଶ୍ୟ ଜୀବନର ପ୍ରତୀକୀକରଣ । ଏହାର ଗର୍ଭଗୁଡ଼ିକରେ ବିଶାଳ ଉପଲବ୍ଧିର ନିର୍ମଳ, ଅନ୍ତିମ ଏବଂ ଶାନ୍ତ ଓ ନିୟନ୍ତ୍ରିତ ଏକାନ୍ତତା ରାଜତ୍ୱ କରେ ଯାହା ସବୁ ମହାନ ଜିନିଷଗୁଡ଼ିକର ନିର୍ମାଣର ଅନ୍ତିମ ମାନଦଣ୍ଡ ।

କବିତା ବିଷୟରେ କହିବା ହେଉଛି ଜୀବନକୁ ମାପିବାର ସବୁଠୁ ସୂକ୍ଷ୍ମ, ସବୁଠୁ କୋମଳ ଓ ସବୁଠୁ ସଠିକ ସାଧନର କଥା କହିବା ।

କବିତା ବାସ୍ତବିକତାର ସାର ଯେଉଁଥିରେ ଧ୍ୱନି, ରୂପ ଓ ରଂଗର ପ୍ରତି ଅତ୍ୟନ୍ତ ସଂବେଦନଶୀଳ ବୋଧରେ ସଂପନ୍ନ ବ୍ୟକ୍ତି ଦ୍ୱାରା ଦେଖାଯାଏ ଆଉ ଅଭିବ୍ୟକ୍ତ କରାଯାଏ, ତଥା ଜୀବନର ଘଟଣାଗୁଡ଼ିକ ପ୍ରତି ପ୍ରତିକ୍ରିୟାଗୁଡ଼ିକୁ ଲୟବଦ୍ଧ ଓ ଅନ୍ତ୍ୟମିଳନ ମୌଖିକ ପ୍ରତୀକଗୁଡ଼ିକରେ ଆକାର ଦେବାର ଶକ୍ତିରୁ ସଂପନ୍ନ ହୁଏ। ଛବି ଓ ମନୋଦଶାରେ ଯେଉଁ କ୍ଷଣଭଙ୍ଗୁରତା ପ୍ରତୀତ ହୁଏ, କବି ତାକୁ ଶାଶ୍ୱତ ମୂଲ୍ୟରେ ଢାଳିଦିଏ। ସୃଜନର ଏହି କାର୍ଯ୍ୟରେ ସିଏ ଅନନ୍ତ କାଳର ସେବା କରିଥାଏ।

କବିତା, ବିଶେଷ କରି ଗୀତିକାବ୍ୟକୁ ସର୍ବୋଚ୍ଚ କଳା ମାନିବା ଆବଶ୍ୟକ, କାହିଁକି ନା ତାହା ଅନ୍ୟ କଳାସମୂହ, ସଂଗୀତାତ୍ମକ, ପ୍ଲାଷ୍ଟିକାତ୍ମକ ଓ ଚିତ୍ରାତ୍ମକର ମିଳନରେ ହିଁ ପରିଣତ ହୁଏ।

ୟୁରୋପର ସର୍ବାଧିକ ପ୍ରତିଷ୍ଠିତ ସମକାଳୀନ କବିମାନେ, ପ୍ରତ୍ୟେକେ ନିଜ-ନିଜର ସ୍ୱଭାବ ଅନୁସାରେ, ଆମ ଯୁଗର ଆଧ୍ୟାତ୍ମିକ ସାର, ଏହାର ଭୟ ଓ ଅସଫଳତାଗୁଡ଼ିକୁ, ଏହାର ଆଶାଗୁଡ଼ିକୁ ଆଉ ଉଚ୍ଚ ଉପଲବ୍ଧିଗୁଡ଼ିକୁ ନିଜର ରଚନାସମୂହରେ ପ୍ରତିବିମ୍ବିତ କରିଛନ୍ତି: ମେଟରଲିଙ୍କ ନିଜର ତ୍ୟାଗଭାବର ସହିତ ଆଉ ଗୋଟିଏ ଧୂମିଳତାରେ ନିଜର ଲୀନ ହେବା ସହିତ, ଯେଉଁଠି ତାଙ୍କର ଛାୟାମୟ ଆକୃତିଗୁଡ଼ିକ ଭାଗ୍ୟ-ଭାରାକ୍ରାନ୍ତ ଧୂମିଳତାରେ ପ୍ରେତମାନଙ୍କ ପରି ଚୁପ୍‌ଚାପ୍ ବୁଲୁଛନ୍ତି; ଡେମେଲ, ଇଚ୍ଛାର ଉପାସକ ଭୌତିକତା ଆଉ ସବୁ ଭୌତିକ ଓ ମୂର୍ତ୍ତ ପଦାର୍ଥଗୁଡ଼ିକର ସୁନ୍ଦରତା ପ୍ରତି ନିଜ ଆବେଗର ସହିତ, ବେରହେରେନ, ଜଣେ ନୂଆ ଜୀବନଶକ୍ତିର ଦୂରଦର୍ଶୀ, ଯିଏ କ୍ଷେତ ଓ କାରଖାନାଗୁଡ଼ିକର କଠୋର ପରିଶ୍ରମରେ ଆମ ସମୟର ବୀରତାପୂର୍ଣ୍ଣ ମୁଦ୍ରା ଦେଖୁଛନ୍ତି ଆଉ ଯିଏ ନିଜ ଆତ୍ମାର ପ୍ରଚଣ୍ଡ କାବ୍ୟାତ୍ମକ ମନୋଦଶାର କାରଣରୁ ଉଦ୍ୟୋଗର ମହାନ ମହାକାବ୍ୟର ରଚନା କରିପାରିଥାଆନ୍ତେ।

କିଛି ବର୍ଷ ଆଗଯାଏଁ, ମହାଦ୍ୱୀପ ଉପରେ ଏକ ଅପେକ୍ଷାକୃତ ଛୋଟ ସମୁଦାୟ ପର୍ଯ୍ୟନ୍ତ ହିଁ ଜ୍ଞାତ, କିନ୍ତୁ ନିଜ ଦେଶର ସୀମା ପରେ ବି ତାଙ୍କ ନାମର ଲୋକପ୍ରିୟତାରେ ଅନବରତ ବୃଦ୍ଧି ହେବାରେ ଲାଗିଛି, ରାଇନେର ମାରିଆ ରିଲ୍କେଙ୍କର ବ୍ୟକ୍ତିତ୍ୱ ଆଜି ଆଧୁନିକ ୟୁରୋପର ସର୍ବାଧିକ ପ୍ରତିଷ୍ଠିତ କବିମାନଙ୍କ ସହିତ ଦଣ୍ଡାୟମାନ।

ଯେଉଁ ପୃଷ୍ଠଭୂମିରେ ରାଇନେର ମାରିଆ ରିଲ୍କେଙ୍କର ଚିତ୍ରଣ କରାଯାଇଛି, ତାହା ଏତେ ବିବିଧତାପୂର୍ଣ୍ଣ ହୋଇଛି, ତଥା ତାଙ୍କ ଜୀବନ ଉପରେ ପଡୁଥିବା ପ୍ରଭାବ ଏତେ ବିବିଧ ଯେ ତାଙ୍କ କାର୍ଯ୍ୟର ଅଧ୍ୟୟନ, ହୁଏତ କେତେ ଛୋଟ ହୋଇନଥାଉ କାହିଁକି, ସେହି ତତ୍ତ୍ୱଗୁଡ଼ିକୁ ଧ୍ୟାନରେ ରଖିବାକୁ ହେବ ଯାହା ମାଧ୍ୟମରେ ଏହି କବି ଜଣେ ମହାନ ଗୁରୁରୂପରେ ପରିପକ୍ୱ ହୋଇଛନ୍ତି।

ପ୍ରାଗ, ସେହି ସହର ଯେଉଁଠି ରିଲ୍କେଙ୍କର ଜନ୍ମ ୧୮୭୫ ମସିହାରେ ହୋଇଥିଲା, ଯାହାର ଭୟାବହ ମହଲ ଆଉ ଭାଙ୍ଗି ପଡୁଥିବା ମିନାର, ଯେଉଁଗୁଡ଼ିକ ପ୍ରାରମ୍ଭିକ ମଧ୍ୟଯୁଗରେ ତିଆରି ହୋଇଥିଲେ ଆଉ ଯାହା ଆମ ସମୟରେ ସେହି ଶକ୍ତିଶାଳୀ ହାତଗୁଡ଼ିକର ଧମକ ଭରା ଆଙ୍ଗୁଳିଗୁଡ଼ିକ ପରି ପହଞ୍ଚି ଯାଇଛନ୍ତି, ଯେଉଁ କେତେ ପୁରୁଷ ଧରି ତରବାରୀ ଚଳାଇଛନ୍ତି ଆଉ ଯାହା କେତେ ଜାତିମାନଙ୍କର କ୍ଷତର ରକ୍ତରେ ରଂଜିତ ହୋଇଛନ୍ତି; ସେହି ସହର ଯେଉଁଠି ଧୂସର ପୁରୁଣା ଧ୍ୱଂସାବଶେଷଗୁଡ଼ିକର ମଝିରେ ଗୋରୀ ଯୁବତୀଗଣ ଖେଳୁଛନ୍ତି ଅଥବା ସବୁଜ ଶୀତଳ ପାର୍କଗୁଡ଼ିକରେ ଆଉ ଛାୟାମୟ ଉଦ୍ୟାନଗୁଡ଼ିକରେ ହଜିଯାଇଛନ୍ତି ବିଭୋରତାରେ, ଯେଉଁଥିରେ ବୋହେମିୟାନ ରାଜଧାନୀରେ ପ୍ରଚୁର ରହିଛି, ବିଚିତ୍ରତା ଓ ସୁନ୍ଦରତାରେ ମିଶ୍ରିତ ଏହି ପ୍ରାଗ ତରୁଣଗଣଙ୍କ ଉପରେ ତାହାର ପ୍ରଥମ ଛାପ ଛାଡୁଛି।

ପ୍ରତ୍ୟେକ କଳାକାରର ଜୀନବରେ ଏମିତି ଗୋଟିଏ ପର୍ଯ୍ୟାୟ ଆସେ ଯେତେବେଳେ ତା'ର ପୂରା ଅସ୍ତିତ୍ୱ ଆଖପାଖ ଦୁନିଆର ଚିନ୍ତନରେ ହଜିଯାଇଥିବା ପରି ଲାଗେ, ଯେବେ କାମ କରିବା କଷ୍ଟକର ହୋଇଥାଏ, ଯେମିତି କୌଣସି ଜିନିଷକୁ ହିଂସକ ଭାବରେ ବାଧ୍ୟ କରିବା ଯାହା ନିଜ ସମୟର ଅପେକ୍ଷାରେ ଥିବ। ଏହା ତା'ର ସ୍ୱପ୍ନର ସମୟ, ଯେମିତି ପବିତ୍ର ବସନ୍ତର ପ୍ରାରମ୍ଭିକ ଦିନଗୁଡ଼ିକ ପବନ ଓ ବର୍ଷାର ପୂର୍ବରୁ ଆଉ ଆଲୋକକୁ କ୍ଷେତର ଫଳଗୁଡ଼ିକୁ ଛୁଇଁବା ଆଗରୁ, ଯେତେବେଳେ ସମ୍ପୂର୍ଣ୍ଣ ପ୍ରକୃତିରେ ଏକ ଚିନ୍ତାପୂର୍ଣ୍ଣ ଉଦାସ ନିଶ୍ଚୁପତା ରହିଥାଏ, ଯେଉଁଥିରେ ତୋଫାନର ବଳ ଏବଂ ଗ୍ରୀଷ୍ମର ସୂର୍ଯ୍ୟର ଚମକ ଗୁଡ଼େଇ ହୋଇ ରହିଥାଏ। ଏହା ତା'ର ସବୁଠୁ ଗହନ ସ୍ୱପ୍ନର ସମୟ ଆଉ ତା' ରକ୍ଷାଉପରେ ତା' ଜୀବନର କାମର ଅନ୍ତିମ ପ୍ରାପ୍ତି ନିର୍ଭର କରେ।

ଜିମ୍ନାସିୟମର ତରୁଣ ସ୍ନାତକର ପରିବାରର ପରମ୍ପରାଗୁଡ଼ିକର ଅନୁସାରେ ଜଣେ ସେନା ଅଧିକାରୀ ରୂପରେ କର୍ମଜୀବନ ଆରମ୍ଭ କରିବାକୁ ଥିଲା, ଗୋଟିଏ ପୁରୁଣା କୁଳୀନ ଘର ଯାହା ନିଜ ବଂଶକୁ କାରେନ୍ଥିୟାନ ବଂଶଠୁ ଦୂରକୁ ନେଇଯାଏ। ଯାହାହେଉ, ତାଙ୍କ ଆଗ୍ରହ ଜୀବନର ଉତ୍ତମ କଳାଗୁଡ଼ିକ ଆଡ଼େ ଏତେ ନିର୍ଣ୍ଣାୟକ ଥିଲା ଯେ ସିଏ ବହୁତ କମ୍ ସମୟ ପାଇଁ ମିଲିଟାରୀ ଏକାଡେମୀରେ ପଢ଼ିସାରିବା ପରେ ଦର୍ଶନ ଶାସ୍ତ୍ର ଓ କଳାର ଇତିହାସ ଅଧ୍ୟୟନ କରିବା ପାଇଁ ନିଜକୁ ସମର୍ପିତ କରିଦେଲେ।

ଯେତେବେଳେ କେହି ରିଲ୍କେଙ୍କର କବିତାଗୁଡ଼ିକର ପ୍ରଥମ କ୍ଷୁଦ୍ର ପୁସ୍ତକର ପୃଷ୍ଠାଗୁଡ଼ିକ ଓଲଟାଏ, ଯାହା ମୂଳରୂପରେ ୧୮୯୫ ମସିହାରେ ଲାରେନୋଫର ଶୀର୍ଷକରେ ପ୍ରକାଶିତ ହୋଇଥିଲା, ଆଉ ଯାହା ଅଳ୍ପ ବର୍ଣ୍ଣନାତ୍ମକ ନାମରେ ଏରଷ୍ଟେ

ଗେଡିଚ୍‌ତେ (Erste Gedichte) ଅଧୀନରେ ଏବର ସଂସ୍କରଣରେ ଛପି ଥିଲା, ତେବେ ପ୍ରସ୍ତୁତିରେ ନମନୀୟତା ସ୍ୱଚ୍ଛତା ଥିବା ସତ୍ତ୍ୱେ, କେହି ଶୀଘ୍ର ଅନୁଭବ କରୁଛି ଯେ ଏଠି ସିଏ କହେ ଯିଏ ନିଜ ପିଲାଦିନର ସ୍ୱପ୍ନ ଉପରେ ଦୀର୍ଘ ସମୟ ଯାଏ ଆଉ ପ୍ରେମରେ ଠିକି କରି ରହିଛି। ଯେମିତିକି ଶୀର୍ଷକରୁ ସଂକେତ ମିଳେ, ଏହି କବିତାଗୁଡ଼ିକ ଏକ ଶ୍ରଦ୍ଧାଞ୍ଜଳି, ଲାରେସ୍ (Lares) ଙ୍କ ପାଇଁ ଗୋଟିଏ ଭେଟ, ଯାହା ଘରୋଇ ନୀତି ତାଙ୍କ ନିଜ ସହରର। ପ୍ରାଗ ଆଉ ଆଖପାଖର ଦେଶଗୁଡ଼ିକ ପୁନରାବୃତ୍ତି ବିଷୟବସ୍ତୁ ଏହି କବିତାଗୁଡ଼ିକ ଭିତରୁ ପ୍ରାୟ ପ୍ରତ୍ୟେକଟିର। ଘାସ ପଡ଼ିଆ, ଯୁବତୀଗଣ, ସଂଧ୍ୟା ସମୟରେ କୃଷ୍ଣ ନଦୀ, ରାତିରେ ଧୂସର କୁହୁଡ଼ି ପରି ଉଠିକରି ଗିର୍ଜା ଘରର ମିନାରଗୁଡ଼ିକ ଆଶ୍ଚର୍ଯ୍ୟର ସହିତ ଦେଖାଦିଏ। ଏହିସବୁ କବିତାଗୁଡ଼ିକରେ ଗୋଟିଏ ଦମିତ ଅନୁସଙ୍ଗୀ ପରି ଦୁନିଆକୁ ଏମିତି ଭାବରେ ଦେଖିବାର କ୍ଷମତା ପାଇଁ ଅନୁକମ୍ପାର ସ୍ୱର ଶୁଣାଯାଏ, ସବୁ ଜିନିଷ ଗୁଡ଼ିକର ସଂଗୀତରେ ବୁଡ଼ି ରହି। "ମୁଁ ଯାହା କିଛି ବି ନିଜ ଭିତରେ ଅନୁଭବ କରୁଛି, ତାହା ସବୁ ବାହାରେ ଅଛି ଆଉ ମୋ ବାହାରେ ଓ ମୋ ଭିତରେ ସବୁକିଛି ଆନନ୍ଦମୟ, ଅସୀମ।"

ସହର ଓ ପରିଦୃଶ୍ୟର ଏହି ଚିତ୍ରଗୁଡ଼ିକ କବିଙ୍କ ସହିତ ସେମାନଙ୍କର ବ୍ୟକ୍ତିଗତ ସମ୍ପର୍କରୁ କେବେ ଅଲଗା ହୁଅନ୍ତିନି। ସିଏ ସେମାନଙ୍କ ଉପରେ ନିଜର ନିର୍ଭରତାକୁ ବହୁତ ଗଭୀରତାରୁ ଅନୁଭବ କରେ, ଯେମିତି ଗୋଟିଏ ପିଲା ଫୁଲ ଆଉ ତାରାମାନଙ୍କୁ ନିଜ ସମ୍ପତ୍ତି ଭାବରେ ଦେଖିଥାଏ। ପରେ ହିଁ ସିଏ ନିଜ କଳାରେ ଗୋଟିଏ ଅବୈକ୍ତିକ ବସ୍ତୁନିଷ୍ଠତାର ଉଚ୍ଚତାକୁ ପହଞ୍ଚିଯାଏ। ଏହି ପ୍ରାରମ୍ଭିକ କବିତାଗୁଡ଼ିକୁ ଏପରିଭାବରେ କିଶୋରାବସ୍ଥାରେ ରଚନାଗୁଡ଼ିକରୁ ଅଲଗା କରୁଥିବା ପ୍ରସ୍ତୁତିରେ ସଂଯମ, ଅଭିବ୍ୟକ୍ତିର ମିତବ୍ୟୟିତା ଆଉ ତୀବ୍ରତା ଏବଂ ଜିନିଷଗୁଡ଼ିକର ଆନ୍ତରିକ ଆବାଜକୁ ଶୁଣିବାର ସେହି ଗୁଣ ଅଛି ଯାହା କବିକୁ ମାନବତାର ଦ୍ରଷ୍ଟାରେ ପରିଣତ କରେ।

କବିତାଗିଡ଼ିକର ଦ୍ୱିତୀୟ ପୁସ୍ତକଟି ଦୁଇ ବର୍ଷ ପରେ ପ୍ରକାଶିତ ହେଲା ଆଉ ପ୍ରଥମ ଖଣ୍ଡ ପରି ହିଁ ଟ୍ରାମଗ୍ରେକ୍ରଁଟ (Traumgekroent) ବି ସେହି ସଂଗୀତରେ ଭରପୂର ଯାହା ବୋହେମିୟାନ ଲୋକଗୀତଗୁଡ଼ିକର କୋମଳ ଉଦାସ ସ୍ମୃତି ଜଗାଏ, ଯାହାର କୋମଳ ଲୟରେ ଜାତିର ବର୍ବର ଶକ୍ତି ଦୂରର ଅଶାନ୍ତ ସମୁଦ୍ରର ଲହଡ଼ି କୋଳକୁ ଧୀରେ ଧୀରେ ଛୁଇଁ କରି ବିଶ୍ରାମ ନିଏ। ଟ୍ରାମଗେକ୍ରଁଟର ବିଷୟବସ୍ତୁ ପ୍ରାଗର ତତ୍କାଳିକ ବାତାବରଣରୁ କିଛି ଆଗଯାଏଁ ପ୍ରସାରିତ ହୁଏ ଆଉ କିଛି ସବୁଠୁ ସୁନ୍ଦର କବିତାଗୁଡ଼ିକ ମେ ଓ ଜୁନ୍‌ର ବରଫାବୃତ ଫୁଲଗୁଡ଼ିକର ଚାଦରରେ ଢାଙ୍କି ହୋଇ ଗ୍ରାମର ଚକମକ ଚିତ୍ରସବୁ ଥାଏ, ଯେଉଁଥିରୁ ଏଠି-ସେଠି ଜଣେ ପୁଅ କିମ୍ବା

ଝିଅର ଗୀତର ଏକାକୀ ମଧୁର ଆବାଜ ଉଠେ। ଏହି ପ୍ରଥମ ଦୁଇଖଣ୍ଡରେ କବି ନିଜ ଆଖପାଖ ଦୁନିଆର ମଧୁର ସୌନ୍ଦର୍ଯ୍ୟରେ ଭରପୂର ଶବ୍ଦଗୁଡ଼ିକରେ ଚିତ୍ରିତ କରିବାରେ ସନ୍ତୁଷ୍ଟ। ଏହି ପର୍ଯ୍ୟାୟରୁ ଛୋଟ କବିତା ସଂଖ୍ୟା ଆରମ୍ଭ ହୁଏ। ଯାହା କୌଣସି ଜାପାନୀ ଚିତ୍ରକର ଦ୍ୱାରା ରେଖାଚିତ୍ର କରାଯାଇଥିବା ପରି ଲାଗେ, ଯାହାର ଗଠନ ବିନ୍ୟାସ ଏତେ ସ୍ପଷ୍ଟ ଓ ରଂଗୀନ, ଏହାର ରୂପରେଖା ଏତେ ମୂଲ୍ୟବାନ ଓ ସଠିକ ହୋଇଥାଏ।

ତା' ପରର ତିନିବର୍ଷରେ ପ୍ରକାଶିତ ଆଡ୍‌ଭେଣ୍ଟ ଏବଂ ମୀର ଜୁର ଫେୟର ସହିତ ପ୍ରଶ୍ନର ଗୋଟିଏ ଚରଣ ଆରମ୍ଭ ହୁଏ, ଗୋଟିଏ ଧୂମିଳ ଇଚ୍ଛା ବଡ଼ ଦୁନିଆରେ ପହଞ୍ଚିବାର ହଲ୍‌ଚଲ୍ ଆରମ୍ଭ ହୁଏ "ଜୀବନର ଗଭୀରତାରେ, ସମୟରେଖାର ବାହାରେ।" ଯେବେ ପ୍ରାରମ୍ଭିକ କବିତାଗୁଡ଼ିକରେ ଜୀବନର ଅଶାନ୍ତିରୁ ଦୂରକୁ ଯିବାର ପ୍ରବୃତ୍ତିର ବିଶେଷତା ଥିଲା- ବାସ୍ତବରେ, ବାସ୍ତବିକତାର ଠୋସ୍ ଦୁନିଆ ଉପସ୍ଥିତ ଥିବା ପରି ଲାଗେନି- ଏହି ଦୁଇଟିର ପରବର୍ତ୍ତୀ ଖଣ୍ଡଗୁଡ଼ିକରେ ଏହି ଅର୍ଥରେ ଜୀବନ ଆଡ଼େ ଗୋଟିଏ ପ୍ରଗତି ଧ୍ୟାନ ଦେବାର ଯୋଗ୍ୟ ଯେ କବି ଏହାର ମହାନତମ ପ୍ରତୀକଗୁଡ଼ିକର ନିକଟରେ ପହଞ୍ଚିବାର ଆଉ ଦେଖିବାର ଆରମ୍ଭ କରିଥାଏ।

ରିଲ୍କେଙ୍କର ପୂରା କୃତିରେ, ତାଙ୍କ କବିତାରେ ଆଉ ତା ସହିତ ଚିତ୍ରକଳା ଓ ମୂର୍ତ୍ତିକଳାର ତାଙ୍କ ବ୍ୟାଖ୍ୟାଗୁଡ଼ିକରେ, ଦୁଇଟି ତତ୍ତ୍ୱ ଅଛି ଯାହା ତାଙ୍କ କଳାର ସଂରଚନାରେ ଆଧାରଶିଳାର ନିର୍ମାଣ କରେ। ଯଦି, ଯେମିତି କି କିଛି ସୀମାଯାଏଁ ସତ୍ୟତାର ସହିତ କୁହାଯାଇଛି, ନୀତ୍‌ଶେ ମୁଖ୍ୟ ରୂପରେ ଜଣେ ସଂଗୀତକାର ଥିଲେ, ଯାହାଙ୍କ ଦର୍ଶନର ଆଧାର ଆଉ ଅନ୍ତିମ ଅଭିମୁଖ ତାଙ୍କ କଳାତ୍ମକ ପ୍ରତିଭାର ସଂଗୀତ ଗୁଣବତ୍ତାରେ ଥିଲା, ତେବେ ଏହା ବି ସେତିକି ସତ୍ୟତାର ସହିତ କୁହାଯାଇପାରେ ଯେ ରିଲ୍କେ ମୁଖ୍ୟ ରୂପରେ ଜଣେ ଚିତ୍ରକାର ଓ ମୂର୍ତ୍ତିକାର ଥିଲେ, ଯାହାଙ୍କ କବିତା ଚିତ୍ରାତ୍ମକ ଆଉ ପ୍ଲାଷ୍ଟିକ କଳାର ନିଅଁ ଉପରେ ଠିକେ କରି ଅଛି।

ଏହି ଖଣ୍ଡଗୁଡ଼ିକର ପ୍ରକାଶନର ସମୟଯାଏଁ, ରିଲ୍କେଙ୍କର କବିତାଗୁଡ଼ିକରେ ଏକ ଶାନ୍ତି, ଏକ ସ୍ଥିରତା ଥିଲା ଯାହା ତାଙ୍କ ଦ୍ୱାରା ଚିତ୍ରିତ କରାଯାଇଥିଲା ଏବଂ କୋମଳ ଆଉ ପ୍ରାୟତଃ ଅପ୍ରତିଧ୍ୱନିତ ଲୟରେ ଝଲକୁଥିଲା। ସଂଜର ଅଥବା ରାତିର ଆସିବା, ଭୋରର ଆସିବା, ଋତୁଗୁଡ଼ିକର ପରିବର୍ତ୍ତନ, ସଂକ୍ଷେପରେ, ପ୍ରକୃତିର ବାହାରର ଦୃଷ୍ଟିଭଙ୍ଗୀଗୁଡ଼ିକରେ ସବୁଠୁ ମୌନ କିନ୍ତୁ ସବୁଠୁ କାୟାପଲଟ ଏହି ପ୍ରାଥମିକ କବିତାଗୁଡ଼ିକରୁ କିଛି ବିଷୟବସ୍ତୁର ନିର୍ମାଣ କରେ। ପ୍ରକୃତିର ନିର୍ଜୀବବସ୍ତୁ ଆଉ ଜୀବିତ ପ୍ରାଣୀ ନିଜର ବିଚ୍ଛିନ୍ନତାର ସ୍ପଷ୍ଟ ରୂପରେଖାରେ ଦେଖାଯାଏନି; ସେଗୁଡ଼ିକ ତାଙ୍କ ଚାରିପଟର ବାତାବରଣରେ ଦେଖାଯାଆନ୍ତି ଆଉ ସେଗୁଡ଼ିକର ବ୍ୟାଖ୍ୟା ମଧ୍ୟ କରାଯାଏ, ଯେଉଁଥିରେ

ସେମାନେ ଗୁଡ଼େଇ ହୋଇ ରହିଥାଆନ୍ତି ଆଉ ଏତେ ଘନ ଆବରଣରେ ଥାଆନ୍ତି ଯେ ରୂପରେଖା କେବଳ ଧୂମିଳ ଦେଖାଯାଏ, ହୁଏତ ସେହି ବାତାବରଣ ଉତ୍ତର ଗୋଧୂଳିର ରହସ୍ୟମୟ ଧୂସର ହେଉ ଅଥବା ଦକ୍ଷିଣ ଗ୍ରୀଷ୍ମ ରାତିର ଘନ ମଖମଲ ନୀଳରଂଗ ହେଉ। ଆଡ୍‌ଭେଣ୍ଟରେ, ବାତାବରଣର ଅନୁଭବ ତାହାର ଅନ୍ତରତମ ଆତ୍ମାରେ ଏକ ଅନୁଭବ ପାଲଟି ଯାଏ, ଆଉ ସେଥିପାଇଁ ସବୁ ଜିନିଷଗୁଡ଼ିକ ସେହି ସୀମାଯାଏଁ ମୂଲ୍ୟବାନ ହୋଇଯାଏ, ଯେତେବେଳଯାଏଁ ବାତାବରଣର ଅଂଶ ହୁଏ, କାହିଁକି ନା ତାଙ୍କୁ ଗୋଟିଏ ବିଶିଷ୍ଟ ପବନ ଏବଂ ଦୂରତ୍ୱରେ ଦେଖିବାକୁ ମିଳେ। ରିଲ୍କେଙ୍କର କୃତିର ଏହି ପ୍ରଥମ ଚରଣକୁ ବିଶ୍ରାମପୂର୍ଣ୍ଣ ପ୍ରକୃତିର ଚରଣ ଭାବରେ ପରିଭାଷିତ କରାଯାଇପାରେ।

ବିଶ୍ରାମ ଓ ଶାନ୍ତିର ଏହି କ୍ଷେତ୍ରରେ, ଯେଉଁଥିରେ ବସ୍ତୁଗୁଡ଼ିକ ସ୍ଥିର ଥାଆନ୍ତି ଆଉ କେବଳ ଆଖପାଖର ବାତାବରଣର ପ୍ରଭାବରେ ବଦଳେ, କବିଙ୍କ ବିକାଶରେ ଆଉ ଗୋଟିଏ ତତ୍ତ୍ୱକୁ ଯୋଡ଼େ, ଯାହା ପରେ ଏତେ ମାତ୍ରାରେ ଶକ୍ତିଶାଳୀ ହୋଇ ବିକଶିତ ହେଲା, ଶବ୍ଦଗୁଡ଼ିକରେ ସରଳ ଅଭିବ୍ୟକ୍ତିର ସୀମାଗୁଡ଼ିକୁ ଏତେ ହିଂସକ ରୂପରେ ଭାଙ୍ଗି ଦେଲା ଯେ ଏହା କେବଳ ଆମ ସମୟର ମହାନ ପ୍ଲାଷ୍ଟିକ କଳାକାରଙ୍କ କୃତି, ଅଗଷ୍ଟେ ରୋଡିନ୍‌ଙ୍କ ରଚନାଗୁଡ଼ିକ ପାଇଁ ଗୋଟିଏ ସ୍ତୁତିପୂର୍ଣ୍ଣ ଭଜନରେ ହିଁ ନିଜ ସନ୍ତୁଷ୍ଟି ପାଇ ପାରିଥାଆନ୍ତା। ଦ୍ୱିତୀୟ ତତ୍ତ୍ୱ ଏହା ଯେ ଯାହାକୁ ଫରାସୀ ମୂର୍ତ୍ତିକାର ଗୋଟିଏ ଅଲଗା ମାଧ୍ୟମରେ ପୂର୍ଣ୍ଣତାଯାଏଁ ପହଞ୍ଚାଇଥିଲା। ଏହା ହାବ-ଭାବର ତତ୍ତ୍ୱ, ନାଟକୀୟ ଗତିର ତତ୍ତ୍ୱ।

ଏହା ହୁଏତ ରୋଡିନଙ୍କ କଳା ଉପରେ ରିଲ୍କେଙ୍କର ମନୋଗ୍ରାଫ ବିଷୟରେ କହିବା ପାଇଁ ଉପଯୁକ୍ତ ଜାଗା ହେବ। ହୁଏତ, ଏହା କରିବା ଅନୁଚିତ ପୂର୍ବାନୁମାନ ହେବ, କାହିଁକି ନା ରୋଡିନଙ୍କ କୃତି ସହିତ ତାଙ୍କ ସମ୍ପର୍କର ମୂଲ୍ୟକୁ ପୂରାପୂରି ଭାବରେ ମାପିବା ପୂର୍ବରୁ କିଛି ପରିବର୍ତ୍ତନର ମାଧ୍ୟମରେ ରିଲ୍କେଙ୍କର ବିକାଶକୁ ଜାଣିବା ଆବଶ୍ୟକ ହେବ।

ଏହି ଭାବ, ଏହି କାର୍ଯ୍ୟକଳାପ କବିତାଗୁଡ଼ିକର ପ୍ରଥମ ଦୁଇଖଣ୍ଡରେ ବ୍ୟାପ୍ତ ଶାନ୍ତିକୁ ଭଙ୍ଗ କରିବା ପାଇଁ ଆଡ୍‌ଭେଣ୍ଟ ଆଉ ସେଲିବ୍ରେଶସନ (Advent and celebration) ର ଆରମ୍ଭ ହୁଏ। ଏଠି ବି ଏହା ଆରମ୍ଭରୁ କେବଳ କୋମଳ ଓ ଲଜ୍ଜାଶୀଳ, ଯେମିତି ଶାନ୍ତ ସମୁଦ୍ର ଉପରେ ପବନର ଶ୍ୱାସ ପରି; ଆଉ କୋମଳ ପ୍ରାଣୀମାନେ ଏହି ପ୍ରଥମ ହାବଭାବ ସୃଷ୍ଟି କରନ୍ତି, ପିଲାମାନେ ଓ ଯୁବତୀମାନେ ଖେଳନ୍ତି, ଗୀତ ଗାଆନ୍ତି, ନାଚନ୍ତି ଅଥବା ପ୍ରାର୍ଥନା କରନ୍ତି।

ବିଶେଷ କରି ସେଲିବ୍ରେଶନ ପୁସ୍ତକରେ ଯୁବତୀମାନଙ୍କର ଗୀତର ଚକ୍ରରେ,

ବାତାବରଣ ସଘନ ହୋଇଯାଏ ଏବଂ ପରିଦୃଶ୍ୟର ମାନସିକ ପୃଷ୍ଠଭୂମି ତିଆରି ହୋଇଯାଏ ଯାହା ବିରୁଦ୍ଧରେ ଲାଳସା କିମ୍ବା ଅଭିଳାଷାର ଭାବ ଦେଖି ହୁଏ ଏବଂ ଅନୁଭୂତ ହୁଏ। ଏହା ପ୍ରସ୍ଫୁଟିତ ହେବାକୁ ଅଧୀର, ପ୍ରେମର ଲାଳସା ଯାହା ଯୁବତୀମାନଙ୍କର ଏହି ଗୀତଗୁଡ଼ିକରେ ରହସ୍ୟର ତୀବ୍ରତା ସହିତ ଧଡ଼କି ଉଠେ। ଯୁବତୀମାନଙ୍କର ମେରୀଙ୍କ ପାଇଁ ପ୍ରାର୍ଥନାସମୂହରେ ହାଲ୍କା ଧୁନ୍ ନାହିଁ; ସେମାନେ ଆକାଂକ୍ଷା ଭରା ଜୀବନର ଉଲ୍ଲାସରେ ଗୁଂଜନ କରିଉଠନ୍ତି; ଆଉ ମାଡୋନା ସ୍ୱର୍ଗୀୟ କୁମାରୀଙ୍କଠୁ କାହିଁ ଅଧିକ, ସେମାନଙ୍କର ଲାଳସା ତାଙ୍କୁ ସାଂସାରିକ ପ୍ରେମ ଆଉ ମାତୃତ୍ୱର ପ୍ରତୀକରେ ବଦଳାଇ ଦିଏ। ଏହା ଅପେକ୍ଷା, ନିଜ ତୀବ୍ରତାର ସତ୍ତ୍ୱେ, ଦବି ହୋଇ ରହିଛି ଆଉ କେବଳ ଜଣେ ଅନ୍ୟ ଜଣକର ସ୍ୱପ୍ନରେ ଲୟ ପରି ଶୁଣାଯାଉଛି:

"ମୁଁ ପାଦ ଚାପି ଚାପି କେମିତି ଯିବି
ପିଲାଦିନଠୁ ଘୋଷଣା ଯାଏଁ
ଗୋଧୂଳି ସଂଧ୍ୟାରେ
ତୁମ ବଗିଚାକୁ"

କିଛି ଗଦ୍ୟରଚନାର ଉଲ୍ଲେଖ କରାଯିବା ଉଚିତ୍ ଯାହାକୁ ରିଲ୍କେ ୧୮୯୮ ମସିହାରେ ଆଉ ତା'ର ଠିକ୍ ପରେ ପରେ ପ୍ରକାଶିତ କରିଥିଲେ। ସେଗୁଡ଼ିକ ହେଲା ପ୍ରାଗର ଦୁଇଟି କାହାଣୀ ଜୀବନର ସ୍ପର୍ଶ ଏବଂ ଅନ୍ତିମ; ଲଘୁକଥାଗୁଡ଼ିକର ତିନିଖଣ୍ଡ; ଗୋଟିଏ ଦୁଇଟି ଅଙ୍କର ନାଟକ 'ଦୈନିକ ଜୀବନ', ଏକ ମଜବୁତ୍ ମ୍ୟାଟରଲିଂକ ପ୍ରଭାବର ଆଡ଼େ ସଂକେତ ଦିଏ, ଆଉ ପରିଶେଷରେ ଈଶ୍ୱରଙ୍କର କାହାଣୀଗୁଡ଼ିକ। ବିବରଣର ସୁନ୍ଦରତା ଆଉ ସମସ୍ୟାଗ୍ରସ୍ତ ରୁଚି ଦୁହିଁଙ୍କ ସହିତ, ଲଘୁ କଥାଗୁଡ଼ିକରେ ଉପଚାରର ଅସଂଗତି ଆଉ ନାଟକୀୟ ସମନ୍ୱୟର ସ୍ୱଚ୍ଛତା ଦେଖାଯାଏ ଯାହା ଜଣେ ଏମିତି କବିଙ୍କଠି ବୁଝାପଡ଼େ ଯାହା ଅନିବାର୍ଯ୍ୟ ରୂପରେ ଗୀତାତ୍ମକ ଆଉ ଯିଏ ସେହି ସମୟରେ ନିଜର ପାତ୍ରମାନଙ୍କୁ ମହାକାବ୍ୟ ରୂପରେ ସ୍ପଷ୍ଟତାକୁ ଆଣିବା ପାଇଁ ଛେଣୀରେ ଖୋଦାଇ କରିବାକୁ ଯାନ୍ତ୍ରିକ ସାଧନଗୁଡ଼ିକରେ ସାମର୍ଥ୍ୟ ହାସଲ କରିନଥିଲେ।

ରୁଶିଆ ପ୍ରବାସ ଆଉ ବିଶେଷ ରୂପରେ ଦୋସ୍ତୋୟେଭସ୍କିଙ୍କ ଉପନ୍ୟାସଗୁଡ଼ିକରୁ ପରିଚୟ, ରିଲ୍କେଙ୍କର ବିକାଶରେ ଶକ୍ତିଶାଳୀକାରକ ପାଲଟି ଗଲେ ଏବଂ ଏଥିରେ ତାଙ୍କ ରଚନାଗୁଡ଼ିକୁ ଆଉ ଅଧିକ ଗଭୀର କରିବାରେ ସାହାଯ୍ୟ ମିଳିଲା, ଯାହା ଏହି ପ୍ରଭାବ ବିନା ଏକ ଭବ୍ୟ ଆସ୍ଥେସିୟାରେ ପରିଣତ ହୋଇପାରିଥାନ୍ତା।

ମୋଟାମୋଟି ଭାବରେ ରୁଷିଆର କଳା ଓ ସାହିତ୍ୟକୁ ନୈତିକ ଆବେଗରୁ ଉତ୍ପନ୍ନ ହେଉଥିବା ତଥା ସମାଜିକ-ରାଜନୈତିକ ସୁଧାରର ପ୍ରବୃତ୍ତିକୁ ନିଜ ପ୍ରେରକ ଶକ୍ତି ଅସ୍ତିତ୍ୱର କାରଣ ମାନିବାବାଲା ବୋଲି କୁହାଯାଇପାରେ, ଯାହା ପଶ୍ଚିମୀ ସଂସ୍କୃତିର କଳା ଏବଂ ସାହିତ୍ୟର ବିପରୀତ, ଯାହାଙ୍କର ପ୍ରେରଣାଗୁଡ଼ିକ ଆଉ ଲକ୍ଷ୍ୟ ମୁଖ୍ୟ ରୂପରେ ସୌନ୍ଦର୍ଯ୍ୟାତ୍ମକ ପ୍ରକୃତିର ତଥା କଳାରେ ଆତ୍ମା ଓ ପଦାର୍ଥ ମଝିରେ ଦ୍ୱୈତବାଦର ସମାଧାନ କରିବାର ଚେଷ୍ଟା କରନ୍ତି।

ଦୋସ୍ତୋୟେଭସ୍କି, ଯାହାଙ୍କୁ ମେରେଜକୋଭସ୍କି କେଉଁଠି କେବେ ଯୁବକ ନ ହୋଇଥିବା ଚେହେରାବାଲା ବ୍ୟକ୍ତି ରୂପରେ ବର୍ଣ୍ଣନା କରିଛନ୍ତି, ଯାହାଙ୍କ ଚେହେରା "ପୀଡ଼ାର ଛାୟାସମୂହ ଆଉ ପଶି ଯାଇଥିବା ଗାଲର ବଳିରେଖାବାଲା... କିନ୍ତୁ ଯିଏ ଏହି ଚେହେରାକୁ ସବୁଠୁ ଅଧିକ ପୀଡ଼ାଦାୟକ ଅଭିବ୍ୟକ୍ତି ଦେଉଛି, ସିଏ ହେଉଛି ତାହାର ପ୍ରତୀତ ହେଉଥିବା ଗତିହୀନତା, ଅଚାନକ ବାଧାପ୍ରାପ୍ତ ଆବେଗ, ପଥରରେ କଠୋର ହୋଇଯାଇଥିବା ଜୀବନ": ଏହା ଦୋସ୍ତୋୟେଭସ୍କି ଆଉ ବିଶେଷ ରୂପରେ ତାଙ୍କର ରୋଡିୟନ ରସ୍କୋଲନିକୋଭ ଚକ୍ର ରିଲ୍କେଙ୍କ ପାଇଁ ଏକ ଗହନ କଳାତ୍ମକ ଅନୁଭବ ପାଲଟି ଗଲା। ଗରିବ, ବହିଷ୍କୃତ, ବେଘର ଲୋକମାନେ ତାହା ପାଇଁ ଗୋଟିଏ ନୂଆ ମହତ୍ତ୍ୱ ପ୍ରାପ୍ତ କଲେ, ଗୋଟିଏ ଅଲଗା ବ୍ୟକ୍ତିର ମହତ୍ତ୍ୱ, ଗୋଟିଏ ଏମିତି ଜୀବନର ଶକ୍ତିଶାଳୀ ନିରନ୍ତର ବଦଳୁଥିବା ଧାରାରେ ରଖାଗଲା ଯେଉଁଥିରେ ଏହି ବ୍ୟକ୍ତି ମଜବୁତ୍ ଆଉ ଏକାକୀ ଠିଆହୋଇ ରହିଛି। କିଛିବର୍ଷ ପରେ ପ୍ୟାରିସରେ ଲେଖା ଯାଇଥିବା ପୋଣ୍ଟ ଡୁ କ୍ୟାରୋସେଲ୍ ନାମକ କବିତାରେ, ରିଲ୍କେ ମହାନଗରର ଅସ୍ଥିର ଭିଡ଼ ଭିତରେ ଜଣେ ଅନ୍ଧ ଭିକାରୀକୁ ଅଲଗା ହୋଇ ରହିଥିବା ଦେଖିଛନ୍ତି।

ରୁଷିଆ ଆଉ ତା' ଉପରେ ପଡୁଥିବା ପ୍ରଭାବ ବିଷୟରେ ରିଲ୍କେ ଲେଖନ୍ତି: " ରୁଷିଆ ମୋ ପାଇଁ ବାସ୍ତବିକତା ପାଲଟିଯାଇଛି ଆଉ ଏହି ଗଭୀର ଦୈନିକ ବାସ୍ତବିକତା ଏମିତି ଜିନିଷ ଯାହା ଧୈର୍ଯ୍ୟ ରଖୁଥିବା ବ୍ୟକ୍ତିମାନଙ୍କ ଯାଏଁ ଅନନ୍ତ ରୂପରେ ଧୀରେ ଧୀରେ ଆସିଥାଏ। ରୁଷିଆ ସେହି ଦେଶ ଯେଉଁଠି ଲୋକମାନେ ଏକାକୀ ଅଛନ୍ତି, ପ୍ରତ୍ୟେକଙ୍କ ପାଖରେ ନିଜ ଭିତରେ ଗୋଟିଏ ଦୁନିଆ ଅଛି, ପ୍ରତ୍ୟେକେ ନିଜର ବିନମ୍ରତାରେ ଗଭୀର ଆଉ ନିଜକୁ ଅପମାନିତ କରିବାକୁ ଡରେନି ଏବଂ ଏହି କାରଣରୁ ସିଏ ବାସ୍ତବରେ ଧର୍ମପରାୟଣ ହୋଇଥାଏ। ଏଠାରେ ଲୋକମାନଙ୍କର ଶବ୍ଦ ତାଙ୍କର ବାସ୍ତବିକ ଜୀବନଠୁ ଉପରେ କେବଳ ଗୋଟିଏ ଅଶକ୍ତ ପୋଲ।"

ଏକାନ୍ତ ଆଉ ମୃତ୍ୟୁର ମହାନ ପ୍ରତୀକ କବିଙ୍କ ରଚନାରେ ପ୍ରବେଶ କରନ୍ତି।

ନୂତନ ଶତାବ୍ଦୀର ପ୍ରଥମ ଦଶକରେ ରିଲ୍କେ ନିଜ କଳାର ଶିଖର ଉପରେ

ପହଞ୍ଚି ଗଲେ ଆଉ କିଛି ଅପବାଦକୁ ଛାଡ଼ିକରି ଏହି ଖଣ୍ଡରେ ପ୍ରସ୍ତୁତ କବିତାଗୁଡ଼ିକ ତାଙ୍କ କବିତାସମୂହରୁ ବାଛି କରି ନିଆଯାଇଛି ଯାହା ୧୯୯୦ ଏବଂ ୧୯୦୮ ମସିହାର ମଝିର ସମୟକାଳ ଭିତରେ ପ୍ରକାଶିତ ହୋଇଥିଲା। ୧୯୦୦ ମସିହା ପରେ ରିଲ୍କେଙ୍କର କଳା ଅତିଶୀଘ୍ର ଗତିରେ ଶିଖରକୁ ଚଢ଼ିଲା। କିଛିବର୍ଷ ପୂର୍ବରୁ ହିଁ ମୁଁ ପଢ଼ିଥିଲି।

"ଏହି ଲାଳସା ଅଛି: ଜିନିଷଗୁଡ଼ିକର ପ୍ରବାହରେ ରହିବାକୁ,
ରହିବା ପାଇଁ ବର୍ତ୍ତମାନ କୌଣସି ଘର ନାହିଁ।
ଆଉ ଏହି ଇଚ୍ଛା ରହିଛି:
ଅନନ୍ତ କାଳ ସହିତ ଗରିବର
ଘଣ୍ଟା ଘଣ୍ଟା ଧରି କଥାବାର୍ତ୍ତା।"

ଦାସ ବକେ ଡେର ବିଲଡର ସହିତ ସ୍ୱପ୍ନ ଶେଷ ହୋଇଯାଉଛି, ଧୂମିଳ ପର୍ଦ୍ଦା ହଟିଯାଉଛି ଆଉ ଆମ ଆଗରେ ଏମିତି ଛବିଗୁଡ଼ିକ ଆଗକୁ ଆସୁଛି ଯାହା ଆମ ଆଖି ଆଗରେ ସ୍ପଷ୍ଟ ରଂଗୀନ ରୂପରେଖାରେ ଆତ୍ମପ୍ରକାଶ କରୁଛି। ହୁଏତ କବି ପୁରାଣଶାସ୍ତ୍ର (Myth) ର ଗଭୀରତାରୁ କିମ୍ବଦନ୍ତୀରେ ରାଜାମାନଙ୍କୁ ଉଭାରୁଥାଏ, ଅଥବା ପୁଣି ଆମେ ଦି କ୍ରନିକଲ ଅଫ୍ ଏ ମଙ୍କରୁ ଦି ଲାଷ୍ଟ ଜଜ୍‌ମେଣ୍ଟ ଡେର ବିସ୍ମୟକର ବର୍ଣ୍ଣନା ପଢୁଛେ, କିମ୍ବା ପୁଣି ପ୍ୟାରିସ୍‌ରେ ପାମ ସଣ୍ଡେର ଦିନ ଆମେ ଦି ମେଣ୍ଡେସକୁ କନ୍‌ଫର୍ମେଶନ୍‌ରେ ଦେଖୁଥିବା, ପ୍ରସ୍ତୁତି ଚିତ୍ର ସ୍ୱଷ୍ଟତା ଏବଂ ଅନ୍ତିମତାର ସହିତ ବିଶିଷ୍ଟ ରୂପରେ ସମ୍ମୁଖକୁ ଆସେ।

ଏହା ଗୋଟିଏ ମହତ୍ତ୍ୱପୂର୍ଣ୍ଣ ତଥ୍ୟ ଯେ ରିଲ୍କେ ଏହି ପୁସ୍ତକ ଗେରହାର୍ଟ ହ୍ୟାପ୍ଟମ୍ୟାନଙ୍କୁ ସମର୍ପିତ କଲେ "ମାଇକଲ କ୍ରେମରଙ୍କ ପ୍ରତି ପ୍ରେମ ଓ କୃତଜ୍ଞତାରେ।" ହ୍ୟାପ୍ଟମ୍ୟାନ ବି ଏହି କବିତାଗୁିଡ଼ିକରେ ରିଲ୍କେଙ୍କ ପରି ଆମ ଆଗରେ ମହାନ ମହାକାବ୍ୟାତ୍ମକ ଚିତ୍ର ପ୍ରସ୍ତୁତ କରିଛନ୍ତି ଆଉ ତାଙ୍କ କଳା ଏତେ ସଘନ ଯେ ଅଧିକାଂଶ ସମୟରେ ତାଙ୍କ ପାତ୍ରମାନଙ୍କ ଭିତରୁ କୌଣସି ଜଣକୁ ବିଚାରର ସରଳ ଅଭିବ୍ୟକ୍ତି ଶ୍ରୋତା ବା ପାଠକଙ୍କ ଭିତରେ ଶିହରଣ ସୃଷ୍ଟି କରେ କାହିଁକି ନା ଏହି ବିଚାରରେ ଗୋଟିଏ ପୂରା ସାମାଜିକ ବର୍ଗଙ୍କର ପୀଡ଼ା କଂପନ ସୃଷ୍ଟି କରେ ଆଉ ଏଥିରେ କେତେ ବଂଶଧରଙ୍କର ଦୁଃଖ ପ୍ରତିଧ୍ୱନିତ ହୋଇଥାଏ।

ଚିତ୍ରସମୂହରପୋଥି (THE BOOK OF PICTURES) ରେ ରିଲ୍କେଙ୍କର କଳା

ନିଜର ଚରମୋତ୍କର୍ଷରେ ପହଞ୍ଚେ ଯାହାକୁ ସ୍ମାରକୀୟ ପକ୍ଷ ବୋଲି କୁହାଯାଇ ପାରେ। ଦୃଶ୍ୟ-ଚିତ୍ରଣକୁ ଅବୈୟକ୍ତିକ ବସ୍ତୁନିଷ୍ଠ ସ୍ତରଯାଏଁ ଉପରକୁ ଉଠାଯାଇଛି ଯାହା ଏହି କବିତାଗୁଡ଼ିକର ଲୟକୁ ଏକ ଅବିଚଳିତ ଶାନ୍ତି ପ୍ରଦାନ କରୁଛି, ପ୍ରସ୍ତୁତ କରାଯାଇଥିବା ଚିତ୍ରଗୁଡ଼ିକୁ ଏକ ସ୍ମାରକୀୟ ସିଧାପଣ ପ୍ରଦାନ କରୁଛି। କୋଲୋନାଙ୍କ ଘରର ପୁରୁଷ, ଜାର୍, ୟୁକ୍ରେନ୍ ଦେଇ କରି ଯାଉଥିବା ଚର୍ଲ୍ସ ୧୨ଙ୍କୁ ତାଙ୍କ ବ୍ୟକ୍ତିଗତ ଐତିହାସିକ ହାବଭାବର ସହିତ ଚିତ୍ରିତ କରାଯାଇଛି, ଯେଉଁଥିରେ ତାଙ୍କ ସମୟକୁ ଦିଆଯାଇଥିବା ରଂଗ ଆଉ ଗତି ଯେତେ ହିଁ ଉଜ୍ଜ୍ୱଳ। ପୌରାଣିକ କବିତା, "କିମ୍ବଦନ୍ତୀଗୁଡ଼ିକର ରାଜାମାନେ" (KINGS IN LEGENDS) ରେ, ରିଲ୍କେଙ୍କର କଳାରେ ଏହି ଠୋସ୍ ତତ୍ତ୍ୱକୁ ହୁଏତ ଏହାର ସର୍ବୋଚ୍ଚ ଅଭିବ୍ୟକ୍ତି ମିଳିଛି:

ପୁରୁଣା କିମ୍ବଦନ୍ତୀଗୁଡ଼ିକର ରାଜାମାନେ

ସଂଧ୍ୟାର ଆଲୋକରେ ଉଠୁଥିବା ପାହାଡ଼ଗୁଡ଼ିକ ପରି ଲାଗନ୍ତି। ସେମାନେ ନିଜ ଚମକରେ ସମସ୍ତଙ୍କୁ ଅନ୍ଧ କରି ଦିଅନ୍ତି, ତାଙ୍କ ଅଣ୍ଟାରେ ଚମକୁଥିବା କମରବନ୍ଧରେ ବନ୍ଧାଯାଇଥାଏ ତାଙ୍କର ବସ୍ତ୍ର ମହଙ୍ଗା ପଥରଗୁଡ଼ିକର ପଟୀରେ ବନ୍ଧା ଯାଇଥାଏ, ଯାହା ଧରଣୀର ସବୁଠୁ ଦୁର୍ଲଭ ରତ୍ନରେ ତିଆରି-

ବିରଳ ପୃଥିବୀର ପ୍ରଚେଷ୍ଟା-ସେମାନେ
ନିଜ ହାତରେ ନିଜର ସରୁ, ଚକମକ
ମୁକୁଳା ତରବାରୀଗୁଡ଼ିକୁ ଧରି ରଖନ୍ତି।

"ଚିତ୍ରସମୂହର ପୋଥି" (THE BOOK OR PICTURES) ରେ ଏମିତି କବିତାଗୁଡ଼ିକ ରହିଛି ଯେଉଁଥିରେ ଗୋଟିଏ ଭାବକୁ ତାହାର ସାର ଏବଂ ଅନ୍ତିମ ରୂପରେ କେନ୍ଦ୍ରିତ କରିବାର ଇଚ୍ଛାକୁ ବିଶୁଦ୍ଧ ରୂପରେ କାବ୍ୟାତ୍ମକ କବିତାଗୁଡ଼ିକ ଉପରେ ଲାଗୁ କରାଯାଇଛି, ଯେମିତି କି "ଦୀକ୍ଷା" (INITIATION), ଯାହା ଏହି ଖଣ୍ଡରେ ସ୍ୱୟଂ "ବଡ଼ କଳାବୃକ୍ଷ"ର ପରି ଉଭରି କରି ସାମ୍ନାକୁ ଆସୁଛି; ରାତିର ସୁଦୂର ନିର୍ଜନତାରେ ତାହାର ଅଭିସାର ସିଧା ରେଖା ଏତେ ଅଗାଧ, ଯାହା ଯେମିତି କି "ଶରଦ ଋତୁ" (AUTUMN) ନାମକ କବିତାରେ, ଯେଉଁଥିରେ ସମସ୍ତ ପ୍ରକୃତିରେ କୋମଳ ଅବରୋହଣର ଉଦାସୀନତାପୂର୍ଣ୍ଣ ମନୋଦଶା ରହିଛି।

"ପ୍ରହରର ପୋଥି" (THE BOOK OF HOURS) ରେ ରିଲ୍କେ ଦୁନିଆରୁ ଥକିଯିବା କାରଣରୁ ନୁହେଁ ଅଧିକନ୍ତୁ କିଛି ପରସ୍ପର ବିରୋଧୀ ଦୃଷ୍ଟିର ବୋଝତଳେ ଦବି ହୋଇ ରହିଛି। ଯେଉଁପରି ଜଣେ ଭବିଷ୍ୟବକ୍ତା ଯିଏ ଦୁନିଆକୁ ଏକ ମହାନ ସଂପତ୍ତି ଆଣିବାକୁ ଚାହୁଁଛି, ତାକୁ ସେତେବେଳ ଯାଏଁ ଏକେଲା ରହିବାପାଇଁ ମରୁଭୂମିକୁ

ଯିବାକୁ ପଡୁଛି ଯେତେବେଳ ଯାଏଁ କି ତା ଭିତରୁ ରାଜ୍ୟ ଆସିନଯାଏ, ସେହିପରି କବିକୁ ଗଭୀର ବୁଝାମଣା ହାସଲ କରିବା ପାଇଁ, ଈଶ୍ୱରଙ୍କର ସମ୍ମୁଖୀନ ହେବାପାଇଁ ଦୁନିଆକୁ ପଡୁଛି। ଦାସ ସ୍ୱଂଡେନ-ବୁଚ୍‌ର ମନୋଭାବ ଈଶ୍ୱରଙ୍କର ସମ୍ମୁଖୀନ ହେବାର ମନୋଭାବ; ଏହା ଏହି କବିତାଗୁଡ଼ିକୁ ପ୍ରାର୍ଥନା, ସନ୍ଦେହ ଆଉ ନିରାଶାର ଗହନ ପ୍ରାର୍ଥନା, ସମାଧାନ ଆଉ ବିଜୟର ଉଚ୍ଚ ପ୍ରାର୍ଥନା ଯାଏଁ ନେଇ ଯାଉଛି।

"ପ୍ରହରର ପୋଥି" (THE BOOK OF HOURS) ରେ କବିଙ୍କ ଜୀବନକୁ ଅଲଗା ଅଲଗା ସମୟରେ ଲେଖାଯାଇଥିବା ତିନୋଟି ଭାଗକୁ ଯୁକ୍ତ କରାଯାଇଛି: ଭିକ୍ଷୁଙ୍କ ଜୀବନର ପୁସ୍ତକ (୧୮୯୯), ତୀର୍ଥଯାତ୍ରାର ପୁସ୍ତକ (୧୯୦୧) ଏବଂ ଦରିଦ୍ରତାର ଓ ମୃତ୍ୟୁର ପୁସ୍ତକ (୧୯୦୩), ଯଦିଓ ଅନେକ ବର୍ଷ ପରେ ସମ୍ପୂର୍ଣ୍ଣ ଖଣ୍ଡ ପ୍ରକାଶିତ ହୋଇଥିଲା। "ପ୍ରହରର ପୋଥି" (THE BOOK OF HOURS) ଈଶ୍ୱରଙ୍କୁ ଜାଣିବାକୁ, ତାଙ୍କ ନିକଟତର ହେବାର ରହସ୍ୟବାଦୀ ଉତ୍ସାହରେ ଚମକୁଛି। ନାମହୀନ ବ୍ୟକ୍ତିର ନିକଟକୁ ଯିବାର ଏହି ଇଚ୍ଛାରେ, "ଭିକ୍ଷୁଙ୍କ ଜୀବନର ପୁସ୍ତକ" (THE BOOK OF A MONK'S LIFE) ଦୂରଦର୍ଶୀ ଶକ୍ତିଦ୍ୱାରା ଉଚ୍ଚ କରିବା କାରଣରୁ ଅଧିକ ପ୍ରଭାବଶାଳୀ ଭାଷାଦ୍ୱାରା ତିଆରି କରାଯାଇଛି। ଭିକ୍ଷୁଙ୍କ ଜୀବନର ମୂଳ ଭାବ କବିତାର ଏହି ପଂକ୍ତିଗୁଡ଼ିକର ସହିତ ଆରମ୍ଭ ହେଉଛି:

"ମୁଁ ମୋ ଜୀବନକୁ ଗୋଟିଏ ବୃତ୍ତରେ ଜୀଏଁ
ଯାହା ହୋଇଯାଏ ଚଉଡ଼ା
ଏବଂ ଖୋଲିଯାଏ ଅନ୍ତହୀନ ଭାବରେ"

ତରୁଣ ଭିକ୍ଷୁର ଧୂସର କୋଷଗୁଡ଼ିକରେ ମହାନ ପୁନର୍ଜାଗରଣକାଳୀନ ମହାରଥୀମାନଙ୍କର ରଂଗ ଚମକୁଛି, କାହିଁକି ନା ସେହି ଟିଟିୟାନ, ମାଇକେଲ ଏଂଜେଲୋ, ରାଫେଲଙ୍କ ଭିତରେ ସେହି ଉତ୍ସାହ ଅନୁଭବ କରୁଛି ଯାହା ତାକୁ ପ୍ରେରିତ କରୁଛି; ସେମାନେ ବି ସେହି ଈଶ୍ୱରଙ୍କର ଉପାସକ।

ତୀର୍ଥଯାତ୍ରାର ପୁସ୍ତକ (THE BOOK OF PILGRIMAGE) ରେ ଏମିତି କବିତାମାନ ଅଛି ଯାହା ଏକ ମହାନ ଗୀର୍ଜାଘରେ ଫୁସ୍‌ଫୁସ୍ କରି କହି ପ୍ରାର୍ଥନାର ଶାନ୍ତିକୁ ଦର୍ଶାଉଛି ଆଉ ଏମିତି ଅନ୍ୟ କବିତାସବୁ ଅଛି ଯାହା ନିଜ ଉଲ୍ଲାସରେ ମହାନ ଭଜନଗୁଡ଼ିକର ସଂଗୀତକୁ ନେଇ କରି ଆସୁଛି। ଏହି ଦ୍ୱିତୀୟ ପୁସ୍ତକରେ ଦର୍ଶନ କମ୍ ଉତ୍ସାହପୂର୍ଣ୍ଣ ହୋଇ ରହିନି, ଯଦ୍ୟପି କମ୍ ଚମକଦାର ରଂଗୀନ ହୋଇ

ରହିଛି; ସିଏ ଭିତରଆଡ଼େ ଫେରି ଯାଇଛନ୍ତି, ଯାହାଙ୍କର ଅଭିବ୍ୟକ୍ତି ଏକ ଶାନ୍ତ ଦୁନିଆର ଶାନ୍ତତା ଏବଂ ମୌନତା:

"ଦିନବେଳେ ତୁମେ ଗୋଟିଏ କିଂବଦନ୍ତୀ
ଏବଂ ସ୍ୱପ୍ନ
ଯାହା ଫୁସ୍‌ଫୁସ୍ କଥା ପରି ସବୁ ମଣିଷମାନଙ୍କର
ଆଖପାଖରେ ଭାସୁଥାଏ,
ଗଭୀର ଓ ଚିନ୍ତାଜନକ ଶାନ୍ତି ଭଳି ଲାଗେ,
ଯାହା ଘଣ୍ଟା ବାଜିବା ପରେ
ପୁଣି ବନ୍ଦ ହୋଇଯାଏ।

ଆଉ ଯେତେବେଳେ ଦିନ ନିଦ୍ରାଳୁ ଭାବରେ
ନଇଁ ପଡ଼େ
ଆଉ ସଂଜ ଆକାଶର କୋଳରେ ଶୋଇଯାଏ,
ଯେମିତି ପ୍ରତ୍ୟେକ ଛାତରୁ ଗୋଟିଏ ମିନାର
ଧୂଆଁର ଉପରକୁ ଉଠେ-
ସେମିତି ତୁମ ରାଜ୍ୟ, ମୋ ପ୍ରଭୁ, ମୋ ଚାରିପଟେ
ପ୍ରକଟ ହୁଏ।"

"ପ୍ରହରର ପୋଥି" (THE BOOK OF HOURS)ର ଅନ୍ତିମ ଭାଗ, "ଦରିଦ୍ରତାର ଓ ମୃତ୍ୟୁର ପୁସ୍ତକ" (THE BOOK OF POVERTY AND DEATH) , ଅନ୍ତତଃ ରିଲ୍କେଙ୍କ କାମରେ ଦୁଇଟି ମହାନ ପ୍ରତୀକାତ୍ମକ ବିଷୟ ଉପରେ ବିବିଧତାଗୁଡ଼ିକର ଏକ ଐକତାନ। ଯେମିତି କି ଧନୀ ଯୁବକର ଦୃଷ୍ଟାନ୍ତରେ ମୁକ୍ତିଦାତା ସବୁ ଖଜଣାକୁ ତ୍ୟାଗ କରିବାକୁ ଦାବୀ କରୁଛି, ସେମିତି ହିଁ ଏହି ପୁସ୍ତକରେ କବି ରାଜ୍ୟର ଆଗମନକୁ ଦେଖୁଛନ୍ତି, ଈଶ୍ୱରଙ୍କ ପାଖରେ ହେବାର ଆମର ସବୁ ଲାଳସାର ପୂର୍ତ୍ତିକୁ ଯେବେ ଆମେ ପୁଣି ଛୋଟ ପିଲାମାନଙ୍କ ପରି ସରଳ ହୋଇ ଯାଉଛେ ଆଉ ସ୍ୱୟଂ ଈଶ୍ୱରଙ୍କ ପରି ସଂପତ୍ତିରେ ଗରିବ ହୋଇଯାଉଛେ। ରିଲ୍କେଙ୍କର ବିକାଶର ଏହି ଚରଣରେ, ତ୍ୟାଗର ସିଦ୍ଧାନ୍ତ ତାଙ୍କ ଦର୍ଶନରେ ଏକ ନିଶ୍ଚିତ ନକାରାତ୍ମକ ତତ୍ତ୍ୱର ଗଠନ କରୁଛି। ପରେ କବି ମନୁଷ୍ୟର ସଂପତ୍ତି ପ୍ରତି ସକାରାତ୍ମକ ସ୍ୱୀକୃତି ଆଡ଼େ ଆଗକୁ ବଢ଼ିଲେ, କମ୍‌ରୁ କମ୍ କଳାର କ୍ଷେତ୍ରରେ ଅର୍ଜିତ ବା ନିର୍ମିତ କରାଯାଇଥିବା ସଂପତ୍ତି ପ୍ରତି।

ରହସ୍ୟବାଦର ମାଧ୍ୟମରୁ ଆମେ ଦୃଷ୍ଟିକୋଣରେ ଆମେ ବାସ୍ତବିକତାକୁ ସବୁଠୁ ଗଭୀରତାରେ ଛୁଉଁଛେ। ଏହା ଏହି କାରଣରୁ ଯେ ସବୁ କଳା ଓ ସବୁ ଦର୍ଶନ ନିଜ ଅନ୍ତିମ ରୂପଗୁଡ଼ିକରେ ଜୀବନର ସେହି ମୂଲ୍ୟଗୁଡ଼ିକର ସ୍ଫଟିକକରଣରେ ପରିଣତ ହୁଏ ଯାହା ଶୁଦ୍ଧ ତର୍କ ପାଇଁ ସବୁବେଳ ଲାଗି ଅକଳ୍ପନୀୟ ରହିଥାଏ; ସେହି ଶବ୍ଦର "ପ୍ରହରର ପୋଥି" (THE BOOK OF HOURS) ର ମହତ୍ତ୍ୱ। ଜଣେ ପ୍ରତିଷ୍ଠିତ ସ୍କାଣ୍ଡିନେଭିୟାନ ଲେଖକ ଦାସ ଷ୍ଟୁଂଡେନ-ବୁଚ୍ ଆମ ସମୟର ସର୍ବୋଚ୍ଚ ସାହିତ୍ୟିକ ଉପଲବ୍ଧିଗୁଡ଼ିକ ଭିତରୁ ଆଉ ଗୋଟିଏ ପ୍ରାର୍ଥନାର ସବୁଠୁ ଗଭୀର ଏବଂ ସବୁଠୁ ସୁନ୍ଦର ବୋଲି ଘୋଷିତ କରାଯାଇଛି।

ନିଜର ପରବର୍ତ୍ତୀ କାବ୍ୟକୃତିରେ ରିଲ୍କେ ପୁଣି ଏହି ପୁସ୍ତକର ନିରନ୍ତର ଉଚ୍ଚ ଗୁଣବତ୍ତାଯାଏଁ ପହଞ୍ଚି ପାରିଲେନି, ଯାହାର ମନୋଭାବ ଓ ବିଚାରକୁ ସିଏ ଉତ୍କୃଷ୍ଟ ଗୀତାତ୍ମକ ସୌନ୍ଦର୍ଯ୍ୟର ଗଦ୍ୟକୃତିରେ ସଂଯୁକ୍ତ କଲେ: ମାଲ୍ଟେ ଲାରିଡ୍‌ସ ବ୍ରିଗଙ୍କ ସ୍କେଚ।

"ନୂତନ କବିତାସମୂହ" (NEW POEMS) (୧୯୦୭) ଆଉ " ନୂତନ କବିତାସମୂହର ଦ୍ୱିତୀୟ ଖଣ୍ଡ" (NEW POEMS-SECOND PART) (୧୯୦୮) ରେ ଐତିହାସିକ ଚରିତ୍ର ଯାହାକୁ ସାଧାରଣତଃ ପୁରୁଣା ନିୟମରେ ନିଆଯାଏ, ଜୀବନ ଅନୁପାତର ଆଗକୁ ବଢ଼ାଇଛି, ଏହା ଭାଗ୍ୟ ସହିତ ଅଧିକ ଓଜନଦାର ଓ ସର୍ବଦା ପ୍ରତୀକାତ୍ମକ ରୂପରେ ଏକ ଅମୂର୍ତ୍ତ ବିଚାର କିମ୍ବା ଏକ ମହାନ ମାନବ ନିୟତିକୁ ବ୍ୟକ୍ତ କରିବାର ସାଧନ ପାଲଟିଯାଏ। ଅବୀଶାଗ ଜାଗ୍ରତ ହେଉଥିବା ଆଉ ଲୁପ୍ତ ହେଉଥିବା ଜୀବନର ମଝିରେ ତୁଳନାତ୍ମକ ଫରକକୁ ପ୍ରସ୍ତୁତ କରୁଛି; ଡେଭିଡ଼ ସିଂଗିଙ୍ଗ ବିଫୋର ସାଉଲ ଜାଗୃତ ମହତାକାଂକ୍ଷାର ଅଧୀରତାକୁ ଦର୍ଶାଉଛି, ଆଉ ଜୋଶୁଆ ସେହି ବ୍ୟକ୍ତି ଯିଏ ଭଗବାନଙ୍କୁ ବି ନିଜ ଇଚ୍ଛା ପୂର୍ଣ୍ଣ କରିବା ପାଇଁ ବାଧ୍ୟ କରୁଛି। ପ୍ରାଚୀନ ହେଲେନିକ ଦୁନିଆ ଏରାନାଟୁ ସଫୋ, ଲ୍ୟାମେଣ୍ଟ ଫର୍ ଏଂଟିନସ୍, ଅର୍ଲି ଆପୋଲୋ ଆଉ ଦି ଆର୍କିକ ଟର୍ସୋ ଅଫ୍ ଆପୋଲୋରେ ଚମକୁଛି ଆଉ ବାହାରି ଆସୁଛି ଭବ୍ୟତାର ସହିତ।

ମଧ୍ୟଯୁଗର ଭାବନା, ଯେଉଁଥିରେ ଧାର୍ମିକ ଉତ୍ସାହ ଆଉ ଅନ୍ଧବିଶ୍ୱାସୀ କଟ୍ଟରତା ମିଶିକରି ରହିଛି, କିଛି କବିତାଗୁଡ଼ିକରେ ପ୍ରଦର୍ଶିତ କରାଯାଇଛି, ଯେଉଁଥିରେ ସବୁଠୁ ମହତ୍ତ୍ୱପୂର୍ଣ୍ଣ ହେଉଛି କ୍ୟାଥେଡ୍ରଲ୍, ମଧ୍ୟଯୁଗରେ ଭଗବାନ, ଶହୀଦତ୍ତ୍ୱର ପ୍ରତୀକ ସନ୍ଥ ସେବେଷ୍ଟିୟାନ ଏବଂ ଦି ରୋଜ୍ ୱିଣ୍ଡୋ, ଯାହାର ଚମକୁଥିବା ଜାଦୁର ତୁଳନା ବାଘ ଆଖିର ସମ୍ମୋହନ ଶକ୍ତିର ସହିତ କରାଯାଏ। ଆଧୁନିକ ପ୍ୟାରିସ୍ ଅନବରତ ନୂତନ କବିତାସମୂହର ପୃଷ୍ଠଭୂମି ଆଉ ଶବାଗାରରେ ଜୀବନର ମୋହଭଙ୍ଗର ମହମକୁ

ନକଲିମୁଖର ପ୍ରକାଶ ଆଉ ଛାୟାର କ୍ରୁର ଖେଳ ସେହି ଗହନ ଯଥାର୍ଥବାଦୀ ଦୃଷ୍ଟିରେ ଧରାଯାଇଛି, ଯେମିତି କି ଜାର୍ଡିନ ଡେସ ପ୍ଲାଣ୍ଟେସର ଆଭେନ୍ୟୁରେ ସୂର୍ଯ୍ୟର ତାପରେ ନିଜର ବିବିଧ ରଂଗୀନ ନରମ ଡେଣା ମେଲିଦିଅନ୍ତି ରାଜହଂସ ଓ ଶୁଆ।

ଏହି ଦୁଇ ଖଣ୍ଡର ପ୍ରାୟ ସବୁ କବିତାଗୁଡ଼ିକ ଛୋଟ ଓ ସଠିକ। ଚିତ୍ରଗୁଡ଼ିକୁ ପ୍ରଭାବବାଦୀ ଟେକ୍‌ନିକ୍‌ର ସଂବେଦନଶୀଳ ତୀବ୍ରତାର ସହିତ ଚିତ୍ରିତ କରାଯାଇଛି। ଚିତ୍ରସମୂହର ପୋଥି (THE BOOK OF PICTURES) ର ଦୀର୍ଘ ପଂକ୍ତିଗୁଡ଼ିକର ରାଜକୀୟ ନୀରବତା ଭଗ୍ନ ହୋଇଛି, ରଂଗ ଅଧିକ ଜୀବନ୍ତ, ଅଧିକ ଜଗମଗ ହେଉଛି ଏବଂ ଚିତ୍ରଗୁଡ଼ିକୁ ଉଦ୍‌ବିଗ୍ନଭରା, ଷ୍ଟ୍ରୋକ୍‌ରେ ଚିତ୍ରିତ କରାଯାଇଛି ଯେମିତି କି ତାଙ୍କୁ ଯେଉଁ ଭାବରେ ଦେଖାଯାଇଥିଲା ତାକୁ ବ୍ୟକ୍ତ କରିବା ପାଇଁ: ଗୋଟିଏ ହିଁ, ସମସ୍ତଙ୍କୁ ଅବଶୋଷିତ କରୁଥିବା ନଜରରେ। ଏହି କାରଣରୁ ନୂତନ କବିତାସମୂହର ଅଧିକାଂଶ କବିତାଗୁଡ଼ିକ ସଦ୍‌ଗୁଣର ନିଶ୍ଚିତ ତତ୍ତ୍ୱରୁ ସଂପୂର୍ଣ୍ଣ ଭାବରେ ମୁକ୍ତ ନୁହେଁ। ଅନ୍ୟ ପଟେ, ରିଲ୍କେ କେତେ ଥର ତୀବ୍ର ଷ୍ଟ୍ରୋକ୍‌ର ଏକ ପୂର୍ଣ୍ଣ ନିଶ୍ଚିତତା ପ୍ରାପ୍ତ କରନ୍ତି ଯେମିତି କି କବିତା ସ୍ପେନୀୟ ନର୍ତ୍ତକୀ (THE SPANISH DANCER) ରେ, ଯିଏ ଆମର ଆନ୍ତରିକ ଦୃଷ୍ଟିର କ୍ଷିତିଜ ଉପରେ ଅଗ୍ନିର ଗୋଟିଏ ବୃତ୍ତାକାରରେ ଘୂରୁଥିବା ତତ୍ତ୍ୱ ପରି ଚମକୁଛି, ଯାହା ନିଜର ଜ୍ୱଳନ୍ତ ଏବଂ ଅନ୍ଧ କରିଦେବା ଭଳି ଗତିଶକ୍ତିରେ। ଡେଗାସ ଆଉ ଜୁଲୋଗା ଏହି ନର୍ତ୍ତକୀକୁ ଅନୁଗ୍ରହର ପ୍ରଚୁର ସ୍ଥିତିସ୍ଥାପକତା ଆଉ ରଂଗର ଚମତ୍କାର କଳ୍ପନା ଦେବାପାଇଁ ନିଜ କଳାକୁ ଏକ କ୍ୟାନ୍‌ଭାସ ଉପରେ ସଂଯୋଜିତ କରିଛନ୍ତି।

ନୂତନ କବିତାସମୂହ (NEW POEMS) ରେ କିଛି ବିଷୟ ଏହି କଥାର ସାକ୍ଷ ଦେଉଛି ଯେ ଏହି ଖଣ୍ଡଗୁଡ଼ିକୁ ଲେଖିବା ପୂର୍ବରୁ ରିଲ୍କେ ଇଟାଲୀ, ଜର୍ମାନୀ, ଫ୍ରାନ୍ସ ଆଉ ସ୍କାଣ୍ଡିନେଭିୟାରେ ବ୍ୟାପକ ଭାବରେ ଯାତ୍ରା କରିଥିଲେ। ୱର୍ପ୍ସବେଡରେ କଳାକାରଙ୍କ କଲୋନୀରେ ପାଞ୍ଚଜଣ ଚିତ୍ରକାରଙ୍କ ଉପରେ ତାଙ୍କ ପୁସ୍ତକ, ଯେଉଁଠି ସିଏ କିଛି ସମୟ ପାଇଁ ରହିଥିଲେ, ସମ୍ପୂର୍ଣ୍ଣ ଭାବରେ ବାତାବରଣ, ଆକାଶର ଗତି ଆଉ ଏହି ଉତ୍ତରୀ ପରିଦୃଶ୍ୟର ସୁଦୂର ହୀଥ ଉପରେ ପ୍ରକାଶର ଖେଳର ଅବଲୋକନ ପାଇଁ ସମର୍ପିତ, ପରିଦୃଶ୍ୟ ଚିତ୍ରମାନଙ୍କର କାମର ପ୍ରତ୍ୟେକଟି ବ୍ୟାଖ୍ୟାର ହେଉଛି ପରିଚୟ ଆଉ ଗୋଟିଏ ଏମିତି ଭୂମି ପାଇଁ ଗୋଟିଏ କୋମଳ କବିତା ଯାହାର ଏକାନ୍ତ ଆଉ ଉଦାସୀ ସୁନ୍ଦରତା ତାଙ୍କ ନିଜ କାମରେ ସଂଯୁକ୍ତ ହୋଇଗଲା।

ରିଲ୍କେ ଯେଉଁ ଦେଶର ଯାତ୍ରା କରିଥିଲେ, ସେଠାକାର ବ୍ୟକ୍ତିତ୍ୱସମୂହ ଆଉ କଳାର ସଂପଦର ପ୍ରଭାବରୁ କିଛି ଅଧିକ ମହତ୍ତ୍ୱପୂର୍ଣ୍ଣ ଆଉ ତାଙ୍କ ସୃଜନ ଉପରେ ଏହାର ପ୍ରଭାବ ଯୋଗୁ ଅଧିକ ଶକ୍ତିଶାଳୀ, ତାଙ୍କ ଜୀବନର ସବୁଠାରୁ ବେଶି ଫଳଦାୟୀ

ବର୍ଷଗୁଡ଼ିକରେ ଏକ ମହାନ ସୂର୍ଯ୍ୟ ପରି, ଅଗଷ୍ଟେ ରୋଡ଼ିନଙ୍କର ବିଶାଳ ବ୍ୟକ୍ତିତ୍ୱ ଦଣ୍ଡାୟମାନ। ନୂତନ କବିତାସମୂହରେ ଦୃଷ୍ଟିଗୋଚର ହୁଏ ସମର୍ପଣ: "ଏ ମୋନ ଗ୍ରାଣ୍ଡ ଆମୀ, ଅଗଷ୍ଟେ ରୋଡ଼ିନ," ଯାହା ଫ୍ରାନ୍ସର ମୂର୍ତ୍ତିକାରଙ୍କ ଦ୍ୱାରା କବିଙ୍କ ଉପରେ ପଡ଼ିଥିବା ଦୋହରା ପ୍ରଭାବକୁ ଦର୍ଶାଉଛି, ଜଣେ ସାଙ୍ଗର ଆଉ ଅନ୍ୟ ଜଣେ କଳାକାରର।

ରୋଡ଼ିନଙ୍କର ଚୌଡ଼ା, ମଜବୁତ ଗଠନଶୈଳୀ ଥିବା ଆକୃତି ମନେ ପଡୁଛି, ଯାହାର ଚେହେରରା ଅମସୃଣ ଏବଂ ଉଚ୍ଚ, ଛେଣୀରେ ଖୋଦେଇ କରି ତରଶା ଯାଇଥିବା କପାଳ, ଯାହା ଚମକୁଥିବା ଧଳା ଶଙ୍ଖମଲମଲର ଆବକ୍ଷମୂର୍ତ୍ତିଗୁଡ଼ିକ ଆଉ ପ୍ରତିମାଗୁଡ଼ିକର ମଝିରେ ଆଗକୁ ବଢୁଛି, ଯେମିତି କି ଗୋଟିଏ ପୁରୁଣା କିମ୍ବଦନ୍ତୀରେ ଏକ ବିଶାଳକାୟ ବ୍ୟକ୍ତି ନିଜ ରାଜ୍ୟର ଚଟ୍ଟାଣଗୁଡ଼ିକ ଆଉ ପାହାଡ଼ଗୁଡ଼ିକରେ ମଝିରେ ଚାଲୁଛି, ଧୈର୍ଯ୍ୟବାନ, ସର୍ବଶକ୍ତିମାନ, ସେହି ବ୍ୟକ୍ତି ଯିଏ ଜୀବନକୁ ଜିତି ଯାଇଛି, ଯିଏ ସମୟର ଝଡ଼ଝଂଜାରେ ମଜବୁତ୍ ଆଉ ସଂଯମ। ଆଉ କିଛି ରାଇନେର ମାରିଆ ରିଲ୍କେଙ୍କ ବିଷୟରେ ଭାବୁଛି, ତରୁଣ, ଗୋରା, ନିଜର ପତଳା କୁଳୀନ ଶରୀର ସହିତ, ଟିକିଏ ଆଗକୁ ଝୁଙ୍କି ପଡ଼ିଥିବା ଜଣେ ବ୍ୟକ୍ତି ଯିଏ ଏକାନ୍ତରେ ବହୁତ ଅଧିକ ଆଉ ଗହନ ରୂପରେ ଧ୍ୟାନ କରୁଛି, ତାହାର ସଂବେଦନଶୀଳତା ଭରି ହୋଇ ରହିଥିବା ମୁଖ ଏବଂ "ଭୂରୁର ସୁଦୃଢ଼ ସଂରଚନା ଖୁସୀରେ ଚିନ୍ତନର ଛାୟାରେ ବୁଡ଼ି ରହିଛି" ସ୍ୱପ୍ନରେ ଭରା ଚେହେରା ଆଉ କୌଣସି ଦୂରର ସଂଗୀତକୁ ଶୁଣିବାର ଅଭିବ୍ୟକ୍ତିର ସହିତ।

ତାଙ୍କର ଅନ୍ୟ କୌଣସି ପୁସ୍ତକରେ, "ପ୍ରହରର ପୋଥି" (THE BOOK OF HOURS) କୁ ଛାଡ଼ିକରି, ଆମେ ରିଲ୍କେଙ୍କର ଜୀବନ-ଦର୍ଶନ ଓ କଳାର ଏତେ ସଠିକ ଅବଧାରଣା ପ୍ରାପ୍ତ କରି ପାରୁନି, ଯେତେ କି ଆମେ ଅଗଷ୍ଟେ ରୋଡ଼ିନ୍‌ଙ୍କ ଉପରେ ତାଙ୍କର ତୁଳନାତ୍ମକ ରୂପରେ ଛୋଟ ମୋନୋଗ୍ରାଫ୍‌ରୁ ପ୍ରାପ୍ତ କରିପାରୁ।

ରିଲ୍କେ ରୋଡିନ୍‌ଙ୍କଠି ଆମେ ଯୁଗରେ "ପ୍ରକୃତିରେ ଦାସତ୍ୱର ଶକ୍ତି"ର ପ୍ରମୁଖ ବ୍ୟକ୍ତିତ୍ୱକୁ ଦେଖିଛନ୍ତି। ଏହି କାରଣରୁ ରୋଡିନ୍‌ଙ୍କ ଉପରେ ପୁସ୍ତକ ମୂର୍ତ୍ତିକାରଙ୍କ କାମର ବିଶୁଦ୍ଧ ରୂପରୁ ସୌନ୍ଦର୍ଯ୍ୟପରକ ମୂଲ୍ୟାଙ୍କନରୁ କାହିଁ ଅଧିକ; ରିଲ୍କେ ପୂରା ପୁସ୍ତକରେ ସେହି ଦୃଢ଼ ନୈତିକ ସିଦ୍ଧାନ୍ତର ଅନୁସନ୍ଧାନ କରୁଛନ୍ତି ଯାହା କଳା କ୍ଷେତ୍ରରେ ପ୍ରତ୍ୟେକ ରଚନାତ୍ମକ କାର୍ଯ୍ୟରେ ନିଜେ କାମ କରିଥାଏ। ସବୁ କଳାଗୁଡ଼ିକର ଗହନ ମହତ୍ତ୍ୱର ଏହି ବୁଝାମଣା ରୋଡିନ୍‌ଙ୍କ ଉପରେ ପୁସ୍ତକକୁ ବିଚାରର ନିଜର ଧାର୍ମିକ ଦୃଷ୍ଟିକୋଣ ଆଉ ଅଭିବ୍ୟକ୍ତିର ଭଜନ ପରି ଲୟ ପ୍ରଦାନ କରେ। ସିଏ ଆରମ୍ଭ କରନ୍ତି: "ପ୍ରସିଦ୍ଧି ପ୍ରାପ୍ତ କରିବା ପୂର୍ବରୁ ରୋଡିନ୍ ଏକାକୀ ଥିଲେ, ଆଉ ପରେ ସିଏ ହୁଏତ ଆହୁର ବି

ଅଧିକ ଏକାକୀ ହୋଇଗଲେ। କାହିଁକି ନା ପ୍ରସିଦ୍ଧି ଅନ୍ତତଃ ସେହିସବୁ ଭୁଲ୍‌ଧାରଣାର ସାରାଂଶ ଯାହା ଏକ ନୂଆ ନାମ ବିଷୟରେ ସ୍ଫଟିକକୃତ ହେଉଛି।" ଆଉ ସିଏ ଏହି ବ୍ୟକ୍ତି ଜଣକଙ୍କର ମହାନତାର ସାରାଂଶ ଦେଉଛନ୍ତି: "କେବେ ନା କେବେ ଏହା ଜଣା ପଡ଼ିବ ଯେ ଏହି ମହାନ କଳାକାରଙ୍କୁ ଏତେ ଶ୍ରେଷ୍ଠକରି କିଏ ଗଢ଼ିଲା। ସିଏ ଜଣେ ଏମିତି କଳାକାର ଥିଲେ ଯାହାଙ୍କର ଏକମାତ୍ର ଇଚ୍ଛା ନିଜର ପୂରା ଶକ୍ତିର ସହିତ ନିଜ ଅସ୍ତ୍ରର ବିନମ୍ର ଆଉ କଠିନ ମହତ୍ତ୍ୱକୁ ଭେଦ କରିବା ଥିଲା। ଏଥିରେ ଜୀବନର ଏକ ନିଶ୍ଚିତ ତ୍ୟାଗ ନିହିତ ଥିଲା, କିନ୍ତୁ ଏହି ତ୍ୟାଗରେ ହିଁ ତାଙ୍କର ଜିତ୍ ଥିଲା- କାହିଁକି ନା ଜୀବନ ତାଙ୍କ କାମରେ ପ୍ରବେଶ କରି ଯାଇଥିଲା।"

ରିଲ୍କେଙ୍କ ପାଇଁ ରୋଡିନ୍ ମନୁଷ୍ୟ ଭିତରେ ରଚନାତ୍ମକ ଆବେଗର ଦିବ୍ୟ ସିଦ୍ଧାନ୍ତର ଅଭିବ୍ୟକ୍ତି ପାଲଟିଗଲେ। ଏହିପରି ଭାବରେ ଅଗଷ୍ଟେ ରୋଡିନ୍‌ଙ୍କ ଉପରେ ରିଲ୍କେଙ୍କର ମୋନୋଗ୍ରାଫ ଜୀବନ ଆଉ କଳା ଉପରେ କବିଙ୍କର ଶେଷ ଇଚ୍ଛା ପତ୍ର ହୋଇକରି ରହିବ।

ରିଲ୍କେ ଗଭୀରତାର ସହିତ ଜୀବନ ଜୀଇଁଲେ, ତାଙ୍କର ନିଜ କଳାତ୍ମକ ଚେତନା ଆମ ସମୟର କିଛି ସର୍ବୋଚ୍ଚ ମୂଲ୍ୟଗୁଡ଼ିକୁ ଆତ୍ମସାତ କଲା। ତାଙ୍କ କଳାରେ ସ୍ଲାବର ରହସ୍ୟବାଦୀ ଗଭୀରତା, ଜର୍ମାନର ସଂଗୀତ ଶକ୍ତି ଆଉ ଲାଟିନ୍‌ର ଦୃଷ୍ଟି ସ୍ପଷ୍ଟଭାବେ ପରିଲକ୍ଷିତ ହୁଏ। କଳାକାର ଭାବରେ, ସିଏ ଜୀବନକୁ ପବିତ୍ର ବୋଲି ମାନିଛନ୍ତି ଆଉ ଜଣେ ପୂଜାରୀ ରୂପରେ, ସିଏ ଏହାର ବେଦୀ ଉପରେ ବହୁ ପରିମାଣରେ ପ୍ରସାଦ ବାଢ଼ିଛନ୍ତି।

ହିନ୍ଦୁସ୍ତାନ ଟାଇମ୍ସ
ନ୍ୟୁଓ୍ୱାର୍କ ସହର
ଶରଦ ଋତୁ, ୧୯୧୮

ପ୍ରଥମ କବିତାସମୂହ

ସାୟଂକାଳ

ବିବର୍ଣ୍ଣ ଶସ୍ୟକ୍ଷେତ ଶୋଇ
ପଡ଼ିଛି
ଖାଲି ମୋ ହୃଦୟ ଜାଗି କରି
ରହିଛି
ସାୟାହ୍ନରେ
ବନ୍ଦରରେ
ଲାଲ ରଂଗର ପାଲଟି ଏବେ ଦେଖା
ଯାଉଛି ।

ଶର୍ବରୀ
ସ୍ୱପ୍ନର ପ୍ରହରୀ
ଦେଖ ଏବେ ଉପକୂଳକୁ
ଆସିଛି
ଧବଳ ରଂଗର କୁନ୍ଦ ଫୁଲ ପରି
ଚନ୍ଦ୍ରମା
ଆଜି ତାହାର କରତଳରେ ପ୍ରସ୍ଫୁଟିତ
ହୋଇଛି ।

କୁମାରୀ ମେରୀ

କେମିତି ଆସିଲା, କେମିତି ତୁମ ରାତିରୁ ଆସିଲା
ମେରୀ, ଏତେ ଆଲୋକ
ଆଉ ଏତେ ଅନ୍ଧାର:
କିଏ ଥିଲା ତୁମର ବର ?

ତୁମେ ଡାକ ପକାଉଛ, ତୁମେ ଡାକ ପକାଉଛ ଆଉ ଭୁଲିଯାଉଛ
ଯେ ତୁମେ ସିଏ ନୁହଁ
ଯିଏ ମୋ ପାଖକୁ ଆସିଥିଲ
ତୁମର କୁମାରୀ ଅବସ୍ଥାରେ।

ମୁଁ ଏବେ ବି ସେତିକି ପ୍ରସ୍ଫୁଟିତ, ସେତିକି ତରୁଣ।
ମୁଁ ପାଦ ଚାପି ଚାପି କେମିତି ଯିବି
ପିଲାଦିନଠୁ ଘୋଷଣାଯାଏଁ
ଗୋଧୂଳି ବେଳାରେ
ତୁମ ବଗିଚାକୁ।

ଚିତ୍ରସମୂହର ପୋଥି

ପୂର୍ବାଭାସ

ମୁଁ ଅନ୍ତରୀକ୍ଷରେ ଉଡୁଥିବା ଗୋଟିଏ ଧ୍ୱଜା ପରି
ଆସିବାକୁ ଥିବା ପବନକୁ ମୁଁ ସୁଙ୍ଘୁଛି ଆଉ ତା ସହିତ ଝୁଙ୍କି ପଡୁଛି,
ଯେତେବେଳେ ତଳେ ଥିବା ଜିନିଷଗୁଡ଼ିକ ଏବେ ବି ହଲଚଲ କରୁନି
ଯେତେବେଳେ ଦୁଆରଗୁଡ଼ିକ ଧୀରେ ବନ୍ଦ ହେଉଛି ଆଉ
ଚିମିନୀଗୁଡ଼ିକରେ ଶାନ୍ତି ଅଛି
ଏବଂ ଝରକାଗୁଡ଼ିକ ଏବେ ବି କଂପୁନି ଆଉ ଧୂଳି
ଏବେ ବି ଭାରୀ-
ତେବେ ମୁଁ ତୋଫାନକୁ ଅନୁଭବ କରୁଛି ଆଉ ମୁଁ ସମୁଦ୍ର ପରି
ଜୀବନ୍ତ ହୋଇ ଉଠୁଛି
ଆଉ ପ୍ରସାରିତ ହେଉଛି ଏବଂ ନିଜ ଭିତରକୁ ଫେରି ଆସୁଛି
ଏବଂ ସ୍ୱୟଂକୁ ଆଗକୁ ବଢ଼ାଉଛି ଆଉ ମହାନ ତୋଫାନରେ
ମୁଁ ଏକେଲା ଅଛି।

ଶରଦ ଋତୁ

ଯେମିତି କୌଣସି ସୁଦୂରରୁ ଝଡ଼ି
ପଡୁଛି
ଝଡ଼ି ପଡୁଛି ପତ୍ରଗୁଡ଼ିକ
ସ୍ୱର୍ଗର ବଗିଚାରୁ, ମନ୍ଥର
ଗତିରେ।

ଆଜିର ଏହି ରାତିରେ
ପୃଥିବୀ ମଧ୍ୟ ଭାରାକ୍ରାନ୍ତ ହୋଇ
ଛିଟିକି ପଡୁଛି ଯେମିତି
ନକ୍ଷତ୍ର ଗର୍ଭରୁ ଗୋଟିଏ
ନିର୍ଜନତା ଭିତରେ।

ସବୁକିଛି ଧ୍ୱଂସ ହେବ ଗୋଟିଏ ଦିନ
ମୁଁ ବି ଜାଣିଛି ମୋର ଏହି ସକ୍ଷମ ହାତର
ବିନାଶ ହେବ
ଅନ୍ୟ ହାତଟି ମଧ୍ୟ ଝଡ଼ି ପଡ଼ିବ
ଧ୍ୱଂସ ହେଉଛି ଆମର ନିୟତି
ତାହା କେବଳ କୋମଳତାର ସହିତ
ଏହି ଅନନ୍ତ ପତନରୁ ଆମକୁ ନିଜ ହାତରେ
ଧରି ରଖିବ।

ମୌନ ପ୍ରହର

ଯିଏ ବି କେଉଁଠି ଦୁନିଆର ବାହାରେ ରହିକରି କାନ୍ଦୁଛି
କୌଣସି କାରଣ ବିନା ଦୁନିଆରେ କାନ୍ଦୁଛି
ମୋ ପାଇଁ କାନ୍ଦୁଛି।

ଯିଏ ବି କେଉଁଠି ରାତିର ବାହାରେ ରହିକରି ହସୁଛି
କୌଣସି କାରଣ ବିନା ରାତିରେ ହସୁଛି
ମୋ ଉପରେ ହସୁଛି।

ଯିଏ ବି କେଉଁଠି ଦୁନିଆ ଭିତରେ ରହିକରି ଭଟକୁଛି
ବ୍ୟର୍ଥରେ ଦୁନିଆ ଭିତରେ ଭଟକୁଛି
ମୋ ପାଖରେ ଭଟକୁଛି।

ଯିଏ ବି କେଉଁଠି ଦୁନିଆରେ ରହିକରି ମୃତ୍ୟୁବରଣ କରୁଛି
କୌଣସି କାରଣ ବିନା ଦୁନିଆରେ ମୃତ୍ୟୁ ବରଣ କରୁଛି
ମୋ ଆଡ଼େ ଅନଉଛି।

ଦେବଦୂତଗଣ

ସେମାନଙ୍କ ମୁହଁ ଥକି ଗଲାପରି ଲାଗୁଛି
ଆଉ ଉଜ୍ଜ୍ୱଳ, ଅସୀମ ଆତ୍ମାଗୁଡ଼ିକ;
ଆଉ ଏକ ଲାଳସା (ଯେମିତି କି ପାପ ପାଇଁ)
କେବେ କେବେ କଂପୁଛି ତାଙ୍କ ସ୍ୱପ୍ନଗୁଡ଼ିକରେ।

ସେମାନେ ସମସ୍ତେ ଜଣେ ଅନ୍ୟ ଜଣକ ସହିତ ମେଳ ଖାଉଛନ୍ତି,
ଈଶ୍ୱରଙ୍କ ବଗିଚାରେ ସେମାନେ ଅଛନ୍ତି ମୂକ ହୋଇ
ଅନେକ, ଅନେକ ଅନ୍ତରାଳ ପରି
ତାଙ୍କର ଶକ୍ତିଶାଳୀ ମଧୁର ସଂଗୀତରେ।

କିନ୍ତୁ ଯେତେବେଳେ ସେମାନେ ତାଙ୍କ ଡେଣାଗୁଡ଼ିକୁ ମେଲାଉଛନ୍ତି,
ସେମାନେ ଜଗାଉଛନ୍ତି ପବନକୁ
ଯାହା ଏମିତି ଭାବରେ ହଲୁଛି ଯେ
ଯେମିତି କି ଈଶ୍ୱର
ନିଜ ସୁଦୂର-ପ୍ରସାରୀ ହାତଗୁଡ଼ିକରେ
ଓଲଟାଉଛନ୍ତି ତିମିରାଚ୍ଛାଦିତ ଆଦି ପୁସ୍ତକର ପୃଷ୍ଠାଗୁଡ଼ିକୁ।

ଏକାନ୍ତ

ଏକାନ୍ତ ବର୍ଷା ପରି
ଯାହା ଗୋଧୂଳି ବେଳାରେ ସମୁଦ୍ରରୁ ଉଠିବା ଆରମ୍ଭ କରେ;
ଏହା ଦୂରର ପ୍ରାଙ୍ଗଣକୁ ଦେଇ କରି
ଉପରକୁ ନିଜର ନିବାସ-ସ୍ଥାନ ଆକାଶ ଆଡ଼େ
ସନ୍ତରଣ କରିଯାଏ
ପୁଣି ସହରର ଉପରେ ଧୀରେ ଧୀରେ ଆଉ ଥରେ ବୁଡ଼ିଯାଏ ।
ବର୍ଷା ପରି ଏହା ସେହି ମଳିନ ପ୍ରହରରେ
ଖସିପଡ଼େ ଧୀରେ ଧୀରେ
ଯେତେବେଳେ ଭୂତିଆଗଳିଗୁଡ଼ିକ ଛାୟାଯୁକ୍ତ ସକାଳ
ଆଡ଼େ ବୁଲିପଡ଼ନ୍ତି;
ଯେତେବେଳେ ପରିତୃପ୍ତ ଆବେଗ ଶକ୍ତିରେ ଓଜନ ହୋଇଥିବା
ଶରୀରଗୁଡ଼ିକ,
ଗୋଟିଏ ଅପର ଆଡ଼େ ନିରାଶ ହୋଇକରି ବୁଲି ପଡ଼ନ୍ତି,
ଯେତେବେଳେ ଶାନ୍ତ ଘୃଣାରେ ଭରି ହୋଇ ରହିଥିବା ଲୋକେ
ଗୋଟିଏ ବିଛଣା ଉପରେ ହିଁ ଶୁଅନ୍ତି-
ଭୋରର ଧୂସର, ପ୍ରେତଛାୟାଗୁଡ଼ିକର ମାଧ୍ୟମରେ
ଚାହିଁ ଦେଖ ! ଏକାନ୍ତ ଭାସିଯାଏ
ନଦୀର ତିମିରେ...

କିମ୍ବଦନ୍ତୀଗୁଡ଼ିକର ରାଜାମାନେ

ପୁରୁଣା କିମ୍ବଦନ୍ତୀଗୁଡ଼ିକର ରାଜାମାନେ
ସଂଧ୍ୟାରେ ଆଲୋକରେ ଉଠୁଥିବା ପାହାଡ଼ଗୁଡ଼ିକ ପରି ଲାଗନ୍ତି।
ସେମାନେ ନିଜ ଚମକରେ ସମସ୍ତଙ୍କୁ ଅନ୍ଧ କରି ଦିଅନ୍ତି,
ତାଙ୍କ ଅଣ୍ଟାରେ ଚମକୁଥିବା କମରବନ୍ଧରେ ବନ୍ଧା ଯାଇଥାଏ,
ତାଙ୍କର ବସ୍ତ୍ର ମହଙ୍ଗା ପଥରଗୁଡ଼ିକର ପଟ୍ଟୀରେ ବନ୍ଧାଯାଇଥାଏ
ଯାହା ଧରଣୀର ସବୁଠୁ ଦୁର୍ଲଭ ରତ୍ନରେ ତିଆରି-
ବିରଳ ପୃଥିବୀର ପ୍ରଚେଷ୍ଟା-ସେମାନେ
ନିଜ ହାତରେ ନିଜର ସରୁ, ଚକମକ
ମୁକୁଳା ତରବାରୀଗୁଡ଼ିକୁ ଧରି ରଖନ୍ତି।

ଶୂରବୀର

ଶୂରବୀର କବଚ ପିନ୍ଧିକରି ଦୁନିଆର ଗର୍ଜନରେ
ଆଗକୁ ବଢ଼ନ୍ତି। ଆଉ
ଏଠାରେ ଅଛି ଜୀବନ: ଅଙ୍ଗୁରଲତା ଘାଟିରେ
ଆଉ ସାଙ୍ଗ ଓ ଶତ୍ରୁ, ଏବଂ ହଲ୍‌ରେ ଭୋଜି
ଏବଂ ମେ ଆଉ ଚାକରାଣୀ, ଆଉ ଗିରିସଂକଟ ଓ ଇପ୍ସିତ ବସ୍ତୁ;
ପ୍ରତ୍ୟେକ ପାଚିରୀ ଉପରେ ଭଗବାନଙ୍କ ପତାକା
ଉଡ଼େ, ହଜାର ହଜାର ରାସ୍ତାରେ ଲହରାଏ।

ଶୂରବୀରଙ୍କ କବଚ ତଳେ
ଶିଙ୍କୁଳିର କଳା କଡ଼ିଗୁଡ଼ିକ ପଛରେ,
ମୃତ୍ୟୁ ଝୁଙ୍କି ପଡ଼ି ରହେ ଏବଂ ଭାବେ:
"ତରବାରୀର ଧାର କେବେ ଖାପରୁ ବାହାରିବ
ତୀକ୍ଷ୍ଣଧାର ଓ ଉଜ୍ଜ୍ୱଳ ହୋଇ
ଆଉ ପୋଷାକର ଜାଲକୁ କାଟିଦେବ
ଯାହା ମୋତେ ବଳୟ ଉପରେ ବଳୟରେ
ଫସେଇବ-
ଯେତେବେଳେ ଶତ୍ରୁ ଦ୍ୱାରା ଦିଆଯାଇଥିବା ଆଘାତ
ମୋତେ ମୁକ୍ତ କରିବ
ନାଚିବା ଓ ଗାଇବା ପାଇଁ?"

ବାଳକ

ମୁଁ ଚାହେଁ ଯେ ମୁଁ ବି ସେମାନଙ୍କ ଭିତରୁ
ଜଣେ ହୋଇଯାଏ,
ଯିଏ, ରାତିରେ ଘୋଡ଼ା ଉପରେ ଚଢ଼ି କରି
ମୁକୁଳା କେଶ ପରି ଜଳୁଥିବା ମଶାଲ ସହିତ
ମହାନ ତୀବ୍ର ପବନରେ
ଶିକାର ପାଇଁ ବାହାରେ।
ମୁଁ ଚାହେଁ, ନାଆ ଉପରେ ଠିଆ ହୁଏ
ଆଉ ସାହସ କରେ
ବ୍ୟାପକ ତୋଫାନର ସାମ୍ନା କରିବା ପାଇଁ,
ଶକ୍ତିଶାଳୀ, ଅନ୍ଧାରରେ ମୁକୁଳା ହୋଇଥିବା ପତାକା ପରି
କିନ୍ତୁ ସୁନାରେ ତିଆରି ହେଲ୍‌ମେଟ୍‌ ସହିତ
ଯାହା ଚମକେ ଅସ୍ତବ୍ୟସ୍ତ ହୋଇ।
ଆଉ ଗୋଟିଏ ପଂକ୍ତିରେ,
ମୋ ପଛପଟେ ଅନ୍ଧାରରେ
ଦଶଜଣ ଲୋକ ଯେଉଁମାନେ ଚମକନ୍ତି
ହେଲ୍‌ମେଟ୍‌ ସହିତ
ଯାହା ଥାଏ ବ୍ୟତିବ୍ୟସ୍ତ,
ମୋ ପରି,
ଏବେ ପୁରୁଣା ଓ ସୁପ୍ତ
ଏବେ ଚମକନ୍ତି ସ୍ୱଚ୍ଛ କାଚ ପରି।

ଜଣେ ମୋ ପାଖରେ ଠିଆ ହୋଇଥାଏ
ଆଉ ନିଜର ଚମକୁଥିବା ଟ୍ରମ୍ପେଟ୍ ଉପରେ
ତୀବ୍ର ବେଗରେ
ଧମାକା କରେ
ଆଉ ଧ୍ୱନି
ଚାରିଆଡ଼େ ଥିବା ବିଶାଳ କଳା ନିର୍ଜନତାରେ
ଚିତ୍କାର କରି ଉଠେ
ଯାହା ମାଧ୍ୟମରେ,
ଆମେ ଦୌଡ଼ୁ।
ଘର ଆମ ପଛପଟେ ଆଣ୍ଠେଇ ପଡ଼େ,
ସଡ଼କଗୁଡ଼ିକ ଆମ ଆଗରେ ନଇଁ ଯାଆନ୍ତି ଆଉ
ଆମେ ସେଗୁଡ଼ିକୁ ପାଇଥାଉ,
ମହାନ ଛକଗୁଡ଼ିକ ଆମ ପାଖରେ ହାର୍ ମାନନ୍ତି
ଆଉ ଆମେ ସେଗୁଡ଼ିକୁ ଦଖଲ କରୁ-
ଏବଂ ଆମ ସଡ଼କଗୁଡ଼ିକ ଉପରେ
ମେଘର ଗର୍ଜନ ପରି ଗହଳି ଥାଏ।

ଦୀକ୍ଷା

ତୁମେ ଯିଏ ବି ହୋଇଥାଅ ! ବୁଲୁଥାଅ
ସଂଜବେଳେ
ନିଜ କୋଠରୀରୁ ବାହାରକୁ ଆସି
ତୁମେ ସବୁ ଜାଗାଗୁଡ଼ିକୁ ଜାଣିଥାଅ,
ଆଉ ଦୂରର ଧୂମିଳ ଦୂରତ୍ୱରେ
ନିଜ ଘର ଛାଡ଼
ତୁମେ ଯିଏ ବି ହୋଇଥାଅ ।
ନିଜ ଆଖି ଉଠାଅ
ଆଉ ଦେଖ ଯେ ପାଦରେ ଘସିହୋଇ ଯାଉଥିବ ।
ଚୌକାଠ ଉପରେ ଛାଇ ପଡୁଥାଏ,
ନିଜ ଆଡ଼କୁ ଧୀରେ ଉଠାଅ
ସେହି ବିଶାଳ କଳା ଗଛଟି ଆଡ଼େ
ଯାହା ସ୍ୱର୍ଗ ସମ୍ମୁଖରେ ଠିଆ ହୋଇ ରହିଛି,
ଏକେଲା, ଉଚ୍ଚ ହୋଇ,
ଆଉ ତୁମେ ଜୀବନର ଦର୍ଶନ କଲ,

ଏହାର ଅର୍ଥ
ସେହି ଶବ୍ଦଗୁଡ଼ିକ ପରି ଉଠୁଛନ୍ତି
ମୌନତା ଭିତରେ
ସ୍ୱଷ୍ଟ ଭାବରେ
ବଢୁଛନ୍ତି;
ସେଗୁଡ଼ିକ ଯେତେବେଳେ ତୁମ ଜାଣିବାର
ଇଛା ଆଗରେ
ପ୍ରକଟ ହୁଅନ୍ତି
ତୁମେ ଧୀରେ କରି ନିଜ ଆଖିଯୋଡ଼ିକ
ହଟାଇ ନିଅ-

ପଡ଼ୋଶୀ

ଅଦ୍ଭୁତ ଭାୟୋଲିନ୍! ତୁମେ କ'ଣ
ମୋ ପିଛା କର?
ବିଦେଶୀ ସହରଗୁଡ଼ିକରେ, ବହୁତ ଦୂରରେ,
ତୁମର ଏକାକୀ ସ୍ୱର
କଥା କହେ ମୋ ସହିତ ସ୍ମୃତି ପରି।
କ'ଣ ସହସ୍ର ଲୋକ ତୁମକୁ ବଜାନ୍ତି,
ଅଥବା କେବଳ ଜଣେ ବଜାଏ?

କ'ଣ ସବୁ ବଡ଼ ସହର ଗୁଡ଼ିକରେ
ତୋଫାନରେ ଆକ୍ରାନ୍ତ ଲୋକେ ଅଛନ୍ତି
ଯେଉଁମାନେ ତୁମ ଛଡ଼ା ନଦୀଗୁଡ଼ିକୁ ଖୋଜିବେ,

ଯେଉଁମାନେ ତୁମ ଛଡ଼ା, ସବୁବେଳ ପାଇଁ
ହଜି ଯାଇଥିବେ?
ତୁମର ଏକାକୀ ସ୍ୱର ସବୁବେଳେ କାହିଁକି
ମୋ ପାଖକୁ ଆସେ?

ମୁଁ କାହିଁକି ସବୁବେଳେ ସେମାନଙ୍କର
ପଡ଼ୋଶୀ ହୋଇଥାଏ
ଯେଉଁମାନେ କଂପୁଥିବା ତାରଗୁଡ଼ିକରେ
ଗୀତ ଗାଇବାକୁ
ବାଧ କରନ୍ତି ତୁମକୁ ?
ଜୀବନ ବହୁତ ଭାରୀ-
ତୁମ ଗୀତ କହେ-
ସବୁ ବିଶାଳ, ଭାରୀ ଜିନିଷଗୁଡ଼ିକ ଅପେକ୍ଷା ।

ମୂର୍ତ୍ତିର ଗୀତ

କିଏ ମୋତେ ଏତେ ଭଲପାଏ ଯେ
ମୋ ପାଇଁ ତା'ର ବହୁମୂଲ୍ୟ ଜୀବନ
ଦେଇଦେବ ?
ମୁଁ ପଥରରୁ ମୁକ୍ତି ପାଇବି
ଯଦି କେହି ମୋ ପାଇଁ ସମୁଦ୍ରରେ
ବୁଡ଼ି ଯିବ,
ମୋତେ ମିଳିବ ଜୀବନ, ଜୀବନ ମୋ ନିଜର-
ଜୀବନ ପାଇଁ ମୁଁ ଉଚ୍ଛନ୍ନ ।

ଗୀତ ଗାଉ ଗାଉ ରକ୍ତ ପାଇଁ
ଥାଏ ମୋର ଲିପ୍ସା,
ପଥର ନିଶ୍ଚଳ ଓ ଶୀତଳ ।
ମୁଁ ଜୀବନର ସ୍ୱପ୍ନ ଦେଖେ, ସ୍ୱପ୍ନ ଭଲ ।
କେହି କ'ଣ ମୋତେ ଭଲ ପାଇବନି
ଏବଂ ସାହସୀ ହେବନି
ଆଉ ମୁଁ ଜାଗିକରି ରହିବିନି ?

ମୁଁ କାନ୍ଦେ ଆଉ ଏକାକୀ କାନ୍ଦେ,
ସବୁବେଳେ ମୋ ପଥର ପାଇଁ କାନ୍ଦେ।
ମୋ ରକ୍ତ ପାଇଁ କେମିତି ଖୁସୀ
ଯଦି ଏହା ପାଚିକରି
ଲାଲ ମଦିରାରେ ପରିଣତ ହୁଏ ?
ଏହା ସମୁଦ୍ରରୁ ସେହି ଜୀବନକୁ
ଫେରାଇ ଆଣି ପାରିବନି
ଯାହାକୁ ମୋ ପାଇଁ ଦିଆଯାଇଥିଲା,
ଦିଆଯାଇଥିଲା ଭଲ ପାଇବାପାଇଁ।

ଯୁବତୀଗଣ ୧

ଅନ୍ୟମାନଙ୍କୁ ଗୋଟିଏ ଲମ୍ବା
ଅନ୍ଧାରିଆ ରାସ୍ତାରେ
ରହସ୍ୟମୟ କବିମାନଙ୍କ
ନିକଟରେ ଭଟକିବାକୁ ପଡ଼େ,
ଅଥବା ଏମିତି କୌଣସି ବ୍ୟକ୍ତିକୁ
ପଚାରିବାକୁ ପଡ଼େ
ଯିଏ ତାଙ୍କୁ ଗାଇବାର ଶୁଣିଥିବ
ଅଥବା ଜାଦୁମୟ ସ୍ୱରରେ
ଛୁଇଁ ଦେଇଥିବ ।
କେବଳ ଯୁବତୀଗଣ ହିଁ
ସେହି ପୋଲ ଉପରେ
ପ୍ରଶ୍ନ ଉଠାନ୍ତିନି
ଯାହା ସ୍ୱପ୍ନ ଆଡ଼କୁ ନେଇଯାଏ;
ସେମାନଙ୍କର ଉଜ୍ଜ୍ୱଳ ହସ
ମୋତିଗୁଡ଼ିକ ପରି
ଯାହା ଗୋଟିଏ ରୂପାର ଫୁଲଦାନୀରେ
ଚମକୁଥାଏ ।

ଯୁବତୀଗଣଙ୍କର ଜୀବନର ଦ୍ୱାର
ବାହାରକୁ ନେଇଯାଏ
ଯେଉଁଠି କବିର ସ୍ୱର ଉଚ୍ଚରେ ଉଠୁଥାଏ,
ଆଉ ମହାନ ଦୁନିଆର ବାହାରେ-
ଦ୍ୱାରର ବାହାରେ ଥିବା ଦୁନିଆରେ ।

ଯୁବତୀଗଣ ୨

ଯୁବତୀଗଣ, କବିମାନେ ତୁମଠୁ ଏହା
କହିବାକୁ ଶିଖନ୍ତି
ଯେ ତୁମେସବୁ କେତେ ଏକାନ୍ତ ଏବଂ
ଦୂରସ୍ଥ,
ଯେମିତି ରାତି ଗୋଟିଏ ଉଚ୍ଚ ଉଜ୍ଜ୍ୱଳ
ତାରା ପାଖରୁ ଆଲୋକ ପାଏ
ସେମିତି ସେମାନେ ଆଲୋକ ନେଇଥାନ୍ତି ଦୂରରୁ
ଯେଉଁଠି ତୁମେ ରହ ।

କବିଙ୍କ ପାଇଁ ତୁମେ ସର୍ବଦା
ଯୁବତୀ ହୋଇ ରହିବ
ଯଦିଓ ତାଙ୍କ ଆଖି ତୁମ ଭିତରେ ଥିବା ନାରୀକୁ
ଜଗାଇବ
ବିବାହ ପାଇଁ ପ୍ରସ୍ତୁତ ଜରି-କାରୁକାର୍ଯ୍ୟର ଓଜନରେ
ତୁମର କୋମଳ ମଣିବନ୍ଧ ଭାଙ୍ଗିଯିବ,
ରହସ୍ୟମୟ, ମାୟାବୀ,
ତାଠୁ ଦୂରକୁ ଚାଲିଯିବ ।

ତାକୁ ନିଜ ବଗିଚାରେ ଏକାକୀ ଅପେକ୍ଷା
କରିବାକୁ ଦିଅ,
ଯେଉଁଠି ବେଞ୍ଚସବୁ ଛାଇରେ ଅପେକ୍ଷା କରି
ଠିଆ ହୋଇ ରହିଛି

ସେହି କୋଠରୀ ଭିତରେ ଯେଉଁଠି ବୀଣାଟିକୁ
ବଜାଇଥିଲା,
ଯେଉଁଠି ସିଏ ତୁମକୁ ଶାଶ୍ୱତ ରୂପରେ
ପ୍ରାପ୍ତ କରିଥିଲା ।

ଯାଅ ! ଅନ୍ଧାର ବଢ଼େ - ତୁମର ଆବାଜ
ଆଉ ତୁମର ରୂପ ଏବେ ନାହିଁ
ତା'ର ଇନ୍ଦ୍ରିୟଗୁଡ଼ିକ ଖୋଜୁଛି;
ସିଏ ଏବେ ଆଉ ଦେଖୁନି
ଗୋଟିଏ ଧଳା ପୋଷାକ ଯାହା ଫଡ଼ ଫଡ଼ ହେଉଛି
ଅନ୍ଧାର ଭିତରେ ଗଛ ତଳେ
ସେହି ରାସ୍ତା ଉପର ଦେଇ ଯେଉଁଠି
ଏହା ଆଗରୁ ଚମକୁ ଥିଲା ।

ସେହି ଲମ୍ବା ରାସ୍ତା ସବୁ ପସନ୍ଦ ଯେଉଁଠି
କୌଣସି ପଦପାତ ଶୁଣାଯାଉନି,
ଆଉ ସିଏ ବହୁତ ପସନ୍ଦ କରେ ସେହି
ନିଃଶବ୍ଦ କୋଠରୀ, ଯେଉଁଠି
ଶାନ୍ତ ପବନ ଭିତର ଦେଇ ଆସୁଥିବା
ଫୁସ୍‌ଫୁସ୍ ଶବ୍ଦ ପରି କୋମଳ ତୁମର
ଆବାଜ ସିଏ ଶୁଣେ, ବହୁତ ଦୂରରେ,
ଯାହା ଉଭେଇ ଯାଉଥିବ ।

ପୁଣି ଆସୁଥିବ ଚୋରିକରି ନେଇଥିବା କୋମଳ ପ୍ରତିଧ୍ୱନି
ଲୋକଗହଳି ଭିତରୁ ଯେଉଁମାନଙ୍କୁ, କ୍ଳାନ୍ତିଜନକ ଭାବେ
ସିଏ ତ୍ୟାଗ କରେ;
ଆଉ ଅନେକ ଲୋକ ତୁମକୁ ସେଠି ଦେଖନ୍ତି-
ତେଣୁ ତା'ର ଚିନ୍ତାଧାରା ଧାଉଁଥାଏ-
ଏବଂ କୋମଳତମ ସ୍ମୃତିଗୁଡ଼ିକ ବିଦ୍ଧ ହୁଏ
ଯନ୍ତ୍ରଣାର ସହିତ ।

ବଧୂ

ମୋତେ ଡାକ, ପ୍ରିୟତମ ! ମୋତେ
ଜୋର୍‌ରେ ଡାକ !
ତୁମ ବଧୂ ଝରକା ଉପରେ ନଜର ରଖେ;
ସଂଜ ଢଳେ, ଅନ୍ଧାର ହୁଏ, ଧୂମିଳତା
ପୁରୁଣା ପ୍ଲେନ୍-ଗଛର ଖାଲି ଗଳିରେ
ଲଟେଇ ଯାଏ ।

ଓଃ ! ତୁମର ଆବାଜକୁ ମୋତେ
ନିଜର ଚାରିପଟେ
ଗୁଡ଼େଇହେବାକୁ ଦିଅ,
ଅଥବା ଏହି ଅନ୍ଧାର ଘରୁ, ଏକାକୀ
ଆଉ ଦୂରସ୍ଥ,
ଗହରିଆ ନୀଳ ବଗିଚାଗୁଡ଼ିକର ମାଧ୍ୟମରେ
ଯେଉଁଠି ଧୂସର ଛାଇସବୁ
ଭାସୁଥାଏ,
ମୁଁ ନିଜ ହାତଗୁଡ଼ିକୁ
ବାହାର ଆଡ଼େ କାଢ଼ିଦେଇ
ଆମ୍ଭାକୁ ଢାଳି ଦେବି...

ଶରଦ ଋତୁର ଦିନ

ହେ ଈଶ୍ୱର !
ଏବେ ସମୟ ଆସିଗଲାଣି;
ଗ୍ରୀଷ୍ମକାଳ ଥିଲା ଅପରିମେୟ ଦୀର୍ଘ ।
ସୂର୍ଯ୍ୟ-ଘଡ଼ି ଉପରେ ପଡ଼ିବାକୁ ଦିଅ
ତୁମ ଛାଇ
ଆଉ ଏହି ସୁବିସ୍ତୃତ ମହାକାଶ କୋଳରେ
ଏବେ ତୁମେ କର ଘୂର୍ଣ୍ଣିବାୟୁକୁ
ପ୍ରବାହିତ ।

ଋତୁର ଶେଷ ଫଳଗୁଡ଼ିକୁ ପରିପକ୍ୱ ହେବାକୁ ଦିଅ,
ଆଉ ଦୁଇଟି ଦକ୍ଷିଣାୟନର ଦିନ ସେଗୁଡ଼ିକୁ
ଭେଟ କର,
ନେଇଯାଅ ପୂର୍ଣ୍ଣତାର ଆଡ଼େ,
ଆଉ ଋତୁର ଅନ୍ତିମ ରସରେ ଭରି ହୋଇଥିବା
ମଧୁରତା
ତୁମେ ଟାଣି ଆଣ ଆଉ ମିଶ୍ରିତ କର
ମଦିରାରେ ।

ଯାହାର ଘରଦ୍ୱାର ନାହିଁ,
ଏବେ ସିଏ ଆଉ କୌଣସି ଆବାସ ଗଢ଼ି
ପାରିବନି ।

ଯିଏ ଏବେ ଏକେଲା ରହେ,
ସିଏ ଦୀର୍ଘକାଳ ଏକେଲା ହୋଇ ରହିବ,
ଚେଇଁ ରହିବ, ପଢ଼ିବ, ଲେଖିବ ଦୀର୍ଘ
ସବୁ ଚିଠି।
ଆଉ ପଦଚାରଣ କରିବ ରାସ୍ତାରେ,
ଚାଲି ଚାଲି ଯିବ, ପୁଣି
ସେ ଫେରିବ,
କ୍ଳାନ୍ତିହୀନ ଭାବରେ ଏକା ଏକା,
ଯେତେବେଳେ ପବନରେ ଉଡୁଥିବ
ଝରାପତ୍ର।

ଚାନ୍ଦିନୀ ରାତି

ଦକ୍ଷିଣ-ଜର୍ମାନ ରାତି !
ମୁଣ୍ଡ ଉପରେ ଝୁଲୁଥାଏ ପାଚିଲା ଜହ୍ନ
ଜାଦୁ ବୁଣୁଥାଏ
ଛାୟା ପ୍ରଦାନକାରୀ ଘାସ ପଡ଼ିଆରେ ।
ସମୟର ପୁରୁଣା ମିନାର ଉପରୁ ପଡ଼ିଗଲା
ଖୁବ୍ ଜୋର୍‌ରେ
ଅନ୍ଧକାରରେ
ସତେ ଯେମିତି ପଡ଼ିଗଲା ସମୁଦ୍ରରେ-
ଗୋଟିଏ ମର୍ମର ଧ୍ୱନି,
ଉଦ୍ୟାନର ରାତ୍ରି-ଜଗୁଆଳୀର ଡାକ,
ତା'ପରେ କିଛି ସମୟ ଅକାର୍ଯ୍ୟକର ନୀରବତାରେ
ପବନକୁ ଭରିଦିଏ;
ଏବଂ ତା'ପରେ ଗୋଟିଏ ଭାୟୋଲିନ୍ (ଭଗବାନ ଜାଣନ୍ତି କେଉଁଠୁ)
ଜଗାଏ ଏବଂ ଧୀର ସ୍ୱରରେ ଗାଏ: ଓଃ ପ୍ରେମ... ଓଃ ପ୍ରେମ...

ଏପ୍ରିଲ୍‌ରେ

ପୁଣି ଜଙ୍ଗଲ ମହକିବାରେ ଲାଗିଛି, ଲାର୍କ
ନିଜର ଉପରେ ଉଡୁଥିବା ଡେଣାରେ ଆକାଶକୁ
ଧୂସର ରଂଗରେ ଉଡ଼ାଉଛି
ଯାହା ଗଛଗୁଡ଼ିକର ଅଗରୁ
ଲଟକି କରି ରହିଛି,
ଓଢ଼ଣା ପକାଇ, ଅନ୍ଧାରରେ,
ଯେଉଁଠି ନଗ୍ନ ଶାଖାଗୁଡ଼ିକ ପ୍ରକଟ କରୁଛି
ଖାଲି ଦିନର।

ଦୀର୍ଘ ବର୍ଷଣମୁଖର ଅପରାହ୍ନ ପରେ
ଆସୁଛି ଗୋଟିଏ ଘଣ୍ଟା
ନିଜର ସୁନେଲି ଆଲୋକର ଦଣ୍ଡାକୁ ନେଇ
ଆଉ ତାକୁ ବିଞ୍ଚାଡ଼ି ଦେଉଛି
ଝରକାଗୁଡ଼ିକ ପାଖରେ
ଚମକଦାର ବର୍ଷାର ଛିଟା ସାଙ୍ଗରେ,
ଆଉ ବର୍ଷାର ବୁନ୍ଦାଗୁଡ଼ିକ
ଡରକୁରା ଡେଣା ପରି
ଝରକାର କାଚକୁ ପିଟୁଛି।

ତା'ପରେ ସବୁକିଛି ହୋଇଯାଉଛି ଶାନ୍ତ ।
ପଥରଗୁଡ଼ିକ ବର୍ଷାର ମୃଦୁ ସ୍ୱର ଶୁଣି ଶୁଣି
ଗାଁ ଗାଁ ଶବ୍ଦ କରି ଶୋଇ ଯାଉଛନ୍ତି
ଯାହା ଧୀରେ ଧୀରେ ଥମି ଯାଉଛି;
ଆଉ ଶାଖାଗୁଡ଼ିକରେ ଦୋହଲୁଛି,
ପ୍ରତ୍ୟେକଟି ଚମକୁଥିବା କଳିରେ
ଗହନ ଭାବରେ ଲୁକ୍କାୟିତ ହୋଇ,
ପଡ଼ିରହୁଛି ଗୋଟିଏ ନିଦ୍ରାହୀନ ନୀରବତା ।

ପିଲାଦିନର ସ୍ମୃତି

କୋଠରୀ ଭିତରେ ସମୃଦ୍ଧି ପରି ଅନ୍ଧକାର
ଛାଇ ହୋଇ ରହିଥିଲା
ଯେତେବେଳେ ଗୋଟିଏ ସ୍ୱପ୍ନ ପରି
ପ୍ରବେଶ କଲା ମା'
ଆଉ ତା'ପରେ ଗୋଟିଏ ଗିଲାସର ଟୁଣୁଟୁଣୁ ଶବ୍ଦ
ପବନକୁ ଚହଲାଇ ଦେଲା
ଯେଉଁଠି ଗୋଟିଏ ବାଳକ ବିଷାଦର ସହିତ
ବସିଥିଲା ନିଶ୍ଚୁପ ହୋଇ।

କୋଠରୀଟି ମା'କୁ ପ୍ରତାରଣା କଲା- ତେଣୁ
ତାକୁ ଏମିତି ଲାଗିଲା-
ସିଏ ତା' ପୁଅକୁ ଚୁମା ଦେଲା ଆଉ ପଚାରିଲା
"ତୁ କ'ଣ ଏଇଠାଇ ଅଛୁ?"
ଆଉ ଅକସ୍ମାତ ଏମିତି ଅଙ୍ଗଭଙ୍ଗୀ ଦ୍ୱାରା
ସିଏ ଆଣ୍ଠେଇ ପଡ଼ି ବସିଗଲା ତା' କଡ଼ରେ
ଯିଏ ଥିଲା ତା'ର ପ୍ରିୟତମ।

ପିଆନୋ ଆଡ଼େ ଦୁହେଁଯାକ ଦେଖୁଥିଲେ
ଲଜ୍ଜିତ ହୋଇ କରି
କାହିଁକି ନା ମା' ରାତି ରାତି ଧରି ତା'ପାଇଁ
ଗାଉଥିଲା ଗୀତ,

ଆଉ ପିଲାଟି ବସି ରହିକରି ଫିକା ଆଲୁଅରେ
ଯେମିତି ଶୁଣୁଥିଲା ଅଦ୍ଭୁତ ସ୍ୱରକୁ
ହୋଇକରି ଅଧା ମନ୍ତ୍ରମୁଗ୍ଧ ।

ତାହାର ବଡ଼ ଆଖିଗୁଡ଼ିକ ଗୋଟିଏ ଶାନ୍ତ
ଚମକର ସହିତ
ଠିକି କରି ରହିଥିଲା ତା ହାତ ଉପରେ
ଯାହା ତା ଆଙ୍ଗୁଠିରୁ ମୋଡ଼ି ହୋଇଗଲା ପରି
ଅନୁଭୂତ ହେଉଥିଲା
ଆଉ ଧୀରେ ଧୀରେ ଧଳା ଚାବିଗୁଡ଼ିକ ଉପର ଦେଇ
ଘୂରି ବୁଲୁଥିଲା
ଯେମିତି କି ବରଫର ପ୍ରବାହର ବିପରୀତରେ
ସିଏ ଚାଲୁଥିଲା ।

ମୃତ୍ୟୁ

ଆମ ଆଗରେ ଠିଆ ହୋଇଛି ମୃତ୍ୟୁ
ଆମ ଭାଗ୍ୟ ରହିଛି ତା'ର
ଶାନ୍ତ ହାତରେ।
ଯେତେବେଳେ ଆମେ ଗର୍ବର ସହିତ
ଜୀବନର ରକ୍ତିମ ମଦିରାକୁ
ଉଠାଇ ନେଉଛେ
ଆଉ ରହସ୍ୟମୟୀ ଭାବରେ ଚମକୁଥିବା
ପିଆଲାର ଗଭୀରତା ଭିତରୁ
ପାନ କରୁଛେ
ଆଉ ଆମର ସମ୍ପୂର୍ଣ୍ଣ ଅସ୍ତିତ୍ୱରେ
ଉଲ୍ଲାସର ଲହରୀ ଧାଇଁ ଯାଉଛି-
ମୃତ୍ୟୁ ନୁଆଁଇ ଦେଉଛି ନିଜ ଶିର
ଆଉ କରୁଛି କ୍ରନ୍ଦନ।

ଅଶାନ୍ତି

(ଜର୍ଡିନ ଡୀ' ଆକ୍ଲିମେଟେଶନ୍, ପ୍ୟାରିସ)

ବିଦେଶୀ ଦକ୍ଷିଣ ଦେଶଗୁଡ଼ିକର
କୌଣସି ଦୃଶ୍ୟ ନାହିଁ,
କୌଣସି ନୃତ୍ୟରତା ମହିଳାଗଣ ନାହାନ୍ତି,
କୋମଳାଙ୍ଗୀ, ଧୂସରବର୍ଣ୍ଣା ଏବଂ ଦୀର୍ଘାଙ୍ଗୀ
ଯିଏ ନିଜର ଖସିପଡୁଥିବା ପର୍ଦ୍ଦାଗୁଡ଼ିକରୁ
ବାହାରକୁ ବାହାରି ଆସି
ଧନୁ ଉପରେ ନାଚୁଛନ୍ତି
ଜଣେ ପ୍ରଚଣ୍ଡ ପାଗଳର ଡାକ ପରି;

କୌଣସି ଗୀତର ଧ୍ୱନି ନାହିଁ ଯାହା
ଉଷ୍ମ ରକ୍ତରୁ ଉଠୁଛି,
କୌଣସି ସୁସ୍ଥ, ଝୁଞ୍ଚାଯାଇଥିବା, ଶ୍ୟାମଳାଙ୍ଗୀ
ମଖମଲି ଯୁବତୀମାନେ ନାହାନ୍ତି
ଯାହାର ଉଜ୍ଜ୍ୱଳ ଆଖିଗୁଡ଼ିକ
ଚକମକ ଅସ୍ତ୍ରପରି,
ନାହିଁ କୌଣସି ତୀବ୍ର, ଆରଣ୍ୟକ ରୋମାଞ୍ଚ
ରକ୍ତ ପ୍ରବାହରେ ବ୍ୟାପ୍ତ ହୋଇ।

କେବଳ ମୁଖ ପ୍ରସାରିତ ହୁଏ ଗୋଟିଏ ଶାନ୍ତ
ବ୍ୟାପକ ହସର ସହିତ,
ଗୋଟିଏ ଅଦ୍ଭୁତ ଜଣାଶୁଣା ଅପାଙ୍ଗଦୃଷ୍ଟି

ଗୋରା ଲୋକମାନଙ୍କ ଉପରେ,
ସେମାନଙ୍କର ଗର୍ବ ଏବଂ ଛଳ ଉପରେ,
ଏମିତି ଗୋଟିଏ ବୁଝାମଣା
ଯାହା ଯେ କୌଣସି ଲୋକର ମନରେ
ଡର ଭରିଦେବ।

ପିଞ୍ଜରାରେ ବନ୍ଦ ହୋଇ ରହିଥିବା ପଶୁମାନେ ହେଉଛନ୍ତି
ଅଧିକ ବିଶ୍ୱାସୀ,
ବ୍ୟତିବ୍ୟସ୍ତ ହୋଇ ଇଆଡ଼େ-ସିଆଡ଼େ
ଘୂରି ବୁଲୁଛନ୍ତି,
ଦୂରରୁ ଇଙ୍ଗିତ କରୁଥିବା ଦେଶଗୁଡ଼ିକୁ
ସ୍ୱପ୍ନରେ ଦେଖିକରି,
ସେହି ସ୍ଥାନଗୁଡ଼ିକୁ ଯେଉଁଠି ସେମାନେ ବହୁତ ପୂର୍ବରୁ
ଘୂରି ବୁଲୁଥିଲେ।

ସେମାନେ ଜଳନ୍ତି ଗୋଟିଏ ଅନିର୍ବାପିତ ଆଉ
ଦମନ କରାଯାଇଥିବା ଅଗ୍ନି ସହିତ,
ନିଜର ଇଚ୍ଛା ଶକ୍ତି ସହ ଭସ୍ମ ହୋଇ ଯାଆନ୍ତି,
ସମୟ ବିଷୟରେ ବିସ୍ମିତ, ଇଚ୍ଛାହୀନ,
ଏକାକୀ ଏବଂ ହଜିଯାନ୍ତି ନିଜର
ମହାନ ଏକାନ୍ତତା ଭିତରେ।

ସ୍ମରଣ

ତୁମେ ସେହି ମହାନ ଦୁର୍ଲଭ ଜିନିଷଗୁଡ଼ିକ ଉପରେ
ବିଚାର କରୁଛ
ଯାହାକୁ ତୁମେ ନିଜ ଜୀବନକୁ ସୁନ୍ଦରତର
କରିବାକୁ ବାଛିବ:
ପ୍ରସ୍ତରର ଜାଗୃତି, ସେହି ଗଭୀରତା
ଯେଉଁଠି ତୁମେ ଆପଣାକୁ
ହଜାଇ ଦେବ।

ଆଲମାରୀଗୁଡ଼ିକର ସଂଜରେ, ବାହାରକୁ
ଉଠିକରି ରହିଥିବା
ସୁନାର ଆଉ ଧୂସର ରଂଗର ପୁସ୍ତକସବୁ
ଚମକି ଉଠୁଛି,
ଆଉ ତୁମେ ସେହି ଦେଶଗୁଡ଼ିକ ବିଷୟରେ
ଚିନ୍ତା କରୁଛ
ଯାହାକୁ ତୁମେ କେବେ ପାରି ହୋଇଥିଲ,
ଚିତ୍ରସମୂହର, ଝଲମଲ ହେଉଥିବା ଗାଉନ୍‌ର ଉଲ୍
ମହିଳାମାନଙ୍କର
ଯେଉଁମାନଙ୍କୁ ତୁମେ ହଜାଇ ଦେଇଛ।

ଆଉ ସିଏ ତୁମ ପାଖକୁ ଆସୁଛି

ସେତେବେଳେ ପରିଶେଷରେ–
ଏବଂ ତୁମେ ଉଠୁଛ
କାହିଁକି ନା ତୁମେ ଦୂର ଅତୀତର
ଗୋଟିଏ ବର୍ଷର କଥା ଜାଣିଛ,
ତାହାର ଆଶ୍ଚର୍ଯ୍ୟ ଆଉ ଭୟ
ଏବଂ ପ୍ରାର୍ଥନାର ସହ।

ସଂଗୀତ

ହେ ବାଳକ, ତୁ କ'ଣ ବଜାଉଛୁ ?
ବଗିଚାରେ ଘୂରି ବୁଲୁଥିବା ପାହୁଣ୍ଡ ପରି,
ଗୋଟିଏ ଫୁସ୍-ଫୁସ୍ କରି କହୁଥିବା କଥା-
ତା'ପରେ ମୌନତା,
ହେ ବାଳକ, ତୁ କ'ଣ ବଜାଉଛୁ ?
ଅନା ! ତୋହର ଜିଦ୍ଦୀ ଆତ୍ମା
ପ୍ୟାନ୍ ବଇଁଶୀର ପାଇପ୍‌ରେ ଫସି ଯାଇଛି
ଏବଂ ଦୃଢ଼ତାର ସହିତ ଠିକି କରି ରହିଛି।

ଆଉ ତୁ କେଉଁ ଜାଦୁ କରୁଛୁ ?
ଗୀତଟି ବନ୍ଦୀ ହୋଇ ରହିଛି, ଏହା କେଉଁଠି
ରହିଥାଏ ଉଲୁଖାଗଡ଼ାରେ ବହୁତ ଡେରିଯାଏ
ଏବଂ ତରସୁ ଥାଏ;
ତୋହର ଯୁବା ଜୀବନ ଅଧିକ ଶକ୍ତିଶାଳୀ, କିନ୍ତୁ
ସେହି ଲାଳସା କେତେ ଅଧିକ ଶକ୍ତିଶାଳୀ
ଯାହା ତୋ ସଂଗୀତ ମଧ୍ୟରେ
ଆହା ଭରୁଛି।

ତୋ ବଇଁଶୀଟିକୁ ଶାନ୍ତ ରହିବାକୁ ଦେ
ଆଉ ତୋ ଆତ୍ମାର ଧ୍ୱନିକୁ
ତରଙ୍ଗଗୁଡ଼ିକର ମାଧ୍ୟମରେ ସନ୍ତରଣ

କରିବାକୁ ଦେ
ସମୁଦ୍ରର ଲହଡ଼ିଗୁଡ଼ିକ ପରି
ନିରାକାର ଭାବରେ,
କାହିଁକି ନା ତୋ ଗୀତ ରହୁଥିଲା ଏଇଠି
ଆଉ ଏହା ବୁଦ୍ଧିମତାପୂର୍ବକ
ବିକଶିତ ହେଲା
ଏହାକୁ ସଂଗୀତର ରାଗରେ ପରିବର୍ତ୍ତିତ କରିବା ଆଗରୁ।

ଏହାର ଡେଣା ପିଟି ହେଉଛି ଆସ୍ତେ ଆସ୍ତେ,
ଏବେ ଆଉ ଡାକୁନି ଏହାର ସ୍ୱର,
ତାହାର ଉଡ଼ାଣକୁ ତୁ ସ୍ୱପ୍ନରେ ଦେଖି କରି,
ବିତାଇ ଦେଇଛ ବାଳକ !
ଏବେ ଏହା ମୋ ପାଚିରୀ ଉପରେ ଦେଇ
ଲୁଚି କରି ଆସୁନି-
କିନ୍ତୁ ନିଜ ବଗିଚାରେ ମୁଁ ତାକୁ ଲୋଡେଇବି
ଆନନ୍ଦର ପାଇଁ।

ଯୁବତୀର ବିଷନ୍ନତା

ଜଣେ ତରୁଣ ଶୂରବୀର ଆସୁଛି ମୋ ମନକୁ
ଯେମିତି କୌଣସି ପୁରାଣ କଥାରୁ।

ସିଏ ଆସିଲା! ତୁମେ ଅନୁଭବ କଲ
ଯେମିତି ତୁମକୁ କେହି କୁଣ୍ଢେଇ ପକେଇଛି
ଗୋଟିଏ ବଡ଼ ଧରଣର ତୋଫାନ ତୁମକୁ
ପବନରେ ଘେରି ଦେଲା ପରି।
ସିଏ ଚାଲିଗଲା! ଗୋଟିଏ ଆଶୀର୍ବାଦକୁ
ଅନିର୍ଦ୍ଧାରିତ ଭାବରେ ଛାଡ଼ିଦିଆଗଲା ପରି ଲାଗୁଛି,
ଯେତେବେଳେ ଗିର୍ଜାର ଘଣ୍ଟିଗୁଡ଼ିକର ବାଜିବା ବନ୍ଦ
ହୋଇଗଲା
ଆଉ ତୁମକୁ ପ୍ରାର୍ଥନାରେ ଗୁଡ଼େଇ କରି
ଛାଡ଼ିଦେଲା।
ତୁମେ ଜୋରରେ କାନ୍ଦିବାକୁ ଚାହୁଁଥିଲ- କିନ୍ତୁ
ନିଜର ଓଢ଼ଣିକୁ ନିଜ ଚାରିପଟେ ବାନ୍ଧିଦେଲ
ଏବଂ ତା ଭିତରେ ଧୀରେ ଧୀରେ
ଅଶ୍ରୁପାତ କଲ।

ଜଣେ ତରୁଣ ଶୂରବୀର ଆସୁଛି ମୋ ମନକୁ
ସମ୍ପୂର୍ଣ୍ଣ ରୂପେ କବଚ ପିନ୍ଧିକରି।
ତାହାର ହସ ଥିଲା ଆଲୋକିତ ଭାବରେ ଦୟାଳୁ

ଯେମିତି ହାତୀଦାନ୍ତର ଚମକ,
ଯେମିତି ଗୋଟିଏ ଅବିଭାଜିତ ଘରର ଲାଳସା,
ଯେମିତି କ୍ରିସମାସ୍‌ର ବରଫ
ଯେଉଁଠି ବହୁଥାଏ ଅନ୍ଧକାର ପବନ,
ଯେମିତି ପିରୋଜି ରଂଗର ଚାରିପଟେ
ସାମୁଦ୍ରିକ-ମୋତି
ଗୁଡ଼େଇ ହୋଇକରି ରହିଛି,
ଯେମିତି ଚନ୍ଦ୍ରାଲୋକ ପରି ରୂପା ଏକତ୍ରିତ ହୋଇ
ରହିଛି ଗୋଟିଏ ପସନ୍ଦ ଥିବା ପୁସ୍ତକର
ବିରଳ ସୁବର୍ଣ୍ଣ ସହିତ।

ନିଶ୍ଚିତକରଣ ବେଳେ ଯୁବତୀମାନେ

(ମେ ୧୯୦୩, ପ୍ୟାରିସ)

ଧଳା ଓଢ଼ଣି ପିନ୍ଧିଥିବା ଯୁବତୀମାନେ ନିଶ୍ଚିତକରଣ
ସମୟରେ
ଗହରିଆ ସବୁଜ ରଂଗର ରାସ୍ତା ଦେଇ ଧୀରେ ଧୀରେ
ବୁଲୁଥାନ୍ତି;
ନିଜର ଶୈଶବକୁ ଏବେ ଛାଡ଼ି ଦିଅନ୍ତି ପଛରେ:
ଭବିଷ୍ୟ ହେବ ଭିନ୍ନ ଧରଣର ବୋଲି
ସମସ୍ତେ ଜାଣନ୍ତି ।

ଓହ! ଏହା କ'ଣ ଆସିବ? ସେମାନେ ପ୍ରତୀକ୍ଷା କରନ୍ତି-
ଏହା ଶୀଘ୍ର ଆସିବା ଉଚିତ!
ପରିଶେଷରେ ଆଗକୁ ଥିବା ଦୀର୍ଘ ଘଣ୍ଟା
ଆସ୍ତେ ଆସ୍ତେ କରି ଡାକୁଛି,
ଘର ସାରା ପୁଣି ଥରେ ହଲଚଲ ହେଉଛି,
ଶେଷ ହୋଇ ଯାଉଛି ଭୋଜି,
ଆଉ ଉଦାସୀନତା ସହ ବିତି ଯାଉଛି ଦ୍ୱିପ୍ରହର...

ପୁନରୁତ୍ଥାନ ପରି ଶ୍ୱେତ ବସ୍ତ୍ର ଥିଲା,
ପୁଷ୍ପମାଳାଗୁଡ଼ିକରେ ସଜ୍ଜିତ ଶୋଭାଯାତ୍ରା
ଚୌଡ଼ା ଧନୁ ଆକାରର ବୃକ୍ଷଗୁଡ଼ିକର ଭିତର ଦେଇ

ଗିର୍ଜାଘରେ ପହଞ୍ଚିଲା,
ଯାହା ଭିତର ପଟୁ ଥିଲା ରେଶମ ପରି ଶୀତଳ,
ଲମ୍ବା ଗଳିଗୁଡ଼ିକ ଭିତରେ ଉଚ୍ଚ ମହମବତୀ ସବୁ
ଉଜ୍ଜ୍ୱଳ ହୋଇ ଜଳୁଥିଲା:
ସବୁ କିରଣଗୁଡ଼ିକ ସମୃଦ୍ଧ ଏବଂ ଦୁର୍ଲଭ ରତ୍ନ ପରି
ଚମକୁ ଉଠୁଥିଲା
ସେହି ଗମ୍ଭୀର ଆଖିଗୁଡ଼ିକ ପାଇଁ।

ପୁଣି ସେହି ମୌନତା ଭିତରେ ଉଠୁଥିଲା ମହାନ ଗୀତ
ଉଚ୍ଚ ସ୍ୱରରେ,
ଚାଲିଗଲା ବାଦଲ ଭଳି ଖିଲାଣଯୁକ୍ତ ଗମ୍ବୁଜ ଆଡ଼େ,
ତା'ପରେ ଚମକି ଉଠି, ଧୀରେ ଧୀରେ ତଳ ଆଡ଼କୁ
ଲାଗିଲା ବର୍ଷଣ କରିବାକୁ-
ଧଳା ଓଢ଼ଣି ଉପରେ ବର୍ଷ ପରିକା ତାହା
ମରିଯିବା ପରି ପ୍ରତୀତ ହେଉଥିଲା।

ଧଳା ପୋଷାକର ମାଧ୍ୟମରେ ପବନ
କୋମଳ ଭାବେ ଉଦ୍‌ବେଳିତ ହେଲା
ଏବଂ ପ୍ରତ୍ୟେକ ଭାଙ୍ଗରେ
ଅଲଗା ଅଲଗା ରଂଗରେ ତାହା ହେଲା
ରୂପାନ୍ତରିତ
ଆଉ ପ୍ରତ୍ୟେକ ଭାଙ୍ଗରେ
ଲୁଚିଥିବା ଫୁଲ ପରି ପ୍ରତୀତ ହେଲା
ଏବଂ ଫୁଲ ଓ ତାରକାଗଣ
ଯେମିତି ପକ୍ଷୀମାନଙ୍କର ମଧୁର ଧ୍ୱନିକୁ
କରୁଥିଲେ ଅନୁକରଣ,
ଆଉ ଧୂମିଳ, ବିଚିତ୍ର ଆକୃତି ଗୁଡ଼ିକ
ଚମକୁଥିଲେ ସୁନା ପରି,

ଯେମିତି କି କୌଣସି ପୌରାଣିକ କଥାରୁ
ଆସିଥିବା ଭଳି ପ୍ରତୀତ ହେଉ ଥିଲେ।

ଦିନର ବାହାରେ ଥିଲା ସବୁଜ ଓ ନୀଳ ରଂଗ,
ଚମକୁଥିବା ଲାଲ ରଂଗର ସ୍ପର୍ଶ ସହ,
ଶାନ୍ତ ପୋଖରୀକୁ ଡେଇଁ କରି
ଛୋଟ ଛୋଟ ଲହଡ଼ି
ଉଠୁଥିଲା ତୀବ୍ର ବେଗରେ।
ସହରକୁ ଡେଇଁ କରି,
ଆଖିରେ ଆଢୁଆଳରେ ଥିବା ବଗିଚାରେ
ପବନର ପ୍ରବାହ ସହିତ
ଫୁଲଗୁଡ଼ିକର ମଧୁର ସୁବାସ ବହି ଆସୁଥିଲା
ଆଉ ଦୂର-ଦୂର ଯାଏଁ
ପସରି ରହିଥିବା ଗଛଗୁଡ଼ିକରୁ ଗୀତର ଶବ୍ଦ
ଶୁଣା ଯାଉଥିଲା।

ଏମିତି ଲାଗୁଥିଲା ସତେ ଯେମିତି ପ୍ରତ୍ୟେକ
ଜିନିଷ ଉପରେ
ମାଳର ମୁକୁଟ ପିନ୍ଧାଇ ଦିଆ ଯାଇଥିଲା
ଆଉ ପ୍ରତ୍ୟେକ ଜିନିଷରେ ଥିଲା ସ୍ପର୍ଶ
ସୂର୍ଯ୍ୟ-କିରଣର;
ଏବଂ ଅନେକ ଗୁଡ଼ିଏ ଝରକା ଗୋଟିଏ ପରେ ଗୋଟିଏ ହୋଇ
ଖୋଲିଗଲା ଯେମିତି
ଆଉ ସୂର୍ଯ୍ୟ-କିରଣ ଚମକୁ ଥିଲା
ସେଗୁଡ଼ିକ ଉପରେ।

ସେହି ନାରୀଜଣକ ଯିଏ ପ୍ରେମ କରୁଛି

ଆରେ ହଁ! ତୁମକୁ ପାଇବା ପାଇଁ ମୁଁ ଲାଳାୟିତ।
ମୁଁ ତୁମ ଆଡ଼େ ଘୁଞ୍ଚି ଘୁଞ୍ଚି ଆସୁଛି
ଆଉ ନିଜକୁ ହଜାଇ ଦେଉଛି-କାହିଁକି ନା
ମୁଁ ହେଉଛି ତୁମର।
ସେହି ଆଶା ଯାହାକୁ ମୁଁ ଏଯାଏଁ ଅସ୍ୱୀକାର କରି ଆସିଛି,
ସିଏ ତୁମ ପାଖରୁ ମୋ ଆଡ଼କୁ ଆସୁଛି
ଗମ୍ଭୀର, ଅଟଳ ଏବଂ ବେଗବାନ ଆଉ
ଶକ୍ତିଶାଳୀ ହୋଇ।

ସେହି ସମୟ: ସେହି ସମୟ ଯେବେ ମୁଁ ଥିଲି
ସଂପୂର୍ଣ୍ଣ ଭାବରେ ଏକେଲା
ସେହି ସ୍ମୃତିରେ ଗୁଡ଼େଇ ହୋଇ କରି
ଯିଏ ମୋତେ ଫୁସ୍‌ଫୁସ୍ କରି କହୁଥିଲା,
ମୋର ମୌନତା ଥିଲା ନିଶ୍ଚୁପତା ଗୋଟିଏ ପଥରର
ଯାହା ଉପର ଦେଇ ଲହଡ଼ି ଥିବା ପାଣି
କଳ କଳ ଶବ୍ଦ କରି ବହିଯାଉଛି।

କିନ୍ତୁ ଜାଗୃତ ବସନ୍ତର ଏହି ସପ୍ତାହଗୁଡ଼ିକରେ
ମୋ ଭିତରେ କିଛି ମୁକ୍ତ ହୋଇ ଗଲାଣି- କିଛି ଏମିତି
ଯାହା ଅତୀତର ଅନ୍ଧକାରମୟ ବର୍ଷଗୁଡ଼ିକରେ
ଅଚେତନ ଭାବରେ ପଡ଼ି ରହିଥିଲା,
ଯାହା ଏବେ ବି ମୋ ଭିତରେ ଉଠୁଛି ଏବଂ ଆଦେଶ ଦେଉଛି
ଆଉ ମୋର ବିଚରା ଉଷ୍ମ ଜୀବନକୁ
ତୁମ ହାତରେ ସମର୍ପି ଦେଉଛି
ଯାହାକୁ ଜଣା ନାହିଁ ଯେ କାଲି ମୁଁ କ'ଣ ଥିଲି।

ପୋଣ୍ଟ ଡୁ କ୍ୟାରୋସେଲ୍

ପୋଲ ଉପରେ ଅନ୍ଧଲୋକଟି ଏକେଲା ଠିଆ ହୋଇଛି,
ସିଏ ଧୂସର ରଂଗର, ଯେମିତି କୁହୁଡ଼ିରେ ଢଙ୍କା
ସ୍ମାରକର ମିନାର
ସତେ ଯେମିତି ଅନାମ ଲୋକମାନଙ୍କର ସୀମାର ପଥର
ଯାହାର ଚାରିପଟେ ଆଉ ଦୂରରେ ଥିବା ତାରାଗୁଡ଼ିକୁ
ବୃତ୍ତାକାରରେ ବୁଲୁଛନ୍ତି ।

ସିଏ ଏମିତି କେନ୍ଦ୍ର ଯାହାର ଚାରିପଟେ
ତାରାଗୁଡ଼ିକ ଚମକୁଛନ୍ତି
ଯେତେବେଳେ ପୃଥିବୀର ସମସ୍ତ ଦାମ୍ଭିକତା
ମୁଣ୍ଡ ଟେକୁଛନ୍ତି ତଳେ ।

ସିଏ ଠିଆ ହୋଇ ରହିଛି ଅବିଚଳିତ ଭାବରେ
ଏବଂ ନିଶ୍ଚୁପ ହୋଇ
ଯେଉଁଠି ବିଭ୍ରାନ୍ତ ଧାରାର ଜୁଆର ଏବଂ ଭଟ୍ଟା;
ଅଗାଧ ଅନ୍ଧକାରର ଗଭୀରତା ଭିତରେ
ଆଗକୁ ବଢୁଛି ଯାହାକୁ ସିଏ ଶାସନ କରୁଛି
ଗୋଟିଏ ଅଗଭୀର ବଂଶ ପ୍ରବାହିତ ହୋଇ ଚାଲିଥାଏ...

ପାଗଳପଣ

ସିଏ ଭାବୁଛି: ମୁଁ ଅଛି- ତମେ କ'ଣ ଦେଖୁନ ?
ତାହେଲେ ମେରୀ, ତୁମେ କିଏ ସେ ?
ମୁଁ ଜଣେ ରାଣୀ, ମୁଁ ଜଣେ ରାଣୀ !
ତୁମ ଆଣ୍ଠୁଯାଏଁ, ତୁମ ଆଣ୍ଠୁଯାଏଁ !

ଆଉ ତା'ପରେ ସିଏ କାନ୍ଦୁଛି: ମୁଁ ଥିଲି- ଗୋଟିଏ ପିଲା-
ସେତେବେଳେ ତୁମେ କିଏସେ ଥିଲ, ମେରୀ ?
ତୁମକୁ ଜଣା ଥିଲା ଯେ ମୁଁ କୌଣସି
ମନୁଷ୍ୟର ସନ୍ତାନ ନଥିଲି,
ଗରିବ ଏବଂ ଛିଣ୍ଡାଲୁଗା ପିନ୍ଧିଥିଲି- କହିଲା ସିଏ ।

ପୁଣି ମୁଁ ଜଣେ ରାଜକୁମାରୀ ହୋଇଗଲି
ଯାହାକୁ ଲୋକମାନେ ଆଣ୍ଠେଇ ପଡ଼ି
ସମ୍ମାନ ଦେଉଥିଲେ;
ରାଜକୁମାରୀ ପାଇଁ ସବୁ ଜିନିଷଗୁଡ଼ିକ ସେମିତି ନ ଥିଲା
ଯେମିତି ଭାବରେ ସେଗୁଡ଼ିକୁ
ଦେଖୁଥିଲା ଜଣେ ଭିକାରୀ ।

ଆଉ ସେହି ଜିନିଷଗିଡ଼ିକ ଯାହା ତୁମକୁ
କରିଛି ମହାନ
କହ ତୁମ ପାଖକୁ ଆସିଲା କେବେ ?

ଗୋଟିଏ ରାତି, ଗୋଟିଏ ରାତି, ଗୋଟିଏ
ରାତିରେ ଖୁବ୍ ଡେରିରେ,
ସେତେବେଳେ ଜିନିଷଗୁଡ଼ିକ ଥିଲା
ଭିନ୍ନ ଧରଣର।

ମୁଁ ସେହି ଗଳି ଦେଇ ଯାଉଥିଲି
ଆଉ ରଶିରେ ଟଣା ଯାଉଥିଲା ପରି
ମନେ ହେଉଥିଲା;
ସେତେବେଳେ ମେରୀ ମଧୁର ସ୍ୱର
ପାଲଟି ଗଲା
ଆଉ ସିଏ ଗୋଟିଏ କୂଳରୁ ଅନ୍ୟ କୂଳଯାଏଁ
ଥିଲା ନୃତ୍ୟରତା।

ଲୋକମାନେ ଚମକି ପଡ଼ି ଦେଖୁଥିଲେ
ଆଉ ଭୟଭୀତ ନଜର ପକାଇ
ଚାଲିଗଲେ
କାହିଁକି ନା ସମସ୍ତେ ଜାଣିଛନ୍ତି ଯେ
କେବଳ ଜଣେ ହିଁ ରାଣୀ
ଗଳିରେ ନୃତ୍ୟ କରି ପାରିବ: ନୃତ୍ୟ!...

ବିଲାପ

ଓହ, ସବୁ ଜିନିଷଗୁଡ଼ିକ ବହୁ ଆଗରୁ ଚାଲିଯାଇଛି
ଆଉ ଅଛି ବହୁତ ଦୂରରେ।
ଗୋଟିଏ ଆଲୋକର କିରଣ ଚମକୁଛି କିନ୍ତୁ
ଦୂରସ୍ଥ ସେହି ତାରା
ଯେଉଁଥିରୁ ଏବେ ବି ମୋ ପାଖକୁ ଆସୁଛି,
ଏବେ ମୃତ୍ୟୁ ବରିଛି
ଏମିତି ଚାଲିଛି ହଜାର ବର୍ଷ ହେଲା... ଧୂମିଳ
ପ୍ରେତର ନାଆରେ ଯିଏ ଯାତ୍ରା କରୁଥିଲା,
କୁହାଯାଇଥିଲା କିଛି ଭୟାବହ କଥା।
ମୁଁ ଏବେ ଏବେ କୌଣସି ଦୂରସ୍ଥ ଘରର
ଘଡ଼ଘଡ଼ିର ଶବ୍ଦ ଶୁଣିଲି।
କିନ୍ତୁ କେଉଁ ଘରର ?- ମୁଁ ମୋର ସ୍ପନ୍ଦିତ ହେଉଥିବା
ହୃଦୟକୁ ଶାନ୍ତ କରିବାକୁ ଚାହୁଁଛି।
ଆକାଶର ବିଶାଳ ଗମ୍ବୁଜର ତଳେ ରହିକରି
ମୁଁ ପ୍ରାର୍ଥନା କରିବାକୁ ଚାହୁଁଛି...
ସବୁ ତାରାଗୁଡ଼ିକ ଭିତରୁ ଗୋଟିଏ ତାରା
ବହୁତ ଦୂରରେ ନିଶ୍ଚୟ ଥିବ
ଯାହା ଏବେ ବି ରହିଥିବ ଅଲଗା ହୋଇ।
ଆଉ ମୋତେ ଲାଗୁଛି ଯେ ମୋତେ ତାକୁ
ଜାଣିବା ଉଚିତ
ଯିଏ ଠିକି ହୋଇ ରହିଛି ଏକେଲା
ଆଉ ଯିଏ ଏକେଲା ହିଁ ଗୋଟିଏ ଧବଳ ସହର ପରି
ଯାହା ଉପରେ ସାରା ଅନ୍ତରୀକ୍ଷ କବ୍ଜା କରି ନେଇଛି
ଉଚ୍ଚ ଆକାଶରେ କିରଣର ଶେଷ ମୁଣ୍ଡରେ
ଠିଆ ହୋଇ ରହିଛି।

ପ୍ରତୀକ

ଅନନ୍ତ ଲାଳସାଗୁଡ଼ିକରୁ ସୀମିତ କର୍ମ ଉଠୁଛି
ଯେମିତି ଦୂରରେ ଚମକୁଥିବା ଝରଣା ବହୁଛି
ଆକାଶ ଆଡ଼କୁ,
କିନ୍ତୁ ତୀବ୍ର ବେଗରେ ଉପରକୁ ଉଠୁଛି
ଈଷତ୍ ଝୁଙ୍କିପଡ଼ି
ଏବଂ ନିଜର ଶକ୍ତିର ସ୍ୱଚ୍ଛତାରେ କଂପି ଉଠି
ଓହ୍ଲାଉଛି ତଳକୁ–
ଏହିପରି ଭାବରେ ଆମ ଭୟର ଖସିପଡୁଥିବା
ଧାରାର ମାଧ୍ୟମରେ
ଆମର ହର୍ଷପୂର୍ଣ୍ଣ ଶକ୍ତି ଉଚ୍ଛୁଳି ଉଠେ
ଏହି ନୃତ୍ୟରତ ଅଶ୍ରୁରାଜି ପରି ।

ନୂତନ କବିତାସମୂହ

ପ୍ରାଥମିକ ଆପୋଲୋ

ଯେମିତି କେବେ କେବେ ମୁକୁଳା ଶାଖାଗୁଡ଼ିକ ଭିତରୁ
ବାହାରି ଆସୁଛି ଗୋଟିଏ ସକାଳ
ଯାହା ଜୀବନ୍ତ ହୋଇଉଠୁଛି ବସନ୍ତର ଶ୍ୱାସରେ,
ଏହି କବିଙ୍କ ମୁଣ୍ଡରେ ଚାରିପଟେ ଆଉ ଏକ ଦୁର୍ଲ୍ଲଭ ବୈଭବ
ତାକୁ ପ୍ରାୟତ ଏକ ନଶ୍ୱର ବସ୍ତୁରେ ବଦଳାଇ ଦେଉଛି ।

ଏଯାଏଁ ତା' ନଜରରେ କୌଣସି ଛାୟା ପଡ଼ିନି,
ଯାହା ତା' କାନପଟିର ଲରେଲର ଚମକ ପାଇଁ
ଶୀତଳ କରି ପାରେ;
କିନ୍ତୁ ପରେ ହୁଏତ ସେହି ଶଙ୍ଖମଲମଲ ପଥର ଉପରେ,
ଉଚ ଉଚ ଗଛଥିବା ଗୋଲାପର ବଗିଚା ଆସିବ,
ଆଉ ଗୋଟିଏ ଗୋଟିଏ କରି ଝଡ଼ି ପଡ଼ିବ ସବୁ ପାଖୁଡ଼ା

ନିଶ୍ଚଳ ମୁଖ ଉପରେ ପଡ଼ିବ ଏବଂ ଭଙ୍ଗ କରିବ ତା'ର
ମୌନତା,
- ସେହି ମୁଖ ଉଠି ଆସୁଥିବା ହସ ଯୋଗୁ
କଂପିବ,
ସତେ ଯେମିତି ସେଠାରେ
କେହି ଗୀତ ଗାଉଛି ଉଚ୍ଚ ସ୍ୱରରେ।

ଜଣେ ଯୁବତୀର କବର

ଆମେ ଏବେ ବି ମନେ ରଖିଛୁ! ଯାହା
ପ୍ରଥମେ
ହୋଇଥିଲା, ଆଉ ପୁଣି ଥରେ ବି ହେବା ଉଚିତ।
ଯେମିତି କି କୂଳରେ ଗୋଟିଏ ଲେମ୍ବୁଗଛ
ହୋଇଛି-
ତାହା ଯେମିତି ହୋଇଥିଲା-ତୁମେ
ଆଉଁଶିଲ ନିଜର ହାଲ୍କା, କ୍ଷୁଦ୍ର
ସ୍ତନକୁ
ଏବଂ ତା'ର ରକ୍ତର ଧାରା ପାଲଟି ଗଲା ଆରଣ୍ୟକ
ସମୁଦ୍ର।

ସେହି ଈଶ୍ୱର-
ଯିଏ ଥିଲେ ଯାଯାବର, କ୍ଷୀର୍ଣ୍ଣ ଦେହୀ
ସୁନ୍ଦରୀ ମହିଳାମାନଙ୍କୁ ଲୁଟିବାବାଲା; ସିଏ-ବୁଦ୍ଧିମାନ-
କିନ୍ତୁ ତାଙ୍କ ବିଷୟରେ ତୁମ ବିଚାର ପରି ଥିଲେ
ମଧୁର ଏବଂ ଚମକଦାର
ଯିଏ ତୁମ ଯୁବତୀ ଅଙ୍ଗରେ ଛାଇ ପକାଇଲେ
ଯେତେବେଳେ ତୁମ ଆଖି ଉପରେ ରହିଥିଲା
ଧନୁ ଆକାରର ଭୂଲତା।

କବି

ହେ ପ୍ରହର !
ତୁମେ କାହିଁକି ମୋଠୁ ଦୂରେଇ ଦୂରେଇ ଉଡୁଛ,
ତୁମର ଚଞ୍ଚଳ ଡେଣାଗୁଡ଼ିକୁ ମେଲିବା ବେଳେ
ତୁମେ ମୋତେ କ୍ଷତବିକ୍ଷତ କର;
ତୁମ ବିନା ମୁଁ ମୋର ଦିନ ଓ ରାତି
କେମିତି କାଟିବି
ତୁମ ବିନା ମୋର ମହାନ ସଂଗୀତକୁ ଧରିରଖିବା
ସମ୍ଭବ ହେବନି ।

ମୋର କୌଣସି ଘର ନାହିଁ, ଯେଉଁଠି ମୁଁ
ବସବାସ କରିପାରିବି,
ମୋତେ ଭଲପାଇବା ଲୋକ କେହି ନାହାନ୍ତି,
ମୋ ପାଖରେ କୌଣସି ଘରକରଣା ଜିନିଷ ନାହିଁ
ଯେଉଁସବୁ ଜିନିଷଗୁଡ଼ିକ ପାଇଁ ମୁଁ ନିଜକୁ
ସମର୍ପଣ କରୁଛି, ସେଗୁଡ଼ିକ ମୋତେ
କରୁଛନ୍ତି ଦରିଦ୍ର
ଏବଂ ନିଜେ ଧନବାନ ହୋଇ ମୋତେ
ପ୍ରାପ୍ତ କରୁଛନ୍ତି ।

୧୩୪ | ରାଇନେର ମାରିଆ ରିଲ୍‌କେ

ଚିତାବାଘ

ପିଞ୍ଜରାର ଛଡ଼କୁ ପାରି ହୋଇ ଆସିଯାଏ ତାହାର
ନଜର
ଜଣା ପଡ଼େ ସିଏ ଥକି ଯାଇଛି ଏବେ
ଆଉ କିଛି ଦେଖି ପାରୁନି । ତାକୁ
ଲାଗିଛି ଯେ ସେଠାରେ
ରହିଛି ହଜାର ହଜାର ଛଡ଼;
ଆଉ ଛଡ଼ଗୁଡ଼ିକର ପଛରେ ନାହିଁ କୌଣସି
ଦୁନିଆ ।

ଯେତେବେଳେ ସିଏ କ୍ଷୁଦ୍ର ଘେରା ଭିତରେ
ଘୂରୁଛି
ତାହାର ଶକ୍ତିଶାଳୀ ନରମ ପାହୁଣ୍ଡର
ଚଳନ
ଗୋଟିଏ କେନ୍ଦ୍ରର ଚାରିପଟେରେ
ଏକ ଆନୁଷ୍ଠାନିକ ନୃତ୍ୟ ପରି ହୋଇଥାଏ
ଯେଉଁଥିରେ ଏକ ଶକ୍ତିଶାଳୀ ଇଚ୍ଛାଶକ୍ତି
ଠିଆ ହୋଇ ରହିଥାଏ, ଆଶ୍ଚର୍ଯ୍ୟ ଚକିତ
ଭାବରେ ।

କେବେ କେବେ ସିଏ ଆଖିପତାକୁ

ଉଠାଏ, ଶକ୍ତ ଅଙ୍ଗଗୁଡ଼ିକ ଥାଏ ସତର୍କତାର
ସହିତ
ଚିନ୍ତାଗ୍ରସ୍ତ ହୋଇ ଦୃଷ୍ଟିର ବନ୍ୟାରେ
ଯାହା ଉଠିଥାଏ କେବଳ ବୁଡ଼ିଯିବା ପାଇଁ
ଆଉ ହୃଦୟ ଭିତରେ ହେବାକୁ
ବିଲୀନ।

ଅନ୍ଧ ହୋଇଯିବା

ସେଠି ବସି ରହିଥିବା ଅନ୍ୟମାନଙ୍କ ଭିତରେ
ସିଏ ବି ବସିଥିଲା
ଯିଏ ଧୀରେ ଧୀରେ ତା'ର ଚା ପିଉଥିଲା,
ଆଉ ନିଜ ପିଆଲାକୁ ଉଠାଇବା ବେଳେ
ଅନ୍ୟମାନଙ୍କଠାରୁ ଟିକିଏ ଅଲଗା ଭାବରେ
ଧରି କରି ରଖିଥିଲା;
ସିଏ ଥରେ ହସିଦେଲା,
ଆଉ ତାହା ବିନ୍ଧକଲା ଜଣକର ହୃଦୟକୁ।

ପରିଶେଷରେ ଯେତେବେଳେ ସମସ୍ତେ ଉଠିଲେ
ଆଉ ହସିଲେ ଏବଂ କଥାବାର୍ତ୍ତା ହେଲେ
ଅତି ମଧୁର ସ୍ୱରରେ,
ସେମାନେ କୋଠରୀ ଭିତର ଦେଇ ଚାଲିଗଲେ
ଅଧିକ ସମୟ ନେଇ
ମୁଁ ଦେଖିଲି ସିଏ ପଛେ ପଛେ ଚାଲିଥିଲା
ଏକାକିନୀ ହୋଇ।
ଚିନ୍ତାଗ୍ରସ୍ତ ଏବଂ ସ୍ଥିର ଯେମିତି କାହାକୁ
ଗୀତଗାଇବା ପାଇଁ ଠିଆ ହେବାକୁ ପଡ଼େ
କୌଣସି ଉତ୍ସବର ରାତିରେ
ଭିଡ଼ର ଆଗରେ
ସିଏ ଉଠାଇଲା ନିଜର ଶିରକୁ,
ଆଉ ଖୁସୀରେ ଚମକୁଥିବା ତା'ର ଆଖିଗୁଡ଼ିକୁ

ଯାହା ଥିଲା ଆଲୋକକୁ ପ୍ରତିବିମ୍ବିତ କରୁଥିବା
ଗାଡ଼ିଆର ଭଳି ।

ଯିଏ ସମସ୍ତଙ୍କ ପଛରେ ଚାଲୁଥିଲା ଧୀରେ ଧୀରେ
ଯେମିତି କୌଣସି ବସ୍ତୁ ତା' ପାଖ ଦେଇ
ଅତିକ୍ରମ କରୁଛି,
ଆଉ ତଥାପି ସିଏ ଯେମିତି ଥରେ
ଅତିକ୍ରମ କରିଛି
ଏବେ ସିଏ ଆଉ ନ ଚାଲିକରି
ଉଡ଼ି ଉଡ଼ି ଯିବ ।

ସ୍ପେନୀୟ ନର୍ତ୍ତକୀ

ଯେମିତି ସିଏ ଜଳୁଥିବା ଦିଆସିଲିକୁ ଧରିଛି
କଂପିତ ହାତରେ
ଏହା ପ୍ରଜ୍ୱଳିତ ହେବା ପୂର୍ବରୁ
ତୀବ୍ର ବେଗରେ
ଚତୁର୍ଦ୍ଦିଗରେ ଖେଳେଇ ହୋଇ ଯାଇଥିବା ଧବଳକାନ୍ତି
ଲହ ଲହ ହେଉଥିବା ଜିଭକୁ ଆଗକୁ ବଢ଼ାଉଛି:
ବର୍ତ୍ତୁଳାକାରରେ ସିଏ ଆରମ୍ଭ କରେ ନୃତ୍ୟ।
ନିକଟରେ
ଏକାଗ୍ର, ତ୍ୱରିତ ଏବଂ ଉଷ୍ତ
ତାହାର ବର୍ତ୍ତୁଳାକାର ନୃତ୍ୟ ତାକୁ ଗତି ଦେଉଛି।

ଆଉ ଅଚାନକ ସିଏ ହୋଇ ଯାଉଛି ଗୋଟିଏ ମଶାଲ।
ତାହାର ଉଜ୍ଜ୍ୱଳ କେଶଦାମ ହେଉଛି ପ୍ରଜ୍ୱଳିତ,
ତାହାର ଜ୍ୱଳନ୍ତ ନଜର ହେଉଛି ଦଗ୍ଧ,
ଆଉ ତା'ର ନିର୍ଭିକ କଳାରେ ତା' ନିଜର ବସ୍ତ୍ରଗୁଡ଼ିକ
ଏହି ଅଗ୍ନି-ଜାଳାରେ ଜଳି ଜଳି ବୁଲୁଛି
ଗୋଲ୍ ଗୋଲ୍ ହୋଇ
ଯେଉଁଥିରେ କଂପି ଉଠୁଛି ସର୍ପ ପରି ଜାଗୃତ
ତାହାର ନଗ୍ନ ହାତ
ପରସ୍ପର ସହିତ ଧକ୍କା ଖାଇକରି ସୃଷ୍ଟି ହେଉଛି
ତାଳିର ଶବ୍ଦ।

ଆଉ ତା'ପରେ
ଯେତେବେଳେ ଅଗ୍ନିଶିଖା କମି ଯାଉଛି
ସିଏ ତାକୁ ଅତି ନିକଟରୁ ଧରି ପକାଇ
ଏକତ୍ରିତ କରୁଛି
ଆଉ ଗୌରବାନ୍ୱିତ ଢଙ୍ଗରେ ସିଏ ତାକୁ
ଫିଙ୍ଗି ଦେଉଛି ଆଉ ଦେଖୁଛି:
ସେଠି ନିଜର ଗତିମାନ ସ୍ୱରୂପକୁ ଭୂଇଁ ଉପରେ
କଚାଡ଼ି ଦେଉଛି।

ଏବେ ଅଗ୍ନିଶିଖା ପରି ପ୍ରଜ୍ୱଳିତ ହେଉଛି;
ଆଉ ନିଜର ହାର୍ ସ୍ୱୀକାର କରୁନି।
ଏମିତି ଅଜେୟ, ନିଶ୍ଚୟାତ୍ମକ ଏବଂ ମଧୁର ହସରେ
ସତ୍କାର କରୁଛି ନିଜର ମୁଖକୁ ଉପରକୁ ଉଠାଇ,
ଆଉ ନିଜର ଛୋଟ ଅଟଳ ପାଦରେ ପୃଥିବୀକୁ
କଂପାଇ ଦେଉଛି।

ଅର୍ପଣ

ମୋ ଶରୀରର ପ୍ରତ୍ୟେକ ଶିରା ଚମକି ଉଠୁଛି
ଏବଂ ପ୍ରସ୍ଫୁଟିତ ପୁଷ୍ପ ପରି ଆନନ୍ଦରେ
ନାଚି ଉଠୁଛି
ଯେବେଠୁ ପ୍ରଥମରୁ ମୁଁ ତୁମକୁ ଜାଣିଲି,
ମୋର ଚାଲିବାରେ ରହିଛି ଅଚେତନ ଗର୍ବ
ଏବଂ ଶକ୍ତି;
ପୁଣି ତୁମେ କିଏ-ତୁମେ ଯିଏ ମୋର
ପ୍ରତୀକ୍ଷାରେ ଅଛ ?

ମୁଁ ଯେତେବେଳେ ଅତୀତରୁ ନିଜକୁ ଟାଣୁଛି,
ଯେବେ ମୁଁ ପୁରୁଣା ଗୁଣଗୁଡ଼ିକୁ
ହରାଇ ଦେଉଛି
ଝରାପତ୍ରଗୁଡ଼ିକ ପରି;
ମୁଁ କେବଳ ଜାଣିଛି ଯେ ତାହା ହେଉଛି
ତୁମ ହସର ଚମକ,
ତାରାମାନଙ୍କ କୋମଳ ଚମକ ଭଳିଆ,
ଯାହା ସବୁକିଛି ବଦଳାଇ ଦେଉଛି ।

ପିଲାଦିନେ ମୁଁ ଅଜାଣତରେ ଭଟକୁଥିଲି
ଇଆଡ଼େ ସିଆଡ଼େ

ଝଲମଲ ହେଉଥିବା ଦୃଶ୍ୟଗୁଡ଼ିକରୁ
ଯାହା ଏବେ ମୋ ବିଚାରକୁ ଅଟକାଉଛି
ତୁମକୁ ଅର୍ପଣ କରିବା ପାଇଁ,
ଯାହା ତୁମ କେଶର ଚମକରେ ଆଲୋକିତ ହେଉଛି
ପୁଷ୍ପ ପରି ହୋଇଥିବା ତୁମ ସ୍ତନ ଗୁଡ଼ିକରେ
ଲଦି ହୋଇ କରି।

ପ୍ରଣୟ ଗୀତ

ମୁଁ ମୋ ଆତ୍ମାକୁ ନିଜ ଭିତରେ କେମିତି
ରଖି ପାରିବି, ଯାହା ଫଳରେ
ତାହା ଛୁଇଁ ପାରିବନି ତୁମ ଆତ୍ମାକୁ ?
ମୁଁ ଏହାକୁ ଏତେ ଉଚ୍ଚକୁ କେମିତି
ଉଠାଇ ପାରିବି,
ତୁମଠୁ ଦୂରରେ, ଅନ୍ୟ ଜିନିଷଗୁଡ଼ିକ ଯାଏଁ ?
ମୁଁ ଏହାକୁ ଅନେକ ଦୂରରେ
ହଜି ଯାଇଥିବା ଜିନିଷଗୁଡ଼ିକ ଭିତରେ
କୌଣସି ଅନ୍ଧକାରମୟ ଏବଂ ନିଶ୍ଚୁପ ସ୍ଥାନରେ
ରଖିବାକୁ ଚାହିଁବି,
ଯେଉଁଠି ତୁମ ଗଭୀରତାର ଗୁଂଜନର
ପ୍ରତିଧ୍ୱନି ନ ଥିବ ।
କିନ୍ତୁ ପ୍ରତ୍ୟେକ ଜିନିଷ ଯାହା ତୁମକୁ ଓ ମୋତେ
ଛୁଉଁଛି, ତାହା ଆମକୁ ଗୋଟିଏ ଭାୟୋଲିନ୍‌ର
ଧୁନ୍ ପରି ସାଙ୍ଗରେ ନେଇ ଯାଉଛି
ଯାହା ଦୁଇଟଇ ଅଲଗା ଅଲଗା ତାରର
ଗୋଟିଏ ଶବ୍ଦ କାଢ଼େ ।
ଆମେ ଦୁହେଁ କେଉଁ ବାଦ୍ୟରେ ବନ୍ଧା ?
ଆଉ କେଉଁ ସଂଗୀତକାର ଆମକୁ
ତା ହାତରେ ଧରି କରି ରଖିଛି ?
ଓଃ ! ମଧୁର ଗୀତ-

ଆପୋଲର ପୁରାତନ ଗଣ୍ଡି

ଆମେ ତାହାର ରହସ୍ୟମୟ ଶିରକୁ ବୁଝି ପାରିବୁନି
ଲୁଚିକରି ରହିଥିବା ଆଖିଗୁଡ଼ିକରୁ
କୌଣସି ଝକମକ କିରଣ ପଠେଇ ହେବନି:
କିନ୍ତୁ ତା ଦେହରୁ ପଡୁଥିବ ଉଜ୍ଜ୍ୱଳ ଆଲୋକ
ଗୋଟିଏ ଦୀପଧାରରୁ ଆସୁଥିବା
ଆଲୋକ ଭଳିଆ;
ଭିତରକୁ ଝୁଙ୍କିପଡ଼ି
ତାହାର ନିଜର ସେଠି ଚମକୁଛି
ଆଉ କିଛି ଠିକି କରି। ଅନ୍ୟଥା
ବର୍ତ୍ତୁଳାକାର ସ୍ତନ ତା'ର ସୁନ୍ଦରତାରେ
ତୁମକୁ ଅନ୍ଧ କରି ଦେବନି,
ନା ହିଁ ତୁମର କୋମଳ-ବ୍ରକାକାର ବୃତ୍ତର ଜଂଘ
ସେହି ଚାପକୁ ଯାଇ ପାରିବ
ଯେଉଁଠୁ ଜନ୍ମ ନିଏ ଗୋଟିଏ ନୂତନ ଜାତି।
ନା ହିଁ ଏହି କଠୋର ଏବଂ କ୍ଷୁଦ୍ର ପଥର
କାନ୍ଧ-ହାଡ଼ର ଭାରୀ ଛଡ଼ ତଳେ
ଦେଖାଏ ସ୍ପନ୍ଦନ,
ନା ହିଁ ଶିକାର ପାଇଁ ଥିବା କୌଣସି ପଶୁର
ଲୋମ ପରି ଚମକେ,
ନା ହିଁ କୌଣସି ମହାନ ତାରା ପରି
ନିଜର ରେଖାଗୁଡ଼ିକୁ ବାହାରକୁ କାଢ଼ି ପାରେ-

ସେଠି ଏମିତି କୌଣସି ସ୍ଥାନ ନାହିଁ
ଯାହା ତୁମକୁ ମଜବୁତ୍‌ ଭାବରେ
ବାନ୍ଧି ନ ଦିଏ
ଆଉ ତୁମକୁ ବହୁତ ଦୂର ଅତୀତକୁ
ନେଇ ନ ଯାଏ।

ଭିକ୍ଷୁଙ୍କ ଜୀବନର ପୁସ୍ତକ

ମୁଁ ମୋ ଜୀବନକୁ ଗୋଟିଏ ବୃତ୍ତରେ ଜୀଏଁ
ଯାହା ହୋଇଯାଏ ଚଉଡ଼ା
ଏବଂ ଖୋଲିଯାଏ ଅନ୍ତହୀନ ଭାବରେ,
ମୁଁ ହୁଏତ ଅନ୍ତଯାଏଁ ପହଞ୍ଚି ପାରିବିନି, କିନ୍ତୁ ମୁଁ
ନିଜ ଲକ୍ଷ୍ୟ ଆଡ଼େ
ଶକ୍ତିର ସହିତ ମାଡ଼ି ଚାଲିବି ।

ପୁରୁଣା ମିନାର ବିଷୟରେ,
ଆକାଶ ଆଗରେ ଅନ୍ଧକାର,
ମୋ ଡେଣାର କଂପନ ଗୁଣୁଗୁଣୁ କରୁଛି,
ମୁଁ ଘୂରୁଛି ଈଶ୍ୱରଙ୍କର ଚାରିପଟେ,
ଦୂରରୁ ଆହୁରି ଦୂରକୁ
ଏବଂ ସହସ୍ରାବ୍ଦିଯାଏଁ ।

ମୁଁ କ'ଣ ଗୋଟିଏ ପକ୍ଷୀ ଯିଏ ଉଡୁଥାଏ
ବାଦଲ ସହିତ,
ଅଥବା ମୁଁ ଗୋଟିଏ ଝଂଜାବାତ
କିମ୍ବା ସଂଗୀତ ମହାନ ?

ଅନେକ ଲୋକ ତାକୁ ଚିତ୍ରଣ କରିଛନ୍ତି।
କିନ୍ତୁ ଥିଲା ଜଣେ
ଯିଏ ନିଜର ଚମକୁଥିବା ରଂଗକୁ
ଟାଣି ଆଣିଥିଲା ସୂର୍ଯ୍ୟଠୁ।
ରହସ୍ୟମୟ ଢଙ୍ଗରେ
ଗୋଟିଏ ଧୂମିଳ ପୃଷ୍ଠଭୂମିର ମାଧ୍ୟମରେ
ଝକମକ ହୋଇ ରହିଥିଲା
ଯେତେବେଳେ ସିଏ ଥିଲା ପୀଡ଼ିତ
ସେବେ ସିଏ ଆସିଲା ତା ପାଖକୁ,
ଆଉ ତା ହୃଦୟରେ ଥିବା ସମସ୍ତ ଦୁଃସହ ଯନ୍ତ୍ରଣା
ଆସିଯାଇଥିଲା ତା ହାତକୁ ଏବଂ ଆତ୍ମପ୍ରକାଶ କରିଥିଲା
ତା କଳାକୃତିରେ।
ତାହାର କାନ୍‌ଭାସ ହେଉଛି ସୁନ୍ଦର ଉଜ୍ଜ୍ୱଳ ପର୍ଦ୍ଦା
ଯାହା ମାଧ୍ୟମରେ ତାହାର ଦୁଃଖ
ଚମକି ଉଠୁଛି।

ସେଇଠି ଯେଉଁଠାରେ ତା ଉଦାସ ଓଠ ଉପରେ
ଘନିଷ୍ଠ ଭାବରେ ଅଙ୍କା ଯାଇଥିଲା
ଗୋଟିଏ ଗଠନ ବିନ୍ୟାସ...
ଯଦିଓ ସାତୋଟି ମହମବତୀ ସହିତ ଦେବଦୂତଗଣ
ସେହି ସ୍ଥାନଟିକୁ ଆଲୋକିତ କରୁଛନ୍ତି
ତେବେ ବି ତୁମେ ତା'ର ରହସ୍ୟମୟ ମୁଖମଣ୍ଡଳକୁ
ପାଠକରି ପାରିବେନି।

ଆଲ୍‌ଖାଲା ପରିହିତ ଅବସ୍ଥାରେ
ରହିଛନ୍ତି ମୋର ଅନେକ ଭାଇ
ଦକ୍ଷିଣସ୍ଥ ମଠଗୁଡ଼ିକରେ
ଯେଉଁଠି ଉଠେ ଲରେଲ୍‌ଗୁଳ୍ମଗୁଡ଼ିକ,
ସେମାନେ କୁମାରୀ ମେରୀଙ୍କୁ

ସୁନ୍ଦର ମଣିଷର ମାଆମାନଙ୍କ ପରି
ଚିତ୍ରିତ କରନ୍ତି
ଆଉ ମୁଁ ଯୁବା ଟିଟିୟାନ ଏବଂ ଅନ୍ୟ
ଲୋକମାନଙ୍କର ସ୍ୱପ୍ନ ଦେଖୁଛି
ଯେଉଁଥିରେ ଭଗବାନ ଚମକୁଛନ୍ତି
ଦୀପ୍ତିର ସହିତ ।

କିନ୍ତୁ ଯଦିଓ ମୁଁ ଅନବରତ ନଜର ରଖିଛି,
ମୋ ଭଗବାନ ଅନ୍ଧକାରମୟ-
ବୁଣା ହୋଇଥିବା ଗଠନବିନ୍ୟାସ
ହୋଇ ଯାଇଛି,
ସହସ୍ର ପିଉଥିବା ମୂଳ, ସବୁଗୁଡ଼ିକ ଗୋଟିଏ
ଅନ୍ୟ ସହିତ ଜଡ଼ିତ,
ମୁଁ କେବଳ ଏତିକି ଜାଣିଛି ଯେ
ତାହାର ଉତ୍ତାପରେ ମୁଁ ବଢୁଛି ।
ଏହାଠୁ ଆଉ ବେଶୀ କିଛି ମୁଁ ଜାଣିନି: ମୋ ମୂଳ
ଗଭୀରତା ଭିତରେ ଲୁଚି କରି ରହିଛି,
ମୋ ଶାଖା ଗୁଡ଼ିକ ହଲୁଛି ପବନରେ ।

ହେ ଚିନ୍ତାଗ୍ରସ୍ତ ! ଆଉ ତୁମେ କ'ଣ ସେତେବେଳେ ଶୁଣୁନ
ମୋର ସମସ୍ତ ସଂବେଦନଶୀଳ ଇନ୍ଦ୍ରିୟଗୁଡ଼ିକ
ତୁମ ବିରୁଦ୍ଧରେ ଗାଉଛି ?
ତୁମ ଚେହେରାର ଆଖପାଖରେ ଘେରା ତିଆରି କରି
ମୋ ବିଚାର ଗୋଟିଏ ଫଡ଼ଫଡ଼ ହେଉଥିବା
ଧଳା ଡେଣା ପରି ପହଁରୁଛି ।

ତୁମେ କ'ଣ ଦେଖୁନ, ତୁମ ଆଗରେ
ଠିଆ ହୋଇଛି ମୋର ଆତ୍ମା
ଯିଏ ଚୁପ୍‌ଚାପ୍ ମୋର ବସନ୍ତ ଋତୁର

ପ୍ରାର୍ଥନାକୁ ଗୁଡ଼େଇ ହୋଇ ରହିଛି ?
କିନ୍ତୁ ଯେବେ ତୁମ ନଜର ପଡୁଛି ମୋ ଉପରେ
ସେତେବେଳେ ମୋର ପୂରା ଅସ୍ତିତ୍ୱ
ହୋଇଯାଉଛି ସକ୍ରିୟ
ଆଉ ମେ ମାସର ବୃକ୍ଷଗୁଡ଼ିକ ପରି
ହେଉଛି ପୁଷ୍ପିତ ।

ଯେତେବେଳେ ତୁମେ ସ୍ୱପ୍ନ ଦେଖ, ମୁଁ ବି ତୁମର
ସ୍ୱପ୍ନ ଦେଖେ,
କିନ୍ତୁ ଯେବେ ତୁମେ ଚେଇଁକରି ରହ ତ
ମୁଁ ହୋଇଥାଏ ତୁମ ଇଚ୍ଛାଶକ୍ତି ଯାହା ବୈଭବରେ
ପରିପୂର୍ଣ୍ଣ,
ଦୀପ୍ତିମାନ ଏବଂ ଉଦାତ୍ତ,
ଦୂର ଅନ୍ତରୀକ୍ଷର ତାରାଗୁଡ଼ିକ ଦ୍ୱାରା
ଚମକୁଛି
ଆଉ ସ୍ଥିର ଭଳି ସୁଦୂର ରହସ୍ୟମୟ କ୍ଷେତ୍ରରେ
ହେଉଛି ପ୍ରସାରିତ ।

ମୁଁ ମୋ ଜୀବନର ଅନ୍ଧକାରମୟ ପ୍ରହରକୁ
ପସନ୍ଦ କରୁଛି,
ଯେଉଁଥିରେ ମୋ ଇନ୍ଦ୍ରିୟଗୁନିକ ତୀବ୍ର
ଆଉ ଗହରିଆ ହୋଇ ଯାଉଛି,
ଯେତେବେଳେ ଝାଉଁଳି ଯାଇଥିବା ଫୁଲଗୁଡ଼ିକ
ଅଥବା ପୁରୁଣା ଅକ୍ଷରଗୁଡ଼ିକର ହାଲ୍କା ଖରା ପରି,
ମୁଁ ଯାଦୁୟୀ ଢଙ୍ଗରେ
ନିଜକୁ ବିତିଯାଇଥିବା ଦିନଗୁଡ଼ିକ ଭିତରେ
ବୁଡ଼ାଇ ଦେଉଛି:
ମୁଁ ପୁଣି ନିଜକୁ ଅତୀତ ପାଖରେ ସମର୍ପଣ
କରି ଦେଉଛି:-

ପୁଣି ମୁଁ ବଞ୍ଚି ରହୁଛି।

ମୋର ଅନ୍ଧକାରମୟ ପ୍ରହରଗୁଡ଼ିକରୁ ଜ୍ଞାନ
ତୀବ୍ରତାର ସହିତ ଉପୁଜୁଛି,
ଅନନ୍ତ ଜୀବନ ଆପଣାର ଅସୀମ ସ୍ଥାନକୁ
ଖୋଲି ଦେଉଛି...

ତା'ପରେ ଗୋଟିଏ ପ୍ରଚଣ୍ଡ ତୋଫାନ ପରି
ମୁଁ ହଲିବାରେ ଲାଗୁଛି
ଆଉ ଗୋଟିଏ ପରିପକ୍ୱ ବୃକ୍ଷ ଯାହା
ଉଠୁଛି କବର ଉପରେ
ହଲିଯାଉଛି
ତାହାର ଥଣ୍ଡା ମାଟିର ଚେରଗୁଡ଼ିକ
ତୀବ୍ରତାର ସହିତ ଏବଂ ଉଷ୍ମ ହୋଇକରି
ତା'ଚାରିପଟେ ଗୁଡ଼େଇ ହୋଇ ରହିଛି-
ଆଉ ତରୁଣମାନଙ୍କର ସୁନ୍ଦର ସ୍ୱପ୍ନ
ଯାହା ଉଜ୍ଜ୍ୱଳ ଏବଂ ସାହସର ସହିତ
ଚମକି ଉଠୁଛି,
ସ୍ୱପ୍ନଗୁଡ଼ିକ ଯାହାକୁ ଅତି ନିକଟରୁ ଆଉ
ଦୀର୍ଘ ସମୟଯାଏଁ
ଘନିଷ୍ଠତାର ସହିତ ଲାଳନ-ପାଳନ କରାଯାଇଥିଲା,
ପୁଣି ଥରେ ହଜି ଯାଇଛି ଉଦାସୀନତାରେ
ଏବଂ ଗୀତରେ।

ତୀର୍ଥଯାତ୍ରାର ପୁସ୍ତକ

ଦିନବେଳେ ତୁମେ ଗୋଟିଏ କିଂବଦନ୍ତୀ
ଏବଂ ସ୍ୱପ୍ନ
ଯାହା ଫୁସ୍‌ଫୁସ୍‌ କଥା ପରି ସବୁ ମଣିଷମାନଙ୍କର
ଆଖପାଖରେ ଭାସୁଥାଏ,
ଗଭୀର ଓ ଚିନ୍ତାଜନକ ଶାନ୍ତି ଭଳି ଲାଗେ,
ଯାହା ଘଣ୍ଟା ବାଜିବା ପରେ
ପୁଣି ବନ୍ଦ ହୋଇଯାଏ।

ଆଉ ଯେତେବେଳେ ଦିନ ନିଦ୍ରାଳୁ ଭାବରେ
ନଇଁ ପଡ଼େ
ଆଉ ସଂଜ ଆକାଶର କୋଳରେ ଶୋଇଯାଏ,
ଯେମିତି ପ୍ରତ୍ୟେକ ଛାତରୁ ଗୋଟିଏ ମିନାର
ଧୂଆଁର ଉପରକୁ ଉଠେ–
ସେମିତି ତୁମ ରାଜ୍ୟ, ମୋ ପ୍ରଭୁ, ମୋ ଚାରିପଟେ
ପ୍ରକଟ ହୁଏ।

ଯେଉଁ ଲୋକମାନେ ତୁମକୁ ଖୋଜନ୍ତି, ସେମାନେ
ଦେଖାନ୍ତି ତୁମକୁ ଲୋଭ,
ଆଉ ଯେଉଁ ଲୋକମାନେ ତୁମକୁ ପାଇଯାନ୍ତି,
ସେମାନେ ତୁମକୁ ସଂକେତ ଦେବାକୁ ଏବଂ

ଆକାର ଦେବାକୁ କରନ୍ତି ବାଧ୍ୟ।
କିନ୍ତୁ ମୁଁ ତୁମକୁ ବୁଝିବି ଯେମିତି କି
ବିସ୍ତୃତ ପୃଥିବୀ ତୁମକୁ
ପ୍ରକଟ କରୁଛି।
ତୁମେ ମୋର ପରିପକ୍ୱତା ସହିତ ବଢ଼,
ତୁମେ ହୋଇଥାଅ ଶାନ୍ତ ଏବଂ ଝଂଜାବାତ।

ମୁଁ ତୁମକୁ ମର୍ଯ୍ୟାଦା ମାଗୁନି
ଯେ ତୁମେ ନିଜେ ନିଜକୁ ପ୍ରମାଣିତ କର।
ତୁମେ ପୁରୁଣା ଅନେକ ଯୁଗର।
ମୋ ପାଇଁ କୌଣସି ଚମତ୍କାର ଦେଖାଅନି,
କିନ୍ତୁ ତୁମ ନିୟମକୁ ମୋ ପାଖରେ
ଠିକ୍ ବୋଲି ସାବ୍ୟସ୍ତ କର
ଯାହା ମୋ ପାଖ ଦେଇ ବର୍ଷ ବର୍ଷ ଧରି ଚାଲିଛି।
ସବୁକିଛି ପ୍ରକଟ ହେଉଛି କୌଣସି ଶବ୍ଦ ବିନା।

ଗୋଟିଏ ଘରେ ଜଣେ ବ୍ୟକ୍ତି ଥିଲା
ଯିଏ ଭୋଜିରୁ ଉଠିଯାଇ
ଦୂର ଦେଶକୁ ଚାଲିଗଲା ଭ୍ରମଣ ଉଦ୍ଦେଶ୍ୟରେ,
କାହିଁକି ନା ପୂର୍ବରେ କୌଣସି ଦୂର ଜାଗା ଥିଲା
ଯେଉଁଠି ଗୋଟିଏ ମହାନ ଗିର୍ଜାଘର
ଥିଲା ଦଣ୍ଡାୟମାନ।
ଆଉ ତାହାର ପିଲାଏ, ରୁଟି ଖାଉଥିବା ବେଳେ,
ତା' ବିଷୟରେ ଭାବୁଥିଲେ ଆଉ ଉଠି ପଡ଼ିଲେ
ଏବଂ ତାକୁ ଦେଲେ ଆଶୀର୍ବାଦ
ମୃତ ଭାବି କରି।

ଅନ୍ୟ ଗୋଟିଏ ଘରେ ଜଣେ ଥିଲା ଯାହାର
ହୋଇଥିଲା ମୃତ୍ୟୁ,
ଯିଏ ଏବେ ବି ଟେବୁଲ୍ ପାଖରେ ବସିଥିଲା

ଏବଂ ପିଉଥିଲା ଗିଲାସକୁ ଉଠାଇ ନେଇ
ଆଉ ସବୁବେଳେ ରହୁଥିଲା କାନ୍ଥ ଭିତରେ-
କାହିଁକି ନା ସିଏ ଏବେ ଘର ବାହାରକୁ
ଯାଇପାରୁନଥିଲା ।
ଆଉ ତା'ର ପିଲାଏ ସେହି ସ୍ଥାନଟିକୁ
ଖୋଜିବାକୁ ବାହାରି ପଡ଼ିଲେ
ଯେଉଁଠି ସେହି ମହାନ ଗିର୍ଜାଘର
ଥିଲା ଦଣ୍ଡାୟମାନ
ଯାହାକୁ ସିଏ ଭୁଲି ଯାଇଥିଲା ।
ମୋ ଚକ୍ଷୁଗୁଡ଼ିକୁ ରୁଦ୍ଧ କରିଦିଅ, ମୁଁ ଏବେ ବି
ତୁମକୁ ଦେଖିପାରୁଛି,
ବନ୍ଦ କରିଦିଅ ମୋ କାନଗୁଡ଼ିକୁ, ମୁଁ ତୁମ ପଦଚାପର
ଶବ୍ଦ ଶୁଣି ପାରୁଛି,
ଆଉ ପାଦ ବିନା ବି ମୁଁ ତୁମର ଅନୁସରଣ
କରି ପାରିବି,
ଏବଂ ମୋର କଣ୍ଠସ୍ୱର ନଥିଲେ ମଧ୍ୟ ମୁଁ ତୁମକୁ
ଡାକି ପାରିବି ।
ମୋ ହାତଗୁଡ଼ିକୁ ଭାଙ୍ଗି ଦିଅ, ତଥାପି ମୁଁ ତୁମକୁ
କରିପାରିବି ଆଲିଙ୍ଗନ,
ନିଜ ହୃଦୟରେ ତୁମକୁ ଏମିତି ଗୁଡ଼େଇ ଦେବି
ଯେମିତି କି କରୁଛି ହାତରେ ।
ଧରି ରଖ ମୋ ହୃଦୟ, ମୋର ମସ୍ତିଷ୍କ ତୁମର ଅଗ୍ନିକୁ
ସେମିତି ଜଳାଇ ଦେବ
ଯେମିତି ଜଳୁଥିବା ଅଗ୍ନିରେ ଜଳିଯାଏ ନଡ଼ା-
ଆଉ ଅଗ୍ନିଶିଖା ଗୋଟିଏ ତୀବ୍ର ପ୍ରବାହରେ
ବନ୍ୟା ପରି ବହିଯିବ
ଗୀତ ଗାଉଥିବ ମୋ ରକ୍ତର ଧାରାରେ ।

ଗହନ ରାତିରେ ମୁଁ ତୁମ ପାଇଁ ଖନନ କରେ,
ହେ ରତ୍ନଭଣ୍ଡାର !
ମୁଁ ତୁମକୁ ଖୋଜିବା ପାଇଁ ଘୂରି ବୁଲୁଛି
ବିଶାଳ ସଂସାରରେ,
କାହିଁକି ନା ସକଳ ପ୍ରଚୁରତା
ତୁମର ଉଜ୍ଜ୍ୱଳ ସୁନ୍ଦରତାର ଗୋଟିଏ
ଛୋଟ ପରିମାପ
ଯାହା ଏବେ ବି ଆସିବାକୁ ବାକି ଅଛି ।

ତୁମ ପାଇଁ ରାସ୍ତା ଉପରେ ପତ୍ରଗୁଡ଼ିକ ଉଡୁଛି,
କିଛି ଲୋକ ତାକୁ କରୁଛନ୍ତି
ଅନୁସରଣ,
ରାସ୍ତାଟି ଦୀର୍ଘ ଏବଂ କଷ୍ଟସାଧ୍ୟ ।
ତୁମେ ବିହାର କରୁଛ ନିର୍ଜନତା ଭିତରେ-
ଆହେ, ତୁମର ଚମକୁଥିବା ହୃଦୟ କ'ଣ
କୌଣସି ସୁଦୂର ଘାଟିରେ ଶୋଇ ରହିଛି ?

ଖନନ କରିବା ଯୋଗୁ ଖଣ୍ଡିଆଖାବରା ହୋଇଥିବା
ମୋ ହାତଗୁଡ଼ିକୁ ମୁଁ ଉପରକୁ ଉଠାଉଛି,
ଗୋଟିଏ ଗଛ ପରି ମୁଁ ସେଗୁଡ଼ିକୁ ପ୍ରସାରିତ
କରିଛି ଶୂନ୍ୟରେ
ତୁମକୁ ପାଇବା ପାଇଁ ଦିନକୁ ରାତିରେ
ବଦଳିବା ପୂର୍ବରୁ,
ମୁଁ ତୁମକୁ ଖୋଜିବା ପାଇଁ ଅନ୍ତରୀକ୍ଷରେ ପହଞ୍ଚିଛି...

ତା'ପରେ ସତେଯେମିତି ଗୋଟିଏ ଚଞ୍ଚଳ
ଅଧୀର ସଂକେତର ସହିତ,
ବ୍ୟାପକ ଡେଣାଗୁଡ଼ିକ ଉପରେ

ସୁଦୂରରେ ରହି ଚମକୁଥିବା ତାରାମାନଙ୍କର
ଆଲୋକରେ ତୁମେ ଆସ,
ଏବଂ ଧରଣୀ ଉପରେ ଜାଦୁଗରର ପୋଷାକ
ଚୋରାଇ ଆଣେ କୋମଳତା ସହ
ବସନ୍ତରେ ହେଉଥିବା ବର୍ଷାକୁ।

ଦରିଦ୍ରତାର ଓ ମୃତ୍ୟୁର ପୁସ୍ତକ

ତା ସୁଖ ଗୋଟିଏ ସୁନ୍ଦର ପ୍ରତିମାର
ମୁଖ ପରି
ଯିଏ ଶବ୍ଦ ବାହାର କରି ପାରିବନି,
ନେଇ ପାରିବନି ଶ୍ୱାସ,
ଦେଇ ପାରିବନି ଚୁମ୍ବନ,
କିନ୍ତୁ ଯିଏ ଜୀବନରେ ଥରେ ଏହାସବୁ
ପ୍ରାପ୍ତ କରିଥିଲା
ଆକାର ଦେଇଥିଲା ତାହାର ସୂକ୍ଷ୍ମ
ବକ୍ର ଗୁଡ଼ିକୁ,
ଆଉ ସିଏ ସଦୈବ ଅତୀତର ଜ୍ଞାନର
ପରିପୂର୍ଣ୍ଣତାରେ ପୃଥକ, ଏକାକୀ,
ଗୋଟିଏ ପଥରରେ ଦୃଷ୍ଟାନ୍ତ ହୋଇ କରି
ରହିଯିବ ।

ତୁମେ ଅନ୍ତରୀକ୍ଷରେ ଭଟକୁଛ
ଏକେଲା ହୋଇ
ତୁମେ ସେହି ନିଗୂଢ଼ ଯାହାର ମୁହଁ
ଢଙ୍କା ହୋଇରହିଛି;
ତୁମେ ହେଉଛ ଦରିଦ୍ରତାର ମହାନ ଗୋଲାପ,
ତୁମେ ହିଁ ଶାଶ୍ୱତ ରୂପାନ୍ତରଣ ସୁବର୍ଣ୍ଣର

ସୂର୍ଯ୍ୟର ଆଲୋକରେ।

ତୁମେ ରହସ୍ୟମୟୀ ଗୃହହୀନ;
ତୁମେ ଦୁନିଆକୁ କେବେ ଆସିନଥିଲ,
ତୁମେ ବହୁତ ଶକ୍ତିଶାଳୀ, ନାମ ନେବାକୁ
ବହୁତ ମହାନ;
ଝଂକାର ଆବାଜ,
ସେହି ଗୀତ ଯାହାକୁ ଆରଣ୍ୟକ ବାୟୁ
ଗାୟନ କରୁଛି,
ତୁମେ ହିଁ ବୀଣା ଯିଏ ତୁମ ତାରାଗୁଡ଼ିକୁ
ବଜାଉଥିବା ଲୋକଙ୍କୁ କରି ଦେଉଛି
ଛିନ୍ନଭିନ୍ନ !

ମୋତେ ତୁମ ସ୍ଥାନଗୁଡ଼ିକର
ଦ୍ରଷ୍ଟା କର,
ମୋତେ କର ତୁମ ପ୍ରସ୍ତରର ଶ୍ରୋତା,
ମୋତେ ଦିଅ ଦୃଷ୍ଟି
ଏବଂ ତୁମ ସମୁଦ୍ରଗୁଡ଼ିକ ଉପରେ
ମୋତେ ଜାଗ୍ରତ କର ଏକାକୀ।
ତୁମ ନଦୀଗୁଡ଼ିକର ମାର୍ଗକୁ ମୋତେ
ଅନୁସରଣ କରିବାକୁ ଦିଅ
ଯେଉଁଠି ସେମାନେ ନିଜେ ଉଡ଼ାଣର ଚଟ୍ଟାଣକୁ
ଲଂଘୁଛନ୍ତି
ଆଉ ଯେଉଁଠି ଗୋଧୂଳି ବେଳାରେ
କନ୍ଦରରେ
ସେମାନେ ରାତିର ସଂଗୀତକୁ ଗୁଣୁଗୁଣୁ କରି
ଗାଉଛନ୍ତି।

ତୁମେ ବହୁତ ଦୂରରେ ଥିବା ତୁମର ବଂଜର ଭୂଇଁକୁ
ମୋତେ ପଠାଇ ଦିଅ
ଯେଉଁଠି ବରଫର ବାଦଲ ଆଉ ଆରଣ୍ୟକ ବାୟୁ
ହୁଅନ୍ତି ପ୍ରବାହିତ,
ଯେଉଁଠି ମଠଗୁଡ଼ିକ ଠିଆ ହୋଇ ରହିଥାନ୍ତି
ଧୂସର ରଂଗର କଫିନ ପରି-
ଅଜୀବିତ ଜୀବନର ମହାନ ପ୍ରତୀକ।
ଯେଉଁ ତୀର୍ଥଯାତ୍ରୀମାନେ ଧୀରେ ଧୀରେ
ଜଣକ ପରେ ଜଣେ ଚଢୁଛନ୍ତି,
ଏବଂ ସେମାନଙ୍କ ପଛେ ପଛେ ଯାଉଛି
ଜଣେ ଅନ୍ଧବ୍ୟକ୍ତି:
ତା ସହିତ ସେତେବେଳଯାଏଁ ମୁଁ ଚାଲିବି
ଯେତେବେଳଯାଏଁ ଦିନ ଢଳିନି
ସେହି ରାସ୍ତା ଉପରେ ଯାହା କାହାକୁ ଜଣାନାହିଁ...

■

BLACK EAGLE BOOKS

www.blackeaglebooks.org
info@blackeaglebooks.org

Black Eagle Books, an independent publisher, was founded as a nonprofit organization in April, 2019. It is our mission to connect and engage the Indian diaspora and the world at large with the best of works of world literature published on a collaborative platform, with special emphasis on foregrounding Contemporary Classics and New Writing.

www.ingramcontent.com/pod-product-compliance
Lightning Source LLC
Chambersburg PA
CBHW060609080526
44585CB00013B/751